설교주제잡기 700선

제 1 권

설교주제잡기 700선
제1권

지은이: 박순오

초판_ 2018. 6. 1
1판2쇄_ 2018. 9. 7

발행처_ 도서출판 조명문화사
발행인_ 이재영

등록번호_ 제2-846호
등록일자_ 1989.7.13

서울특별시 성동구 뚝섬로4길 28(성수동1가)
전화 02-498-3017 팩스 02-498-3015
홈페이지 http://www.cmpress.co.kr

ISBN 978-89-7257-480-4 94230
정가 15,000원

설교주제잡기 700선

제 1 권

박순오 지음

도서출판 조명문화사
CMPress

❙서문❙

"목회자들이여, 당신의 설교가 회중이 나아가는 길의 구름기둥 불기둥이 되게 하라! 사람들의 회의나 인간 관계나 이벤트성 사업으로 목회하려 하지 말고, 오직 성경 본문의 의도에 충실한 설교로 목회하라!"

설교(說教, Preaching)는 성경 본문을 관찰하고 해석하여 설교문을 작성하고, 이를 토대로 예배 강단에서 성령님의 도우심으로 말씀을 선포하는 일련의 과정입니다. 설교를 '들려지는 하나님의 말씀'이라 할 수 있는 유일한 근거는 설교가 성령님의 영감으로 기록된 성경 본문의 의도를 충실히 반영하는 데 있습니다. 설교자는 하나님께서 지금도 기록된 성경 말씀을 통해 말씀하고 계시다는 진리를 굳게 믿는 자입니다.

하나님은 선지자들을 통해서 이스라엘 역사 속에서 자신의 활동들의 의미를 설명하셨고, 동시에 선지자들에게 하나님의 메시지를 말로나 글로써 하나님 나라 백성들에게 전달하도록 지시하셨습니다. 그다음으로 하나님은 독생자 곧 말씀이 육신이 되어 이 땅에 오신 그리스도 안에서 말씀하셨고, 그리스도의 말씀들 속에서 말씀하셨습니다. 세 번째로 하나님은 그리스도와 성경을 증거하시는 성령님을 통하여 말씀하시며, 오늘날 하나님의 백성들에게 그리스도와 성경 말씀이 살아 역사하도록 하십니다. 그러므로 예배 강단의 설교는 하나님이 말씀하시는 것을 설교자의 입을 통하여 말하는 것이고, 설교자는 성경 본문의 의도에 충실한 주제와 내용들로 설교해야 하는 절대적인 의무를 수행해야 합니다. 우리의 설교를 필요하게 만드는 것은 바로 '하나님의 말씀'입니다.

히브리서 4장 12절은 "하나님의 말씀은 살았고 활력이 있어... 혼과 영과 관절과 골수를 찔러 쪼개나니"라고 했습니다. 여기 '활력'은 헬라어 원문으로 '에네르게스'인데 이 말은 '운동력' 또는 '생기'로 번역됩니다. 또 디모데후서 3장 16절은 "모든 성경은 하나님의 감동으로 된 것으로 교훈과 책망과 바르게 함과 의로 교육하기에 유익하니"라고 했습니다. 그러므로 설교자가 성경 본문의 의도를 정확하고 분명하게 선포할 때 말씀 속에 숨 쉬고 있는 '생기'가 성령님에 의해 회중에게 역사하여 그 설교는 회중에게 교훈을 주고 책망하며 바르게 하고 의로 교육하게 됩니다.

본서『설교주제잡기 700선』은 필자의 앞선 책『좋은 설교』에서 제시한 설교 작성의 원리를 살려 성경 본문에서 추출해 낸 주제잡기 700편을 성경 순서대로 엮은 것입니다. 구약 창세기로부터 신약 요한계시록까지 전체 분량이 방대하여 최소 다섯 권이 필요한데, 본서는 그 첫 번째 책으로 모세오경 즉 창세기, 출애굽기, 레위기, 민수기, 신명기로부터 뽑아낸 주제 잡기 184편을 실었습니다. 앞으로 계속하여 역사서, 시가서, 선지서를 거쳐 신약의 각 권에서 뽑아낸 주제들을 선보일 예정입니다.

본서의 사용법은 **"Part I. 설교 작성의 이론과 실제"**와 **"Part II. 설교 주제잡기 700선: 모세오경"**의 일러두기에 설명해 두었습니다. 독자 여러분은 본서의 주제들을 가지고 자신의 설교를 작성할 때 먼저 설교제목과 각 대지진술 및 대지해석을 심층 분석해 보기 바랍니다. 각 대지 전개를 위해 제시된 간단한 아이디어들은 순서 없이 무작위로 서술하였으므로, 설교 작성시에는 대지 전개의 세 요소인 설명부, 예증부, 적용부를 위한 자료로 사용하면 도움이 될 것입니다.

제2권에서는 구약의 나머지 책의 주제잡기와 함께 변화무쌍한 대지 유형 변화에 대해 실례를 들어 적용할 예정입니다. 한 본문에서 여러 개의 주제를 뽑아내는 방법, 한 본문을 주제 설명형과 증명형과 적용형의 틀로 재구성하는 방법, 한 본문을 대지 병렬형과 진행형 또는 반전형으로 바꿀 때의 변화되는 모습, 한 본문에 맞춤형 대지 유형을 찾는 것의 즐거움 등등... 가야 할 길이 만만치 않음을 절감합니다.

필자는 2014년 이래 전국 15개 도시를 순방하며 연인원 1,000여 명의 목회자들과 함께 2박 3일의 〈강해대지설교 클리닉〉을 60회 이상 계속 진행하고 있습니다. 많은 목회자가 본 클리닉에 두 번 이상 참석하며 자신의 말씀 사역에 새로운 깨달음으로 의욕을 불태우고 있습니다. 부록으로 첨부한 "설교클리닉 수료자들의 소감문"을 보시고, 향후 일정에 참여해 주십시오.

본서를 통하여 설교 사역에 힘쓰고 계시는 동역자 여러분들에게 새로운 도전이 있기를 바랍니다. 설교자 자신의 힘으로 성경 본문에서 직접 설교문을 작성하여 선포하는 기쁨을 마음껏 누리는 "좋은 설교자"의 반열에 올라서게 되기를 진심으로 기원합니다.

강해대지설교 클리닉 현장에서,

박순오 목사

설교주제잡기
700선

제 1 권

차례

"설교 클리닉 2박 3일의 감동"

우리가 흔히 '말씀을 전파하라' 할 때의 '말씀'은 복음 전도자들의 전도 말씀과 구역 등에서 성도들이 나누는 하나님의 말씀, 그리고 예배 시 설교자가 선포하는 설교 말씀을 의미한다. 그중에 성도들에게 가장 효과적으로 적용되는 말씀은 설교이다. 설교는 교회 성도들이 한 주간의 삶을 통해 효과적으로 접하게 되는 말씀의 거의 대부분을 차지한다. 설교를 통해 하나님은 성도들에게 하나님의 뜻을 나타내 보이시고, 설교를 통해 성도들을 구원하여 내시며, 설교를 통해 성도들과 교제하신다.

설교는 설교자가 하나님의 말씀인 성경에서 택한 본문을 관찰·해석하고, 이를 토대로 하여 설교의 형식에 맞게 작성하고, 작성된 말씀을 회중에게 전달하는 일련의 과정이다. 성경이 '기록된 하나님의 말씀'이라면 설교는 '선포되는 하나님의 말씀'이다. 설교 사역은 설교를 준비하여 선포하는 설교자뿐 아니라 설교 말씀을 듣고 이를 자신의 삶에 적용하는 회중이 모두 연계되어 있기 때문에 교회의 모든 사역 중 가장 중요하고 광범한 영향력을 미치는 사역이 아닐 수 없다. 그러므로 설교를 대신할 수 있는 것은 아무것도 없다!

설교는 참으로 놀랍고 신비로운 하나님의 행위이다. 이 일에 부름받은 설교자는 인간이 할 수 있는 가장 영광스러운 일에 수종들고 있는 것이다. 청교도 경건주의자인 카턴 마터는 사역자들을 위해 쓴 그의 책의 부제를 "트럼펫을 울리기 위해 준비하는 천사들"이라고 달았다. 20세기의 대표적인 강해설교자 로이드 존스는 그의 책 "목사와 설교"의 첫 문장을 "설교 사역은 인생이 받을 수 있는 소명 중에서 가장 고상하고 위대하고 영광스러운 소명이다"로 시작하고 있다.

설교가 유한한 존재들에게 영원을 안겨주며 땅 위의 인생들에게 하늘을 가져다주는 고귀하고 영광스러운 사역이라면 우리는 청중들을 향한 잭 하일즈 목사의 말에 아멘으로 화답하지 않을 수 없다:

> "하나님의 종이 강단에 가까이 갈 때에는 천사들도 날지 못하게 하고, 어른들을 경청케 하며, 아이들은 귀를 기울이게 하고, 젊은 이들은 정신을 바짝 차리게 하여야 합니다. 설교자가 강단에 설 때에는 천국이 응답하고 지옥이 떨도록 전 교회의 모든 성도들은 거룩함으로 기다려야 합니다. 그럴 때 영원한 모든 것은 떨며 사탄과 그의 사자들은 두려움으로 흠뻑 젖게 될 것입니다."

이처럼 고귀하고 영광스러운 설교 사역을 철저한 훈련 없이 어떻게 감당할 수 있겠는가! 설교자가 가지는 엄청난 긍지는 안수 받았다고, 직분 받았다고 저절로 생기는 것이 아니다. 이것은 무릎 꿇고 주님 앞에서 몸부림친 시간에 비례하며, 성경 구절을 붙들고 씨름한 땀방울의 양에 정비례한다. 그리고 말씀의 대양(大洋)에서 거센 파도와 싸우며 항해 기술을 먼저 익힌 노련한 선장에게서 배움으로써 우리도 사탄을 떨게 하는 설교자의 반열에 올라설 수 있을 것이다.

2박 3일의 강해대지설교 클리닉! 비록 짧은 시간의 훈련이지만 설교의 체계적인 조직, 본문의 의도에 충실한 설교 작성에 대해 도전받는 기회로는 충분한 시간이다. 클리닉에 참가하는 설교자들이 첫날 첫 시간에 설교클리닉에 참여하는 소감을 말하는 것을 들어보면, 대개는 덤덤한 마음으로 혹은 주위 분위기 때문에 큰 기대 없이 참여하는 경우가 많다. 그동안 너무나 다양한 세미나의 경험 때문에 〈박순오 목사의 강해대지설교 클리닉〉 또한 그중의 하나 정도로 생각하는 경우가 많았다.

필자는 그들이 닫친 마음으로 첫날밤에 슬그머니 귀가해버리는 불상사(?)를 미연에 방지하기 위해 대개 첫 시간에 설교에 대한 간단한 개요를 강의한 다음, 곧바로 실습에 들어간다. 성경 본문을 임의로 정해 칠판에 써 놓고 참석자들에게 제시된 본문의 제목과 대지(주로 3대지)를 작성케 한다. 결과는 대부분의 경우 참혹하다. 1기부터 지난번 58기까지 거의 1,000여 명의 참가자 가운데 몇 명을 제외하고는 만족할 만한 성적을 받지 못했다. 다시 말하면 주어진 본문에서 본문의 의도에 충실한 설교 제목과 대지를 작성하는 일에 있어 거의 모든 목회자들이 충분히 준비되어 있지 않았다.

강의와 실습이 진행되는 동안, 참석자들은 본인도 모르는 사이에 클리닉을 계속 받아야겠다는 생각을 하게 되고, 본문의 의도에서 벗어나지 않는 설교 제목과 대지를 만들어내려고 애를 쓰는 귀여운(?) 모습을 본다. "본문의 의도를 떠나서는 안 된다," "설교로 목회하라," "하나님의 말씀 그대로를 전하도록 하라" 등등, 기본적인 강조점들을 귀에 못이 박히도록 거듭 반복하는 강의를 펼친다. 좋은 설교의 세 가지 특징(성경적, 매력적, 능력 있는 설교)과 로고스-파토스-에토스의 연결, 강해대지설교의 세 가지 지향점(본문중심-주제중심-적용중심) 등을 논리적으로 펼쳐 나간다.

제목과 대지, 그리고 대지에 대한 적용적 해석에 대한 강의를 받고 실습을 하며 설교의 기본을 익히는 월요일 오후는 전체 클리닉 2박 3일 중 제일 중요한 시간이다. 참가자들은 적어도 성경 본문 한두 곳을 과제물로 받아 첫날밤 수면 시간을 단축하여 제목과 대지, 그리고 1대지 전개 부분을 작성하도록 요구받는다. 작성된 제목과 대지는 화요일 오전에 다른 참석자들 앞에서 발표하고 박순오 대표 강사의 예리하면서도 비판적인 지적을 통하여 교정받게 된다.

화요일 아침이다. 모두 기대에 찬 눈빛으로 모여든다. 각자 작성한 과제물은 참석자들 숫자만큼 복사를 하여 한 부씩 나누어 가진다. 간단한 강의, 관찰 서론에 대한 추가적 강조, 특히 FCF(Fallen Condition Focus, 타락상태 초점 맞추기)의 중요성과 RHF(Redemptive Historical Focus, 구속사적 초첨)의 필수성 등을 설명한 후 한 명씩 앞으로 나와 첫 대지까지 설교 전달을 실습한다. 이때 강사의 역할은 매우 중요하다.

전달자의 자세, 눈빛, 목소리, 말하는 습관 등을 지적하고, 특히 웅변식을 지양하고 성우식(이야기식)으로 설교하도록 거듭 강조한다. 한국 목회자들의 대부분은 웅변식에 길들여져 있어서 이 면에서는 각자의 부단한 노력이 필요하다. 설교클리닉의 기준으로 A, B, C를 적용한다면 거의 모두 C 점수를 받는다. 원리적으로 아는 것 같아도 실제 본문을 만나 스스로 작성해보면 만만하지 않다는 것을 직접 체험하는 시간이다. 참석자들의 마음속에 클리닉에 대한 개념, 강사에 대한 재평가 같은 것들이 긍정적으로 바뀌는 시간이기도 하다.

강의는 계속된다. 필자는 주로 구약의 구절들을 택하여 성경적 상징주의를 어떻게 적용하는지 쉽게 설명하려 애를 쓴다. 본문의 의도를 벗어나지 않으려면 제목을 본문에서, 그리고 대지를 본문에서 그대로 또는 함축적으로 가져와야 한다. 작성된 대지는 회중에게 적용하기 쉽도록 직역 또는 의역의 방법으로 해석되어야 하고, 설교자는 제목과 대지와 해석을 적절하게 사용하면서 본문의 의도를 벗어나지 않고 분명한 어조로 주제를 전하고 그 결과 처음부터 설정된 설교의 목표를 이루는 것이다.

2박 3일은 길지 않다. 화요일 오후 시간에 각 대지별로 세 문단으로 된 대지 전개를 작성하는 연습을 한다. 첫 문단은 주로 본문의 내용, 특히 주제와 대지 진술과 대지 해석에 대한 설명(explanation)을, 둘째 문단은 주제와 대지 진술에 대한 예증(illustration)을, 그리고 셋째 문단은 첫 문단의 설명에 대한 구체적이고 명확한 적용(application)을 실제로 작성해 본다. 클리닉 강사가 대지의 유형이 다양함을 실례를 들면서 강의할 때쯤이면 참석자들의 마음에 설교 작성에 대한 새로운 세계가 열리게 된다. 변화하는 대지의 유형으로는 주제와 대지의 관계에서 설명형, 증명형, 적용형, 함축형, 이유제시형 대지 등이 있고, 본문과 대지의 관계에서 분석형, 수집형, 묶음형, 묵상형, 그리고 대지의 흐름 면에서 병렬형, 진전형, 반전형, 혼재형 등이 있음을 보여주고, 대지의 조직과 흐름에 대해 이해를 넓히도록 한다.

짧은 시간에 많은 경험을 갖도록 하기 위하여 필자는 구약의 모세오경에서부터 역사서, 시가서, 예언서의 순서대로, 그리고 신약성경의 사복음서와 사도행전, 서신서, 계시록에서 성경구절을 뽑아 제목과 대지와 해석, 그리고 1대지 적용을 작성하는 연습을 되풀이한다. 화요일 밤의 홈웍(Homework)은 좀 더 수준을 올려서 제목과 대지가 함축적인 것이 될 수 있는 구절을 두 개 이상 제시한다. 수강생들은 이날 밤에도 한 시간 이상 잠을 줄여야 한다.

그리고 수요일 아침. 모두들 지난밤의 과제물 때문에 긴장하는 모습이 흥미롭다. 최후의 강의를 마치고 한 명씩 나와 준비한 설교문을 발표하는 시간을 갖는다. 지난 1기부터 58기까지 예외 없이 모두 둘째 날 하루 만에 장족의 발전을 한 것이 확실히 드러났다. 하루 전에 불합격하던 이들의 실력이 시간시간 일취월장하여 70% 이상이 합격점을 받기에 이르렀다. 참으로 놀라운 성장 체험이다! 그리고 그 자리에서 2박 3일의 설교 클리닉 훈련에 참여한 소감을 작성한다. 어떤 이는 자신의 심경 변화를 적나라하게 쓰기도 하고, 어떤 이는 자신의 그동안의 설교를 반성하며 앞으로 본문의 의도에서 벗어나지 않는 설교를 작성 전달하리라 굳게 다짐하기도 한다.

“본문의 의도가 중요하다, 설교로 목회하라, 있는 그대로의 말씀을 먹으라, ‘나는 설교자다’라는 긍지를 한시도 잊지 말라” 등등, 클리닉 기간 내내 강조했던 말들을 가슴에 품고 우리는 각자의 사역지로 향한다. 기수별로 더욱 뭉쳐서 내일을 약속하는 즐거움이 크다. 우리는 앞으로 지역별로 강해대지설교 클리닉 중급반을 운용할 예정이다. 중급반에서는 대지의 유형변화에 대해 더 깊이 훈련받으며 신간 〈설교주제 잡기 700선〉 제1권부터 5권까지의 내용을 가지고 질의응답 시간을 더 많이 가질 예정이다.

그동안 설교클리닉을 위해 음으로 양으로 수고한 모든 분께 진심으로 감사드린다. 그리고 앞으로 전국을 삼등분 또는 사등분하여 서너 곳을 클리닉 근거지로 삼고 예정된 날짜를 공지하여 누구든지 등록할 수 있도록 제도를 개선할 예정이다. 우리는 한 손에 예수님 사랑을 실천하는 복지와 다른 한 손에 하나님의 불방망이와 같은 말씀을 소유한 영성을 고루 갖춘 균형 잡힌 사역자의 모습을 향하여 달려간다.

하나님의 말씀이여, 영원하라!

전국의 목회자들이여, 설교로 목회하라!

Part I
설교 작성의 **이론**과 **실제**

1. 하나님의 행위로서의 설교

설교(說教, preaching)는 기독교에서 없어서는 안 되는 절대적인 요소이다. 설교가 없었다면 기독교의 신빙성을 보장하는 필수적인 것이 없어졌을 것이다. 왜냐하면 기독교는 본질상 하나님 말씀의 종교이기 때문이다.[1]

하나님은 선지자들을 통해서 이스라엘 역사 속에서 자신의 활동들의 의미를 설명하셨고, 동시에 선지자들에게 하나님의 메시지를 말로나 글로써 하나님 나라 백성들에게 전달하도록 지시하셨다. 그다음으로 하나님은 독생자 곧 말씀이 육신이 되어 이 땅에 오신 그리스도 안에서 말씀하셨고, 그리스도의 말씀들 속에서 말씀하셨다. 세 번째로 그리스도와 성경을 증거하시는 성령님을 통하여 말씀하시며, 오늘날 하나님의 백성들에게 그리스도와 성경 말씀이 살아 역사하도록 하신다. 그러므로 설교자는 하나님이 말씀하신 것을 말해야 한다. 우리의 설교를 필요하게 만드는 것은 바로 하나님의 말씀이다.[2]

설교를 뜻하는 영어 'sermon'은 라틴어 *sermo* 혹은 *sermonis*에서 왔는데, 그것은 고대 로마의 웅변가들의 웅변을 지칭하는 용어로서 단순히 '연설'(speech)을 뜻하는 말이었다. 교회는 그 단어에 세례를 주어 전혀 새로운 의미로 옷 입혔다.[3]

성경이 단순한 책일 수 없듯이 설교도 단순한 연설이 아니다. 미국 커버넌트 신학교의 초대 학장이었던 로버트 레이번은 신학생들에게 "그리스도가 여러분들의 공부에 왕이시라면 설교학은 여왕이다"라고

1. John Stott, *Between Two Worlds* (Grand Rapids: Eerdmans Publishing Co., 1982), 15.
2. *Ibid.*
3. 한진환, 『설교의 영광』 (서울: 생명의 말씀사, 2005), 14.

강조했다.[4] 그렇게 단언할 수 있는 근거가 무엇인가? 우리는 여기서 설교의 본질과 설교 사역의 성격에 대해 보다 깊은 신학적 접근을 해 볼 필요가 있다.

설교 사역의 성격

우리말 신약성경에서 '전파하다'(preaching)로 번역되는 단어는 사실은 33개의 다양한 동사들에서 온 것이다. 그중에서 가장 빈번하게 사용된 동사는 다음과 같다.[5]

*케뤼소(κηρύσσω): 가장 자주 사용된 용어로 '선포(proclaim)'를 의미한다. 이 단어는 메시지를 전하는 자가 권위를 가지고 선포하는 것을 의미한다. (용례: 딤후 4:2, "너는 말씀을 전파하라." 마 3:1; 4:17; 행 28:31 등).

*유앙겔리조(ευαγγελίζω): 하나님의 좋은 소식을 증거하는 것(preach)을 뜻한다. 때로는 '케뤼소'와 상호 교환적으로 사용되기도 한다. (용례: 눅 8:1; 행 8:4-5; 15:35).

*마르튀레오(μαρτυρέω): 어떤 사실을 체험한 사람이 그것을 다른 사람들에게 증언하는 것(testify)을 말한다. (용례: 계 1:2; 요 1:7-8).

*디다스코(διδάσκω): 메시지의 내용과 목적에 초점을 맞춘 말로서 가르치는 것(teach)을 의미한다. '케뤼소'와 연관되어 사용되기도 하고(마 11:1), '유앙겔리조'와 연관되어 사용되기도 한다(행 5:42). (용례: 마 28:20; 딤전 6:2; 딤후 2:2).

*프로페튜오(προφητεύω): 신적 계시를 선포하거나 감추어진 사실

4. Bryan Chapell, *Christ-Centered Preaching* (Grand Rapids: Baker Books, 1994), 17.
5. 한진환, 『설교의 영광』, 10-11.

들을 예언적으로 드러내는 것(reveal)을 뜻한다. (용례: 행 2:17f; 마 26:68; 벧전 1:10).

*파라칼레오(παρακαλέω): '곁에 서다'라는 어원에서 왔는데 '격려하다, 위로하다, 탄원하다'의 의미를 가진다. (용례: 행 16:40; 고후 10:1; 히 3:13).

위의 여러 단어가 함의(含意)하는 사전적 의미들을 종합해 보면 설교 사역은 다음과 같은 성격을 가진다고 할 수 있다.[6] 설교는 복음의 좋은 소식을 선포하는 것이다. 인류를 위해 죽으시고 부활하시고 다시 오실 예수 그리스도를 선포하는 것이 설교이다. 설교는 먼저 복음을 경험한 사람이 그것을 증거하는 증언이다. 그러므로 메시지를 전하는 증인이 어떤 사람이냐 하는 문제(에토스, ethos)는 너무나 중요하다. 그의 메시지의 진정성은 그의 영성과 직결되며, 메시지의 감화력은 그의 인격의 깊이와 곧바로 연결되기 때문이다.

설교는 가르침의 요소를 포함한다. 예수께서 "하나님의 나라를 반포하시며 그 복음을 전하셨고"(눅 8:1) "입을 열어 가르치심"(마 5:2)처럼 복음을 선포할 때 설교자는 그것이 무엇을 의미하며, 그것이 왜 필요하며, 그것을 어떻게 받아들일 수 있는지를 설명해야 한다.

또한 설교를 예언이라고 말할 때 그것은 설교자가 점술가와 같이 미래의 일을 점지한다는 의미가 아니다. 사도 바울에 의하면 예언이란 사람들을 세우기 위해서 그들의 잘못을 지적하고, 권면하며, 약한 자들을 위로하고 격려하는 사역이다.[7] 설교자는 사람들의 죄와 불의를 질책하는 선지자의 철장을 가져야 하지만, 동시에 그들의 곤고함과 연약함을 싸매어 주는 연민에 찬 의사의 손길도 가져야 한다.

6. James W. Cox, *Preaching* (San Francisco: Harper & Row, 1985), 8–18.
7. 고전 14:3.

설교의 영광

설교는 영광스러운 하나님의 말씀이다

> 살전 2:13, "...너희가 우리에게 들은 바 하나님의 말씀을 받을 때에 사람의 말로 받지 아니하고 하나님의 말씀으로 받음이니 진실로 그러하도다."

여기서 사도 바울은 데살로니가 교회의 성도들이 바울의 설교를 '사람의 말로 받지 아니하고 하나님의 말씀으로' 받았다는 사실에 대하여 하나님께 감사하고 있다. 그리고 이것이 데살로니가 교회가 칭찬받는 이유였다.

설교에 대한 가장 기본적인 정의는 '설교는 하나님의 말씀(the Word of God)'이라는 것이다. 이것은 설교에 대한 변할 수 없는 가장 본질적이고 전통적인 정의이다.

설교는 영광스러운 삼위일체 하나님의 말씀이다.

설교는 성부 하나님의 말씀이요 성자 예수님의 말씀이며 성령 하나님의 말씀이다. 설교의 근거가 되는 성경 말씀은 "태초에 하나님이 천지를 창조하시니라"(창 1:1)로 시작된다. 이 말씀이 없다면 성경이 될 수 없듯이 창조주 하나님이 없는 설교는 설교가 될 수 없다. 기독교 설교는 먼저 하나님의 창조주 되심을 선포하고 그 하나님이 오늘도 우리의 삶을 주관, 섭리하시는 분임을 선포해야 한다. 설교는 성부 하나님의 창조와 섭리의 말씀이다.

설교는 죄로 말미암아 죽어가는 인류를 구원하신 예수 그리스도의 구속(救贖)과 사랑을 전하는 것이다. 인류의 역사는 하나님의 구속의 역사이다. 설교는 이 구속의 역사를 선포하는 것이며, 그 중심에는 예수 그리스도가 있다. 그리스도의 사랑이 없는 설교는 강요와 율법이 될 뿐이다. 설교는 율법이 아니라 그리스도의 사랑을 청중들의 가슴에 뜨겁게 전하는 것이다. 그러므로 우리는 설교를 통해서 그리스도의 구속과 사랑을 청중들의 가슴에 전할 수 있어야 한다.

설교는 인간을 통해서 이루어지는 성령 하나님의 사역이다. 그러므로 설교 사역에 있어서 성령님의 역사는 필수적이다. 성령님의 역사가 없는 말은 한낱 인간의 언어에 불과할 뿐이다. 그러나 인간의 입을 통해서 나가는 말이 성령님의 역사 속에서 이루어진다면 그것은 하나님의 말씀이 된다. 설교자는 설교가 성령님의 역사임을 인식하고 먼저 자신이 성령님을 의지해야 할 뿐 아니라 자신이 전하는 설교의 메시지를 통해서 성령님의 역사를 선포할 수 있어야 한다.

설교는 교회 공동체를 향한 하나님의 말씀이다. 설교는 예배 자리에 참여한 청중들 개인에게 주시는 하나님의 말씀이면서 동시에 교회에 주시는 하나님의 말씀이다. 신약 성경에는 하나님께서 사도들을 통해서 교회들에 말씀을 주고 계신다. 계시록의 일곱 교회와 고린도 교회, 갈라디아 교회, 빌립보 교회 등에 말씀을 주시면서 주님은 그들을 향해 "귀 있는 자는 성령이 교회들에게 하시는 말씀을 들을지어다"라고 말씀하신다.

그리고 설교는 온 세상을 향한 하나님의 말씀이다. 성경이 이스라엘 백성들에게만 국한되지 않았듯이, 하나님의 말씀인 설교 또한 교회의 담을 넘어 세상을 향하여 선포되어야 한다. 오늘 기독교 설교의 문제점 가운데 하나는 대부분의 설교가 교회 안에서만 맴돌고 있다는 사실이다. 그 결과 하나님의 말씀은 세상에서 힘을 잃어가고 있으며 세상에 대한 영향력 역시 약화되어가고 있다.

그렇다. 설교는 무엇보다 먼저 성부 성자 성령 하나님이 그 중심에 위치하는 삼위일체적인 것이어야 한다. 우리는 설교를 통해서 성부 하나님의 창조와 섭리를 선포하며, 인류를 죄와 사망에서 구속하신 예수님의 사랑을 증거하고, 오늘도 우리 속에 역사하시는 성령님의 임재와 역동성을 선포하여야 한다.

이런 영광스런 메시지를 설교자는 교회의 신자들과 또 세상을 향하여 전할 수 있어야 한다. 삼위일체 하나님은 교회 안의 하나님이실 뿐만 아니라 교회 밖 세상과 온 우주 만물의 주님이 되시는 하나님이시기 때문이다. 청중은 이런 메시지가 선포되는 현장에서 하나님의 임재를 체험하고 주님의 영광을 목도하는 축복을 받게 되는 것이다.

설득력 있는 설교의 세 요소

사도 바울은 설교할 때에 인간의 지혜로 한 것이 아니라 성령의 가르쳐 주신 말로 했다고 했다(고전 2:13). 여기서 바울은 인간의 수사(修辭, rhetoric) 자체를 부인한 것이 아니다. 다만 인간의 수사학이 설교의 주인이 되어서는 안 된다는 의미로 말한 것이다. 바울은 성령에 의존하면서 수사학을 복음 전파의 수단으로 활용했던 것이다.

고대 수사학에서는 설득력 있는 연설이 다음의 세 가지 요소로 이루어져 있다고 말한다.[8]:

① 로고스(logos): 연설의 내용. 여기에는 주제를 풀어나가는 논리와 말하는 기술이 포함된다

② 파토스(pathos): 연설의 감정적인 측면. 파토스에는 연설을 통해 청중이 느끼게 되는 열정이나 갈망 등이 포함된다. 고대 수사자들은 '파토스'의 제목하에 청중을 어떻게 다루어야 하는가를 논의했

[그림1] 수사학의 요소

8. Bryan Chapell, *Christ Centered Preaching* (Grand Rapids: Baker, 1994), 25-26.

다.[9] 이 '파토스'는 감정과 자극을 유발하기 위하여 고조된 문체와 호소들이 적절한 것으로 간주되어지는 연설의 결론부분에 있어 중요했다.

③ 에토스(ethos): 연설 중에 청중이 느끼게 되는 연설자의 성품. 연사는 발언할 기회를 얻기 위하여 신뢰할 만하고 지력을 갖추고 있다는 것을 인정받아야만 했는데, 이것은 '에토스'의 주제로 다루어졌다.[10] 이것은 연설의 앞부분에서 확증되어져야만 하였다. '에토스'는 청중의 복지에 연설자가 어떤 관심을 보였는가에 의해 주로 결정된다. 아리스토텔레스는 연설을 가장 설득력 있게 만드는 요소가 바로 '에토스'라고 했다.

아리스토텔레스의 수사학적인 구분들은 성령의 영감을 받은 것은 아니지만, 사도 바울은 데살로니가전서에서 이런 요소들이 매우 중요하다는 사실을 강조하고 있다.

> 살전 1:5, "이는 우리 복음이 너희에게 말로만 이른 것이 아니라 또한 능력과 성령과 큰 확신으로 된 것임이라 우리가 너희 가운데서 너희를 위하여 어떤 사람이 된 것은 너희가 아는 바와 같으니라"

바울은 먼저 복음이 '말'로 전해졌다고 말한다. 이것은 '로고스(logos)'에 해당한다. 요한복음 1:1에서도 '말씀'이 '로고스'이다. 그는 하나님이신 '로고스(Logos)'이시다. 복음의 주인공이신 'Logos'(대문자)가 복음의 내용인 'logos'(소문자)를 통해서 선포할 때 우리에게 실존적으로 부딪쳐오는 '로고스'가 있다. 칼 바르트(Karl Barth)가 예리하게 분석한 것처럼, '기록된 말씀'(성경)을 통해서 '선포되는 말씀'(설교)이 '인격적인 말씀'(예수님)을 만나게 한다. 설교를 통해서 선포된 '로고스'가 청중에게 강하게 부딪힐 때 그것을 '레마'라고 표기할 수 있다. 하지만 우리는 그 레마를 기록된 '로고스'보다 더 중시하는 잘못을 범하지 말아야 한다.

---

9. Burton L. Mack, *Rhetoric and the New Testament*. 유태엽 역, 『수사사학과 신약성서』 (서울: 도서출판 나단,1993), 55.
10. *Ibid*.

설교자는 바울처럼 분명히 전파할 복음 '로고스'가 있어야 한다. 복음의 핵심을 말로 정확하게 전달하는 것은 다른 어떤 것으로도 대체할 수 없다. 설득력 있는 설교의 첫 번째 요소는 성경 본문의 의도에 충실한 내용(주제와 대지, 대지 해석, 대지 전개에서의 설명과 예증과 적용 등)이다.

말로 전해진 이 복음은 "능력과 성령과 큰 확신으로" 된 것이라고 했다. 이것은 '파토스'에 해당한다. 바울은 복음 '로고스'를 성령과 대치시키지 않는다. 복음 '로고스'가 성령께서 능력과 큰 확신으로 전하게 하신 '로고스'이기 때문이다. 이것은 우리 시대 설교자들이 더욱 열심히 갈고 닦아야 할 부분이다. 진정한 설득은 인본주의적 수사학 기술이 아니다. 상대를 이기는 데만 힘을 쏟는 세상의 변론술에는 진실이 없다. 성령의 감동과 능력으로 복음을 전할 때 설교의 진정한 목적이 이루어진다.

또한 바울은 사람들이 메시지를 잘 받아들이게 하기 위해서 자신의 삶을 제시하였고, 사람들의 마음을 설득시키는 과정에서 이것(에토스)도 중요한 요인이 된다는 사실을 성경적으로 확증해 주고 있다. "우리가 너희 가운데서 너희를 위하여 어떤 사람이 된 것은 너희가 아는 바와 같으니라."

무슨 말인가? 설교자의 인격이 중요하다는 말이다. 설교자의 행동과 동기에 해당하는 부분이 '에토스'이다. '에토스'가 바로 생활이요 윤리이다. 설교의 영광은 말을 잘하는 것에 있을지 모르지만, 설교의 생명은 설교자 자신의 충실한 생활에 있다. 신약성경은 말씀을 가장 효과적으로 전하기 위해서는 '에토스'가 중요하다는 사실을 여러 곳에서 증거하고 있다.

에토스를 가장 잘 형성하는 두 가지는 신뢰감과 동정심이다. 청중은 이 두 가지 요소를 바탕으로 설교자를 에토스의 관점에서 등급 매길 것이다. 신뢰감은 지식과 현실성에 의해 결정된다. 설교자는 스스로 학식을 갖추어야 하고, 청중에 대해 알아야 하며, 청중이 처한 현실에 밝아야 한다. 그리고 에토스는 동정심에도 토대를 두고 있다. 설교자가 사람들에게 얼마나 관심을 기울이느냐에 에토스가 달려 있다. 청중들은 설교자가 설교자 자신보다는 청중을 더 살핀다는 느낌을 받기 전까지는 그를 신뢰하지 않을 것이다.

좋은 설교의 3대 특징

사도 바울이 골로새의 성도들에게 보낸 서신 가운데 설교의 원리를 제시하고 있는 구절을 살펴보자.

> 골 1:28-29, "우리가 그를 전파하여 각 사람을 권하고 모든 지혜로 각 사람을 가르침은 각 사람을 그리스도 안에서 완전한 자로 세우려 함이니, 이를 위하여 나도 내 속에서 능력으로 역사하시는 이의 역사를 따라 힘을 다하여 수고하노라"

먼저 바울은 "우리가 그를 전파한다"고 한다. 여기서 "그(Him)"는 예수 그리스도를 가리킨다. 좋은 설교의 첫 번째 요소는 예수 그리스도를 전파하는 것이다. 다르게 표현하면 "성경적으로 설교하는 것(Preach biblically)"이다. 좋은 설교란 성경 본문의 의도를 명확히 파악하여 본문 전체에서 설교의 내용을 뽑아내어 본문의 의도를 정확히 전달하는 설교이다.

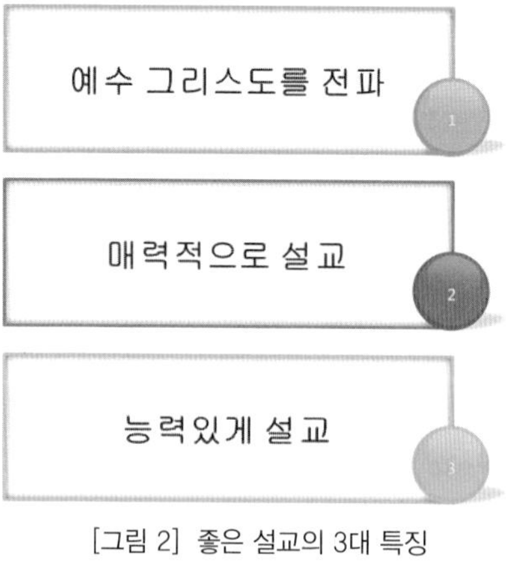

[그림 2] 좋은 설교의 3대 특징

바울은 "모든 지혜로" 가르

친다고 한다. 이 말 속에는 청중에게 들리는 설교, 청중의 주의를 끄는 설교, 청중의 심장을 파고드는 설교 등의 의미가 들어 있다. 그러므로 좋은 설교의 두 번째 요소는 "매력적으로 설교하는 것(Preach attractively)"이다. 이를 위해 제목 설정부터 대지의 역동적인 흐름, 대지의 논리적 전개, 적절한 예증, 청중에게 구체적으로 다가가는 적용 등에 관심을 기울여야 한다.

바울은 자신 속에서 "능력으로 역사하시는 이의 역사를 따라 힘을 다하여" 수고한다고 했다. 좋은 설교의 세 번째 요소는 "능력있게 설교하는 것(Preach powerfully)"이다. 먼저는 성령님의 능력을 힘입는 것이고, 설교자 자신도 "힘을 다하여 수고하는" 것이 필요하다.

위의 세 요소를 "예수님을 전파하는 것"에 대입해보자. 좋은 설교의 첫째 요소인 "성경적인 설교"란 예수님에 관하여 그분의 인격, 사역, 십자가의 의미, 대속의 깊은 뜻 등을 정확히 전파하는 것이다. 둘째 요소인 "매력적인 설교"란 그 설교를 듣는 청중의 마음에 감동이 일어나고 예수님을 사랑하게 되는 설교이다. 그리고 셋째 요소인 "능력 있는 설교"란 청중이 예수님을 닮아가겠다는 결심을 하게 되고 그분을 전하기로 결심하게 하는 설교이다.

이번에는 "진리"와 관련하여 좋은 설교의 세 요소를 대입해보자. 성경적으로 설교한다는 것은 본문의 진리를 가감 없이 정확히 전달하는 것이고, 매력적으로 설교한다는 것은 청중의 마음속에 진리를 향한 뜨거운 마음이 용솟음치도록 전파하는 것이며, 능력 있게 설교한다는 것은 청중으로 하여금 그 진리의 말씀대로 실천하도록 굳게 결심하게 만드는 것이다.

"청중"과 관련하여 좋은 설교란 어떤 것인가? 청중에게 본문의 의도를 정확히 전달하는 설교, 청중의 마음속에 본문이 전하는 내용을 사모하게 하는 설교, 그리고 청중으로 하여금 직접 그 말씀대로 살도록 도전하며 청중을 변화의 삶으로 인도하는 설교이다.

성경적 설교

성경적 설교는 성경의 권위를 온전히 인정하면서 메시지를 전하는 것이다. 그러한 설교에서는 성경 본문이 설교의 기초가 되며, 성경 본문의 원래 의미가 설교를 통해 그대로 전달된다. 가장 이상적인 설교는 본문의 논리적 의미와 원래의 의미를 있는 그대로 사용하는 '직접적 성경적 설교(direct biblical sermon)'이다. 이 설교는 최고의 수준에서 성경의 권위를 인정하는 설교이고, 직접적으로 성경에 근거해서 선포하는 설교이다.

해돈 로빈슨은 성경적인 설교자가 되려는 목회자들이 반드시 확신하고 있어야 하는 것들을 다음과 같이 제시한다.[11]: ①성경은 하나님의 말씀이다 ②성경 전체가 하나님 말씀이다 ③성경은 스스로 진정성을 입증한다 ④성경이 "여호와께서 그렇게 말씀하셨습니다"라고 설교하도록 이끈다 ⑤성경을 배우는 학도라면 성경 저자의 의도를 찾아내려고 노력해야 한다 ⑥성경은 하나님에 관한 책이다 ⑦우리가 성경을 우리의 삶에 적실성 있도록 만들지 않는다. 우리는 다만 성경의 적실성을 드러내 보여 줄 뿐이다.

그렇다면 성경적인 설교는 어떤 내용이어야 하는가?[12] 첫째로, 성경적 설교는 인본주의적(anthropocentric)이 아니라 신본주의적(theocentric)이어야 한다. 성경에는 많은 인물과 사건이 실려 있지만 성경의 주인공은 성삼위 하나님이시다. 성경의 목적은 인간의 이야기를 말하기에 앞서 하나님의 이야기, 예수님의 이야기를 하고자 하는 데 있다.

둘째로, 성경적 설교는 그리스도 중심적(Christocentric)이어야 한다. 그리스도 중심적 설교란 하나님 중심의 설교가 그리스도에게로 초점

---

11. Haddon Robinson, "성경적인 설교에 대한 확신," Haddon Robinson, *The Art and Craft of Biblical Preaching*, 전의우 외 4명, 『성경적인 설교와 설교자』 (서울: 두란노, 2006), 16–17.
12. 계지영, 『이 시대를 향한 설교학』 (서울: 한국장로교출판사, 2014), 18–22.

이 맞추어 강조되는 설교이다. 성경의 하나님은 예수 그리스도의 삶과 죽음과 부활을 통해 인간을 구원하시는 하나님이시다. 따라서 구약의 본문은 구약의 지평(horizon) 안에서만 해석되는 것이 아니고 성경 전체의 넓은 지평 안에서, 즉 그리스도의 관점에서 해석되고 설교되어야 한다.[13]

셋째로, 성경적인 설교란 예수 그리스도 안에서 하나님이 우리를 구원하셨다는 기쁜 소식(Good News)이 되어야 한다. 바젤 대학의 오트(Heinrich Ott) 교수는 성경적 설교의 세 가지 요소를 다음과 같이 지적한다: ① 인간은 죄로 인해 절망적이고 비참한 존재임을 깨닫게 할 수 있어야 한다. ② 하나님의 은혜에 대한 인간의 응답과 책임을 구체적으로 말해 줄 수 있어야 한다. ③ 무엇보다도 예수 그리스도 안에서 우리를 향한 하나님의 구원의 기쁜 소식이 설교의 중심에 있어야 한다. 넷째로, 성경적인 설교는 예언자적(prophetic) 요소와 목양적(pastoral) 요소가 통합된 것이어야 한다.[14]

다섯째로, 성경적 설교는 성경 본문과 회중들의 삶이 교차되는 지점에서 일어나는 설교이다. 성경적인 설교는 하나님의 말씀과 구체적인 삶의 현장에 있는 청중들과의 만남이다. 회중들의 삶에 연결되지 않는 설교는 아무리 훌륭한 성경 해석에서 우러나온 설교라 할지라도 청중들에게 들리지 않는 설교가 된다. 그러하기에 성경의 본문(text of Scripture)과 삶의 본문(text of life)의 지평을 융합하기 위하여 설교자는 두 세계 속에서 살아야 한다.

13. *Ibid*., 19.
14. Heinrich Ott, *Theology and Preaching* (Philadelphia: Westminster press, 1961), 53.

강해대지설교로의 부름

설교는 복음을 전하고 예수 그리스도를 전한다. 복음은 바울서신에만 60여 회 나오는 단어인데, 종말론적 구원을 도래케 하시는 구원자 예수 그리스도에 대한 리포트이다. 요컨대 복음은 기독교 메시지의 총화이다.[15]

복음 설교는 성경 본문에서 나오는 설교이기 때문에 복음 설교는 성경 본문에서 출발할 수밖에 없다. 복음 설교를 하기 위해서는 본문을 충실하게 강해하지 않으면 안 된다. 그러므로 복음 설교를 준비하는 것은 강해 설교를 준비하는 것과 같다.

강해 설교는 설교자가 본문을 의도적으로 피하지 않고 성경에 있는 대로의 본문을 설교한다. 설교자는 설교의 주제와 구조까지 본문에서 찾아야 함으로 항상 본문을 떠나지 않고, 설교자의 권위도 본문 자체에서 나온다. 따라서 강해 설교는 말씀과 성령을 강력하게 하나로 묶는 장치가 된다.

필자는 강해설교를 준비하는 최상의 방법은 중심 주제(main idea)를 떠받치는 소주제(=대지, point)들을 본문에서 찾아내어 그 주제를 가장 잘 나타내는 방법으로 배열해 보고, 대지들의 유형이 다양하게 변화되는 것을 감안하여 전체 설교의 골격을 여러 가지로 검토해 보는 것이라고 생각한다. 따라서 본서에서 말하는 강해설교를 **'강해대지설교'**라고 부르기로 한다.

강해대지설교는 본문 중심적이면서 그것을 논리적으로 조직화한 것으로서 가장 바람직한 형태의 설교라고 할 수 있다. 강해대지설교는 주해설교와 제목설교가 가진 장점을 취한다. 말하자면 분석(analysis)과 종합(synthesis)의 조화를 이룬 설교 방식이다. 앞에서 언급한 것처럼, 먼

15. 권성수, 『성령설교』 (서울, 국제제자훈련원, 2012), 68.

저 본문을 깊이 분석하고 연구한 후 그것을 종합한다. 즉 본문의 중심되는 사상(주제)이 무엇인지를 파악한다. 그 중심되는 사상을 뒷받침하는 대지들(points)을 파악한다. 그런 다음 대지들을 중심으로 설교를 조직하는 것이다.

대지는 잘 정연된 설교의 주요한 단락들을 나누는 중심 역할을 한다. 설교 대지를 만들어 대지를 따라 단락을 구성하는 것은 매우 중요한 설교의 한 과정이다. 설교 대지가 주는 가치는 무엇인가? 설교 대지가 우리에게 주는 유익은 무엇인가?

설교 대지는 먼저 설교자의 생각을 정리하고 연결케 하는 데 도움을 준다. 설교 대지는 그날의 설교 주제를 올바르게 전개하고 다루는 데 도움을 준다. 그리고 잘 정돈된 대지는 청중이 설교 내용을 잘 기억할 수 있게 한다.

강해대지설교의 세 가지 지향점

첫째, 강해대지설교는 성경 본문이 설교를 지배(govern)한다.[16] 강해대지설교는 설교 방법론이라기보다 오히려 하나의 철학이다. 설교자는 자기의 주장과 의견을 지원하기 위하여 성경을 이용하려고 하지 않고, 자기의 생각을 성경에 굴복(bend)시키려고 힘쓴다. 그러므로 강해대지설교는 **본문 지향적**이다. 본서에서 제안하는 설교법은 주제와 대지들을 모두 성경 본문에서 그대로 또는 함축적으로 가져와야 한다는 것이다.

둘째, 강해대지설교는 하나의 중심 주제(big idea)를 전한다. 설교자는 본문을 문맥 안에서 읽고 묵상한 후, 본문의 석의와 해석 과정을 통하여 본문의 중심 아이디어를 추출한다. 본문 안에서 설교자는 여러 개

16. *Ibid.*, 21–22.

[그림3] 강해대지 설교의 지향점

의 아이디어와 주제를 발견할 수 있다. 그러나 한편의 설교에서 그 주제들을 일일이 다 말할 수는 없다. 설교자는 본문으로부터 가장 핵심적인 주제를 선택해야 한다. 왜냐하면 설교는 하나의 통합적인 주제를 중심으로 전개되기 때문이다. 그러므로 강해대지설교는 주제 지향적이다. 본서에서 제안하는 설교법은 제목과 대지들을 연결시킬 때 이야기가 되도록, 그리고 이것이 하나의 주제를 이루도록 제목과 대지를 배열하는 것이다.

셋째, 강해대지설교는 설교자 자신과 청중에게 본문을 적용한다. 설교자는 성령님께서 그에게 주시는 메시지를 먼저 자신의 삶에 적용할 수 있어야 한다. 설교자가 복음을 실제로 체험하고 살아본 경험이 없으면 설교자는 상상을 통하여 본문을 체험할 수 있어야 한다. 그런 후에 설교자는 그가 체험한 메시지를 오늘의 청중들의 삶에 적용하여야 한다. 그러므로 강해대지설교는 **적용 지향적**이다. 본서에서 제안하는 설교법은 각 대지의 진술을 오늘의 청중들에게 적용 가능하도록 해석하여 그 적용적 해석을 대지 전개의 각 단계에서 계속적으로 사용해 나가는 것이다.

2. 설교작성의 **준비**

본문 선택

모든 설교는 성경 본문에서부터 출발한다. 왜냐하면 설교자는 사색가가 아니라 강해자이기 때문이다.[1] 설교의 힘은 성경 본문에 그 뿌리를 두고 있다. 디모데후서 3장 16절에는 성경은 영감되었고, 하나님의 숨결이 묻어 있으며, 모든 좋은 일을 위하여 믿는 자들이 구비하기에 유익한 말씀이라고 기록되어 있다. 설교자가 전하는 메시지의 힘이 본문 말씀에 있음을 잊어서는 안 된다.

설교자가 본문을 선정하면서 고려해야 할 큰 원리는 두 가지이다.[2] 첫째는 성경 말씀 전체를 고르게 전해야 한다는 것이고, 둘째는 하나님의 백성들이 처해 있는 삶의 현장을 진지하게 살펴보아야 한다는 것이다.

설교 본문을 선택하는 방법 가운데에는 첫째로 설교자가 임의로 선택하는 방법(Preacher's Choice)이 있다. 영적으로 민감한 설교자는 교인들의 영적 상태나 필요 등을 고려하거나 사회적 이유에 대한 선지자적 목소리를 발할 수 있는 본문을 선택할 수 있다. 이것은 테마 중심으로 본문을 선택하는 것이기 때문에 '주제강해설교'라 부를 수 있다.[3]

둘째로 공동 성서일과(Common Lectionary)에 따라 설교하는 방법이 있다. 성서일과(혹은 성구집이라고도 한다)란 성경학자들이 매 주일 예배 시에 봉독할 성경을 체계적으로 수록해 놓은 책을 말한다. 설교학 교수들은 신학생들에게 성서일과를 사용할 것을 권장하고 있지만, 졸업 후 목회

1. 안병만, 『존 스토트 설교의 원리와 방법』, 84.
2. Paul Scott Wilson, *Imagination of the Heart* (Nashville: Abingdon, 1980), 53–58.
3. Haddon Robinson, *Biblical Preaching*, 57.

현장에서 성서일과에 따라 설교하는 목회자는 아직도 소수에 불과하다.

세 번째로 성경의 어느 한 책을 선택하여 연속적으로 강해설교를 하는 방법이 있다. 이 경우 말씀을 고르게 전할 수 있고 본문 선택의 갈등에서 해방되는 장점이 있다. 또한 설교자는 성경의 권위를 가지고 말한다는 확신을 가질 수 있다. 한편 연속 강해 설교는 질질 끈다는 인상을 주지 않도록 조심해야 하며, 때로는 성도들의 삶의 현장과 동떨어진 설교를 감내해야 하는 단점이 있다.

설교자는 위의 여러 방법 중 자신의 취향이나 교회의 형편에 맞게 본문을 선택하면 된다. 혼용해서 사용하는 것도 좋은 방법이다. 예를 들면 주일 낮에는 본문의 임의적 선택을 통해 대중적인 설교를 하고, 주일 오후에는 연속 강해를 통해 교인들을 정예화시키는 것이다.

본문 석의(exegesis)와 해석(interpretation)과 해석학적 작업(hermeneutics)

설교자의 과제를 광의적으로 이해할 때 두 가지를 이해하고 있는가에 요점을 두는데, 하나는 '성경 본문이 그 당시 역사적, 문자적, 신학적으로 의미하는 것이 무엇이었느냐' 하는 것이고, 또 하나는 '그렇다면 그 사실이 오늘날 우리에게는 어떤 의미를 가지느냐' 하는 것으로 어떻게 우리의 삶과 연관되느냐 하는 것이다. 그리고 이 과제는 세 가지 연속적인 활동을 포함한다.[4]

첫째 활동은 하나님께서 인간인 저자의 손끝을 통해 당시의 독자들에게 표현하시고 싶었던 것을 이끌어내는 **석의 과정**이다. 이것은 그 단락에서 실제로 말하고 있는 것을 이끌어내는 것이고, 본문의 의도를 드러내는 활동을 말한다. 본문의 석의(釋義, exegesis)는 설교의 토대가 된

4. 안병만, 59-60.

다. 설교의 근본적인 과제는 성경의 메시지를 열어주는(unfold) 일이다. 설교는 성경을 설명하거나 관습적인 지혜의 모형에 맞추는 것이 아니고 성경의 메시지를 열어주는 일이기에 엄격한 석의가 반드시 필요하다. 그러므로 석의자의 과제는 본문의 의미를 본문 말씀 그 자체에서 찾아야 하며, 석의자의 사상과 감정에서 발견하려 해서는 안 된다. 우리에게 절실히 필요한 것은 비록 성경 저자들의 가르침이 다소 시대에 뒤떨어지고 인기가 없다 할지라도 그들이 말한 것만을 전하겠다는 기본 원칙을 지키려는 고결함과 용기이다.

둘째 활동은 본문을 통해 하나님께서 현재 우리의 구체적인 상황 속에서 말씀하시는 바와 관련시키는 **해석 과정**이다. 다르게 표현하면 성경 기자의 생각과 현대인의 생각 사이의 간격을 연결하는 것이다. 그러므로 성경 본문과 삶의 정황 사이의 해석학적 만남이 일어난다. 그리하여 본문의 원래 의미는 오늘날 구체적인 현실에 맞춰 번역되고 적용된다. 본문의 바른 해석을 위해서는 문법적·문학적 연구, 역사적·문화적 연구, 그리고 신학적 연구가 필요하다. 문법적·문학적 연구는 먼저 단어 연구에서 출발한다. 단어를 연구할 때에는 원 단어에서 파생된 부차적 이미지를 가지고 원 단어에 의미를 부여하지 않도록 주의해야 한다. 단어 연구에 이어 문법 및 구문 연구가 필요한데, 구문이란 단어와 단어, 문장과 문장이 서로 연결되어 있는 방식을 가리킨다. 본문의 문학적 형태가 성경 해석에 영향을 주는 방법을 연구하는 것도 본문 해석을 위해 중요하다. 하나님은 시, 잠언, 내러티브, 비유, 서신 등 다양한 문학적 형태들을 사용해 성경을 기록하게 하셨다.

셋째 활동은 석의와 해석을 통하여 제공되는 설교 자료를 이용하여 설교를 작성하는 **설교 작성 과정**이다. 이것은 특히 석의와 해석 과정을 조화시켜 행위를 교정하고 방향을 설정하는 원천으로서의 적용을 포함한다. 그러므로 설교 작성의 세 부분은 본문 석의, 해석, 적용의 순서에 따라 진행된다.

주제 잡기

설교를 접근하는 방법은 두 가지가 있다. 하나는 성경 본문(text)을 먼저 정하고 거기에서 주제와 설교할 내용을 찾는 방법이다. 또 하나의 방법은 먼저 주제(subject)를 정하고 본문으로 들어가는 경우다. 본문을 먼저 선택했든 아니면 주제를 먼저 정했든 설교에서 분명한 것 하나는 '설교는 하나의 주제를 가져야 한다'는 것이다. 주제가 중요한 것은 그날의 설교는 이 주제를 따라서 전개되고, 이 주제에 관해서 이야기하는 것이기 때문이다.

설교의 주제란 무엇인가? 또 그 주제는 어떻게 표현되어야 하는가? 이 질문에 대답하기 위해서는 본문을 기술한 저자가 언급하는 다양한 것들을 평가해야 하고, 그 가운데 어느 것이 중심 내용인지 분별해야 한다. 주제는 본문을 관통하는 중심이 되는 사상이고, 설교 전체에 흐르는 큰 개념(the big idea)이며, 본문의 지배적 사상(dominant thought)이다. 우리가 주제를 찾아내야만 하는 이유는 설교란 강의와는 달리 하나의 중요한 메시지만을 전달하는 것을 목적으로 하고 있기 때문이다.

토마스 롱은 "주제란 설교의 중심되는, 설교를 통제하는, 설교를 통합하는 사상을 간결하게 표현한 것이다. 한마디로 말해서 전 설교는 이 초점에 대한 설명이다"[5]라고 했고, 해돈 로빈손은 "설교는 명중탄(bullet)이 되어야지 산탄(buckshot)이 되어서는 안 된다"고 했다.[6]

설교자는 회중이 가슴속에 한 가지 위대한 진리를 품고 돌아갈 수 있도록 해 주어야 한다.[7] 설교자가 할 일은 정조준하여 성경 본문이 말하고자 하는 바를 정확히 명중시켜 바로 전달하는 것이다. 이런저런 말들을 널려놓고 그중 한 가지에 걸리겠지 하는 것은 산탄총을 쏘는 설교

5. Thomas G. Long, *The Witness of Preaching* (Louisville, Kentuckey: Westminster/John Knox Press, 1989), 86.
6. Haddon Robinson, *Biblical Preaching*, 37.
7. 한진환, 154-155.

이다. 본문의 중심 주제를 찾고 그것을 발전시키는 설교만이 명료하여 사람들을 변화시킬 수 있다.

FCF(타락한 상태 초점 맞추기) 정하기

성경 본문에서 설교의 주제와 목표를 분명하게 설정하는 것은 무엇보다 중요하다. 하지만 성경 저자가 무슨 말을 했는지 명확하게 깨달았다고 해서 모든 것이 끝난 것은 아니다. 즉 우리가 성경 본문의 원인과 이유를 파악하기 전에는 설교의 주제를 완벽하게 이해했다고 할 수 없다. 그래서 설교의 주제를 결정하기 위해서는 다음과 같은 질문을 던져 보아야 한다. "왜 이 사건에 대해서 이야기 하려고 하는가? 왜 이런 설명을 하는가? 왜 이런 사실을 기록했는가? 왜 이런 사상을 주장했는가? 성령님은 어떤 목적으로 이 구절을 성경에 포함시켰는가?"[8]

우리는 성경에 나오는 모든 구절이 나름대로 이유를 가지고 있다는 사실을 성경을 통해서 확인할 수 있으며, 그 목적이 근본적으로 무엇인지도 알 수 있다. 디모데후서 3:16-17은 "모든 성경은 하나님의 감동으로 된 것으로 교훈과 책망과 바르게 함과 의로 교육하기에 유익하니 이는 하나님의 사람으로 온전하게 하며 모든 선한 일을 행할 능력을 갖추게 하려 함이라"고 했다. 하나님은 우리가 하나님을 더 많이 닮아가게 하기 위해 말씀을 주셨으며, 그래서 성경은 근본적으로 이런 의도를 가지고 있다고 보아야 한다.

FCF를 어떻게 결정하는가? 설교자는 본문의 내용을 정확하게 설명하기 전에 먼저 "이 본문을 쓰게 만든 FCF는 무엇인가?"를 물어보아야 한다. 왜냐하면 본문의 FCF를 정확하게 이해했을 때 그 본문을 적절하게 해석할 수 있고 그 내용을 효과적으로 전달할 수 있으며, 이 글을 쓰

8. Bryan Chapell, *Christ-Centered Preaching* (Grand Rapids: Baker Books, 1994), 41.

신 성령님의 목적을 그대로 나타내 보일 수 있기 때문이다.

설교의 초기, 즉 서론에서부터 FCF를 구체적으로 제시하면 할수록 그 설교는 더욱 예리하게 되고 힘 있는 설교가 된다. FCF를 구체적이 아닌 일반적인 수준으로 다루게 되면 설교가 현실적인 관심사에 대답을 주는 면에서 부족하게 된다.

인간의 여러 가지 죄가 성경의 FCF로 자주 나타난다. 하지만 인간의 죄가 항상 설교의 FCF가 되어야 하는 것은 아니다. 슬픔과 질병, 주님의 응답을 간절히 바라는 것, 훌륭한 부모가 되고 싶은 소망 등은 결코 죄가 아니지만 설교의 FCF가 될 수 있다. 왜냐하면 이것들도 인류가 타락했기 때문에 생겨난 것이며, 우리에게 이런 것들이 필요하다고 성경에서 말하고 있기 때문이다. 간단히 말해서 FCF는 인간이 처해 있는 특정한 상황, 즉 교훈이나 경고 또는 성경의 위로가 필요한 상황이기만 하면 된다.

우산 질문 정하기

강해대지설교는 성경 본문의 의도에 충실한 하나의 중심 주제를 중심으로 그 주제를 떠받치는 몇 개의 소주제, 즉 대지를 세워 설교의 골격을 이루도록 하는 설교이다. 설교의 서론이 끝나면 첫째 대지로 이어지게 되는데, 이때 서론과 대지를 이어주는 전환 문장을 '우산 질문(over-arching question)'이라 한다. '우산 질문'은 단순히 서론과 대지를 이어주는 전환 문장의 역할을 넘어서서 전체 대지를 아우르는 문장이다. 일반적으로 3대지 설교의 각 대지는 하나의 우산 질문에 대한 대답들로 구성된다.

기술적으로는 우산 질문의 형태가 대지의 유형을 결정한다. 우산 질문의 유형은 주제와 대지의 관계를 규정하는 역할을 한다. '주제 설명형'은 대지들이 주제를 설명해 나가는 유형인데, 설명형 우산 질문은 설명형 대지를 이끌어내는 유형이다. '주제 증명형'은 대지들이 주제를 증명해 나가는 유형인데, 그러므로 증명형 우산 질문은 증명형 대지를 이끌어내도록 정하면 된다. 마찬가지로 '주제 적용형'의 경우 우산 질문은 적용형 대지를 이끌어내도록 정하도록 한다. 각 유형별로 우산 질문의 형태를 예를 들어 소개하면 다음과 같다.[9]

설명형 우산 질문: 그것이 무엇인가?
증명형 우산 질문: 과연 그러한가?
적용형 우산 질문: 그렇다면 우리는 어떻게 해야 하는가?
이유제시형 우산 질문: 그 이유가 무엇인가?
목적제시형 우산 질문: 그 목적이 무엇인가?

9. 채경락, 72.

3. 설교작성의 실제

제목 작성의 실제

설교의 제목은 설교의 주제(빅 아이디어)와 설교의 목표가 설정되면 지체하지 말고 결정하는 것이 좋다. 왜냐하면 설교는 제목에 의해서가 아니라 주제에 의해 전개되기 때문이다.

설교의 제목을 어떻게 정할 것인가? 설교가 본문을 벗어나지 않고 본문의 의도를 정확히 나타내려면 제목은 본문의 의도를 충실히 반영하는 중심 주제에서 그대로 또는 함축적으로 가져와야 한다. 이를 위하여 설교의 제목은 설교의 주제를 암시하거나 반영해야 한다. 제목이 아무리 본문 그대로 가져온 것이라 하더라도 주제와 별 연관성이 없거나 모호한 제목은 곤란하다. 또한 아무리 참신한 제목이라 하더라도 주제를 제대로 반영하지 못한다면 그것도 안 된다.

주제와 제목의 관계를 요약한다면, 주제는 그 설교가 말하고자 하는 내용의 핵심을 완전한 문장으로 요약한 것이고, 제목은 그것을 포장하여 더욱 세련된 언어로 보여주는 것으로서 일종의 광고적인 성격을 갖는다고 할 수 있다. 그래서 설교 제목은 설교자 자신보다는 설교를 들을 사람들이나 다른 사람들을 위한 것임을 명심해야 한다.[1]

본문의 주제에는 석의주제와 적용주제가 있는데, 설교 제목은 어느 쪽을 따라야 하는가? 역사적 맥락 속에 있는 본문의 중심사상을 그대로 축약한 것이 석의주제라면, 그것을 모든 시대에 통용되는 보편적 진리로 평행 이동한 것이 적용주제이다. 필자의 경험으로는 설교의 제목을

1. 이현웅, 『설교학 이야기』 (서울: 예배와 설교 아카데미, 2011), 140.

석의주제보다는 설교주제와 연관시켜 정하는 것이 일반적이다. 하지만 최근의 동향은 스토리텔링이 대세인 것을 감안하면, 본문의 인명이나 지명, 사건 등을 사용하여 주제를 보여주는 방법으로, 다시 말하면 석의주제와 연관시켜 제목을 정하는 것이 바람직한 경우가 적지 않다.

개요 작성(대지 작성)의 실제

설교 원고를 쓰기 전에 먼저 해야 할 일은 설교의 개요 또는 윤곽(outline)을 잡는 작업이다. 일반적으로 이때 설교자는 설교 전체의 윤곽을 한눈에 볼 수 있도록 설교의 서론과 본론과 결론의 내용을 큰 종이에 써 가면서 자료들을 첨가하는 방법을 쓴다. 특히 본론에서 대지들의 흐름과 움직임을 고려하여 본문의 의도와 중심 주제를 잘 떠받치는 대지들로 골격을 갖춰야 한다. 이처럼 설교 개요를 만드는 것은 설교를 작성할 때 전체 흐름을 보면서 설교를 체계적이고 일관성 있게 쓰기 위함이다. 설교자는 반드시 설교의 윤곽을 잡아서 설교의 큰 방향과 틀을 잡도록 해야 한다.

본문의 의도에 충실하고 주제가 선명한 개요가 주는 유익은 크다. 설교 자체가 논리적 틀을 가지게 되고, 설교자 자신이 설교의 방향을 잃지 않게 되며, 청중 또한 설교의 진행을 쉽게 파악하여 설교의 적용 부분에서 은혜를 받게 된다.

어떻게 하면 본문의 의도를 벗어나지 않고 주제의 메시지를 선명하고 정확하게 전하는 설교 개요를 작성할 수 있을까? 설교 제목과 대지, 그리고 대지 해석을 작성하는 데 있어 다음의 다섯 가지를 반드시 지켜야 할 것이다.[2]

---

2. 이광복, 『설교의 해석법, 작성법, 전달법의 실제』 (서울: 도서출판 흰돌, 2013), 54-56.

첫째, 제목을 본문의 의도에 충실한 중심 주제에서 '그대로' 또는 '함축적으로' 가져와야 한다.

제목을 만들 때 앞에서 언급한 바대로 본문의 주제를 잘 나타내도록 본문 속에서 그대로 인용하든지 본문의 내용을 함축적으로 요약하여 주제를 표현하도록 해야 한다. 설교의 주제는 본문의 의도를 살린 중심 아이디어를 문장으로 나타낸 것이라면 설교의 제목은 주제를 함축적으로 나타내는 구(phrase)로 표현하는 것이 좋다.

둘째, 대지(大旨, points)를 본문 속에서 '그대로' 또는 '함축적으로' 가져와야 한다.

본문에서 인용하는 면으로 보면 이 법칙은 제목보다 대지의 경우에 보다 엄격히 적용되어야 한다. 이것은 **통일성**(Unity)의 문제이다. 대지는 본문에서 나오는가, 아니면 주제에서 나오는가? 이것은 양자택일을 요구하는 질문이 아니다. 대지는 본문에서도 나오고, 동시에 주제에서도 나온다. 다만 대지가 본문과 관계하는 방식이 다르고 대지가 주제와 관계하는 방식이 다르다.

본문이 대지의 토양이라면 주제는 대지를 만드는 틀이다. 본문이 대지의 재료를 공급한다면 주제는 대지의 구성과 성격을 결정한다. 다르게 표현한다면, '대지는 본문에서 나오되 주제의 통제하에 나온다'. 대지는 본문에 뿌리를 두고 있지만 대지가 섬기는 대상은 본문이 아니라 주제라는 말이다.[3]

각각의 대지는 중심 주제로부터 나와야 하며 동시에 중심 주제를 뒷받침해야 한다. 대지들은 반드시 중심 주제를 지지하고 설명하는 방향으로 구성되어야 한다. 이 연결고리가 끊어지면 설교는 본문을 떠나 광야로 나가 방황하게 된다.

---

3. 채경락, 『쉬운 설교』 (2015), 58.

먼저 조심해야 할 것은 '대지 진술'이 '대지 해석'이 되는 것을 피하는 것이다. 중심 주제를 구성하는 소주제에 해당하는 본문 구절을 그대로 가져와 대지로 만들든지, 아니면 본문을 요약하도록 하는 것이 좋다. 이때 대지는 가능한 한 간략하게 서술되어야 한다. 메시지의 많은 내용을 대지에 포함시키려 하는 경향이 있는데, 무엇보다 대지는 짧고 기억하기 쉬워야 한다.

셋째, 제목과 대지는 자연스럽게 연결되어 이야기가 되어야 한다.

대지를 잡았을 때 제목과 연결되어 하나의 이야기, 즉 설교의 주제를 이루는가를 반드시 확인해 보아야 한다. 만일 제목과 대지가 연결되지 않고 따로 놀거나, 대지의 구성이 체계적이지 못할 때 처음부터 다시 시작해야 한다.

이것은 **진행과 절정**(Movement and Climax)의 문제이다. 한 대지에서 다음 대지로의 진행은 논리적이어야 하며 회중에게 점진적인 중요성을 제공하여야 한다. 설교 대지들은 서로가 그 내용의 강조점이 달라야 하고 서로가 구별되는 것이어야 한다. 대지와 대지 사이에 차별성이 있어야 한다는 말이다. 대지들은 처음보다 나중 것이 더 중요하고 무게 있는 방향으로 작성하도록 해야 한다. 그래야 끝까지 청중들의 관심과 집중을 끌고 갈 수 있다.

넷째, 본문 분해가 잘 되도록 대지를 잡아야 한다.

설교 본문이 3대지로 잘 뽑아졌는지 살펴보는 것이다. 모든 설교가 3대지로 분해되는 것은 아니지만, 많은 경우 2대지나 4대지보다 3대지가 무난하다. 전체 대지의 흐름이나 순서, 또는 뽑혀진 내용이 본문의 중심 의도를 잘 구현하고 있는 것이 중요하다. 때로는 본문의 의도 중에 지엽적인 것들이 부각되는 경우가 허다하기 때문이다. 가능하면 선택된 본문이 적절하게 분배되도록 대지를 잡아야 한다. 제목과 대지가 연결이 잘 되어야 한다는 것은 곧 본문 분해에 충실해야 한다는 것을 전제하고 있다.

이것은 **순서와 배열**(Order and Proportion)의 문제이다. 각각의 대지는 그 중요성과 길이에 있어 균등하여야 하며 연속적인 연관성 가운데 표현되어야 한다.

다섯째, 각 대지의 해석이 적절해야 한다.

설교의 생명은 대지의 해석에 있다고 해도 과언이 아니다. 특히 구약 성경의 사건, 인물, 서사부분(narrative)의 말씀 등은 고린도후서 3:14 말씀대로 예수 그리스도로 수건을 벗겨야 한다. "그러나 그들의 마음이 완고하여 오늘까지도 구약을 읽을 때에 그 수건이 벗겨지지 아니하고 있으니 그 수건은 그리스도 안에서 없어질 것이라"

대지의 해석은 대지 진술의 내용을 설교 청중에게 직접 적용할 수 있는 '적용적 해석'이어야 한다. 그러므로 대지 해석의 방법은 전후 문맥을 고려하여 직역 또는 의역을 선택한다.

대지 해석 작성의 실제

설교에 있어서 해석은 설교의 핵심이요 생명이다. 본문이 어떻게 해석되느냐에 따라 설교의 방향이 달라지기 때문이다. 여기서 말하는 해석은 설교문 작성 시 대지의 의미를 청중에게 적용하기 위해 직역이나 의역을 통하여 보다 쉽게 밝히는 **적용적 해석**을 의미한다.

해석은 설교자의 신학의 문제와도 직결되는 중요한 문제이다. 모든 것이 그렇지만 특별히 해석만큼은 본문이 의도하는 바를 정확하게 간파해야 한다. 해석이 잘못되면 설교 전체의 방향이 길을 잃고 방황하게 된다.

해석의 기준은 무엇인가? 가장 안전한 기준은 지금까지 내려온 기존의 정통신앙과 교리에 위배되지 않는 것이다. 어떤 특별한 강조점을 위해, 또는 인기를 끌려는 욕심에서 견강부회식(牽强附會式)의 해석을 차용하는 경우가 있는데 이것은 위험하다. 오랜 개혁주의 역사 속에서 공인된 기본교리와 배치되는 해석은 일단 바른 해석에서 빗나간 것임이 틀림없다.

해석 작업을 할 때 공인된 주석서들을 참고해서 훌륭한 주석가들의 견해를 참조하는 것이 안전하다. 특히 구약의 사건이나 이야기를 해석할 때 성경적 상징주의(Biblical Symbolism)를 도입할 필요가 있다. 성경적 상징주의는 성경 전체가 갖고 있는 통일성에 기반을 두고 있기 때문에 한정된 본문의 한계를 뛰어넘어 본문의 의도를 심층적으로 알게 해주는 유익이 있다.

해석의 방법으로는 본문에서 그대로 또는 함축적으로 가져온 각 대지 진술의 보다 깊고 선명한 의미를 나타내기 위해 직역 해석과 의역 해석을 사용한다. 직역 해석은 단어나 구(phrase)의 뜻을 직접 풀어주는 것을 말하는데, 청중은 직역을 통해 대지의 의미를 선명하고 명쾌하게 이해할 수 있다. 설교 시간은 신학교 강의 시간이 아니고 설교를 듣는 것은 책을 읽는 것과 달라 되돌아갈 수 없기 때문에 직역 해석을 통해 본문의 의도를 보다 분명하게 하는 것이 중요하다.

의역 해석은 성경적 상징주의 해석법으로서, 본문에 등장하는 단어나 구가 어떤 원형에 대한 모형인지를 파악하여 청중들에게 의역해 주는 방법이다. 의역은 직역에서 알 수 없는 각 단어의 본래의 의미를 비춰주는 조명의 역할을 해 준다. 사도 바울이 갈라디아서에서 사용한 의역의 사례를 살펴보자.

> "이것은 비유니 이 여자들은 두 언약이라 하나는 시내산으로부터 종을 낳은 자니 곧 하가라"(갈 4:24)

본문에 사용된 '비유'(헬, 알레고레오)는 '알로스'(다른, other)와 '아고류오'(공적인 자리에서 말하다)가 합쳐진 단어로서, '다른 어떤 것을 공공연하게 말하다'라는 의미이다.[4] 이 의역 해석은 직역에 비해 적용의 깊이나 범위 면에서 훨씬 깊고 넓은 해석 방법이다. 그러므로 더욱 깊이 있는 설교를 준비하기 원하는 설교자는 의역 해석에 대해 더 많은 연구가 필요하다.

대지 전개(展開)의 실제

대지 전개란 각 대지를 본문의 의도에 충실한 방향으로 전개해 나가는 것이다. '대지 잡기'가 설교의 스케치라면 '대지 전개'는 스케치 위에 색을 칠하는 작업이다.

대지를 어떻게 전개해야 할까? 대지 채우기는 어떻게 하는가? 주제를 찾아내고 제목을 정한 다음 그 제목과 이야기가 되도록 대지를 잡는 것은 다소간 기술적인 작업이지만 대지 전개는 예술적인 향취가 강하다. 다른 말로 하면 대지 잡기가 체계적인 훈련의 대상이라면, 대지 전개는 타고난 예술적 감각이 큰 부분을 차지하는 듯하다.[5]

설계도가 완성되었으면 본격적인 건축에 들어가야 하듯이 설교의 골격이 갖추어지면 그다음 단계는 설교의 전개로 돌입하는 것이다. 강해대지설교는 설명에서 예증으로, 그리고 예증에서 적용의 순으로 전개하는 것이 논리적이다. 첫째 대지를 진술한 후에 설명, 예증, 적용의 순으로 전개시키고, 둘째 대지를 말한 후에도 설명, 예증, 적용의 순으로 전개시킨다. 대지가 몇 개이든 설명, 예증, 적용의 흐름으로 펼쳐 나가는 것이다. 대지를 설명하고 대지를 증명하고 예화를 통해 대지의 메

4. 이광복, 『설교의 해석법, 작성법, 전달법의 실제』 (서울: 도서출판 흰돌, 2013), 32.
5. 채경락, 『쉬운 설교』 (서울: 생명의 양식, 2015), 228.

시지를 강화하고 나아가 대지를 삶에 적용해 나간다. 때로는 한 대지 안에서 설명부의 내용 변화에 따라 설명과 적용을 반복할 수도 있다.

설명부에서 대지의 의미를 풀어서 이해시키고, 예증부에서는 설명부의 내용을 회화적으로 보여주며, 적용부에서 설명부에 제시된 내용 하나하나를 실천하도록 도전하는 흐름으로 대지 전개가 이루어져야 한다. 각 항목의 기능에 대하여는, 절대적인 구분은 아니지만, 대체로 설명은 우리의 지성을 자극하고 예증은 감정을, 그리고 적용은 행하려는 의지를 준비시킨다고 말한다.[6] 그러므로 설교의 대상이 지적인 성향의 청중일 경우 설명부를 강조하고, 어린이나 일반 대중에게는 예화와 적용의 비율을 높이는 것이 바람직하다. (이 세 단계를 좀 더 자세히 살펴보기 원하는 분은 필자의 저서『좋은 설교』p.139ff.를 참조하기 바란다.)

설명부: 대지는 분명한 사상을 포함하는 내용이어야 한다. 설명부에서 감당해야 할 가장 중요한 것은 대지 진술이 설교의 주제와 어떻게 연관되어 있는지를 설명하는 것이다. '대지 설명'은 말 그대로 대지를 설명하는 대목이다. 이것은 단순한 사전적인 설명이 아니라 적용적이고 설교적인 설명이어야 한다. 대지가 무엇을 의미하는지 청중이 쉽게 이해할 수 있도록 간략하게 다루면 된다. 여기에는 반복(repetition), 재진술(restatement), 묘사 정의(definition), 주해(exegesis), 논증(argumentation) 등이 포함된다.

예증부: 대지 전개의 두 번째 요소는 설명부의 내용을 이해하기 쉽게, 그리고 가슴에 와 닿게 제시하는 예증부이다. 예증 또는 예화에 해당하는 영어 단어 'illustration'은 설교에서 사용되는 스토리, 일화, 삶의 단편적 이야기, 유추, 이미지, 메타포 등을 포함하는 포괄적인 단어

6. 채경락, 231.

이다. 예증은 이해하기 어려운 설교의 논지(thesis)나 명제(proposition), 또는 대지의 의미를 청중들이 쉽게 이해할 수 있도록 빛을 비추어 주고 조명해 주고 설명하여 준다는 의미를 지니고 있다.

본문의 내용을 설명하고 증명하며 논증하는 것만으로도 설교의 학구적인 조건을 충족시킬 수 있겠지만, 성경의 실례를 보면 그 이상의 것이 필요하다는 사실을 알 수 있다. 전통적으로 강해 설교는 각각의 대지마다 설명과 함께 예증과 적용을 제시함으로써 그 진리에 생명력을 불어넣는다.

전문적으로 말해서, 예증은 성경의 원칙을 상세히 말하고 설명하며 발전시키는 경험의 이야기로서, 청중을 그 경험에 동화(assimilation)하게 만드는 것이다. 설교 주제와 대지에 맞는 다른 성경의 사건이나 인물, 고대 철학자의 글을 인용하는 것, 언론에 발표된 통계 수치들, 또는 설교자 자신의 개인 경험 등이 여기 속한다.

예증에서 가장 중요한 소재는 다른 성경 구절이나 성경의 사건들이다. 성경의 기록은 영감된 진리의 말씀이므로 안심하고 예증의 소재로 사용할 수 있다. 주변의 소재들 또한 예증의 자료로 얼마든지 사용될 수 있다.

주위의 자연 현상, 환경, 삶의 정황에서 얻는 소재들은 추상적인 원리를 구체적인 형상으로 보여주는 장점이 있다. 하늘에 속한 진리를 땅의 소재를 사용하여 설명하는 것이기 때문에 땅에 속한 인생에게는 훨씬 더 친근하게 느껴진다. 이 경우 분석하고 따지기보다는 단순히 비슷한 자료들을 첨가하고 중첩적으로 제시하는 것이 설교와 같은 구어체적 전달에서는 더 효과적이다.[7]

7. 한진환, 『설교의 영광』, 212.

적용부: 설교에서 적용의 중요성은 아무리 강조해도 지나치지 않다. 설교의 관건은 성경 본문에 담겨 있는 진리가 지금의 청중에게 어떤 의미가 있는가를 밝히는 데 있다. 다르게 표현하면, 우리가 본문에 관해 물어야 할 가장 중요한 질문은 "이 본문의 의미는 무엇인가?"라기보다 "나는 무엇에 순종해야 할까?"이다. 적용이란 메시지를 들은 청중이 그 말씀에 비추어 "내가 무엇을 해야 하는가?"라는 질문에 답변하는 것이라고 할 수 있다. 수천 년 전에 기록된 본문과 21세기 문화권에 사는 청중 간의 큰 갭을 메우는 데 가장 크게 필요한 기술이 바로 적용이다. 스펄전에 의하면 "적용이 시작되는 곳에서 설교는 시작된다."

적용이 무엇인지 보다 명확히 알기 위해서는 적용이 아닌 것이 무엇인지 살펴보는 것이 도움이 된다. 첫째, 부가적인 정보 즉, 단순히 더 많은 사실을 주는 것은 아직 적용이 아니다. 둘째, 적용은 단순한 이해로 그치는 것이 아니다. 우리는 단순히 성경이 무엇을 말하는가 뿐만 아니라 성경이 의미하는 것을 알아야 한다. 설교가 여기서 완성되는 것은 아니다. 그 진리가 삶에 영향을 끼치는 데까지 나아가야 한다. 적용은 이렇게 묻는다: 그래서 어쨌다는 것인가?(So what?) 내가 어떻게 그러한 일을 할 수 있단 말인가? 셋째, 본문을 적용하는 것은 단순한 연결하기를 가리키는 것이 아니다. 연결하기란 성경 시대에 일어났던 일이 오늘날에는 어떤 모습으로 일어날 수 있는지 설명하는 것이다. 적용은 여기에서 더 나아가 우리가 처한 현실에서 어떻게 해야 하는지 구체적으로 말해 주는 것이다.

적용은 무엇보다 자연스러워야 한다. 대지의 전개 과정에서 설명과 예증에 이어 필연적으로 제시될 수 있는 것으로 적용을 구성하도록 해야 한다. 그리고 그 적용은 구체적이어야 한다. 구체적인 행위의 지침, 계량화된 구체적인 내용이 되도록 준비에 힘써야 한다.

적용 작성을 위한 네 가지 질문

성경은 신약은 물론이고 구약까지 모두 예수님 이야기로 가득 차 있다. 신약이 오신 예수님의 이야기라면 구약은 장차 메시야로 오실 예수님과 메시야 왕국에 대한 예표와 예언, 그리고 상징으로 구성되어 있다. 그러므로 성경 본문을 가지고 설교하는 설교자는 청중에게 본문의 말씀을 크게 두 가지 관점에서 적용해야 한다. 하나는 예수님을 우리가 믿어야 할 구원자로 고백하는 것이고, 다른 하나는 예수님을 우리가 본받아야 하는 모범으로 적용하는 것이다. 예수 그리스도는 믿음의 대상이면서 동시에 우리가 따라야 할 모범이시다.[8]

설교에서는 두 세 유형의 사람들에게 구체적으로 초점을 맞추는 것이 좋다. 이것은 설교 전체의 FCF를 정하는 데에서나 대지 전개의 설명부에서도 고려해야 하는 점이지만, 특히 적용부에서 신경을 써야 할 부분이다. 놀라운 사실은 메시지가 직접적이고 개인적일수록 더욱 보편적이 된다는 점이다. 대지 적용을 청중의 삶에 구체적으로 반영하기 위해 다음의 네 가지 질문이 필요하다.

① 지금 하나님이 내게 요구하시는 것은 무엇인가? (What to do): 이것은 교훈의 구체적인 내용을 가리킨다. 이것은 작성된 대지를 보편적인 진리로 표현해야 한다는 것이다. 이때 조심해야 할 것은 설명부에서 사용한 용어를 적용부에서도 동일하게 사용하는 것이다. 본서에서 제안하고 있는 작성법에서는 각 대지에 대한 "적용적 해석"을 21세기 청중에게 적용할 수 있도록 작성하는 것이다. 본문의 내용만 열거한 뒤 적당히 덧붙인 적용은 설교자 개인의 의견이나 독단이 되기 쉽다. 설교

8. 채경락은 "적용-지향적 해석"이라는 항목에서 '구원자 적용'과 '모범 적용', 나아가 "믿으라 적용"과 "따르라(행하라)" 적용이라는 단어를 쓰고 있다(채경락, 『쉬운설교』, 188-189).

자는 본문의 내용이 자신이 제시한 적용을 직접 뒷받침한다는 사실을 증명해야 한다.

② **하나님은 그것을 어디에서 행하기를 원하시는가? (Where to do)**: 이것은 그 교훈을 실천할 수 있는 **구체적인 상황**을 가리킨다. '무엇'이라는 질문이 지시적이라면, '어디에'라는 질문은 상황적이다. 청중의 생활 환경과 관계없는 추상적인 적용은 청중에게 새로운 통찰력이나 도전을 줄 수 없다. 성숙한 설교자라면 구체적인 상황에 적용될 수 있는 실질적인 교훈을 주기 위해 노력한다. 일반적인 교훈은 성경 본문에서 얻을 수 있지만, 특정한 상황에 맞는 구체적인 적용은 설교자가 직접 제공해야 한다. 그 설교를 들은 사람들은 생각에 잠길 것이다. "당신은 내가 어디에 사는지 알고 있습니다. 당신은 내가 삶에서 겪는 문제를 다루고 있습니다."

③ **왜 내가 왜 그것을 행해야 하는가? (Why to do)**: 적용은 적절한 교훈뿐만 아니라 **동기**까지 제공해주어야 한다. 여기서 설교자가 적용을 통해 제공하는 동기부여는 죄의식을 느끼게 함으로써가 아니라 은혜를 통해서 그 교훈을 실천하게 하는 것이다. 죄의식을 대신할 수 있는 것은 하나님의 은혜이다. 진정한 강해설교는 본문이 포함하고 있는 하나님의 은혜를 나타내 보이는 것이다.

왜 내가 하나님께서 요청하시는 것을 해야 하는가? 그분의 아들을 통해 보여 주신 하나님의 사랑 때문이다. 당신의 삶은 당신 자신의 것이 아니다. 당신은 값을 주고 산 바 되었다. 주 예수 그리스도의 고귀한 피를 주고 산 바 된 것이다. 은혜는 율법을 변경시키는 것이 아니라 오히려 그 율법에 진정으로 순종할 수 있게 해 준다. 설교자가 명심해야 할 것은 성도들의 진정한 순종을 끌어내는 것은 하나님의 은혜뿐이라는 사실이다.

④ **그것을 어떻게 행할 수 있는가? (How to do)**: 설교자는 적용을 제시할 때 동기부여뿐만 아니라 그 **방법**도 제시해야 한다. 본문의 주제를 아무리 잘 잡았어도, 본문에 충실하면서 사려 깊은 적용을 갖추지 못한 설교는 아직 완성된 것이라고 할 수 없다. 설교자가 본문의 내용과 자신의 생각을 정리한 후에 그것을 중심 되는 한 가지 FCF에 적용시키지 않는 한 그 설교는 완성된 설교가 아니다. 적용이 없는 단순한 지식 제공의 설교는 반드시 실패한다. 설교자는 "그래서 어떻게 하라는 말인가?"(so what?)라는 청중의 질문에 적용을 통해서 반드시 대답해야 한다. 성령님은 설교자의 적절한 말씀을 통해서 성도들을 변화시키신다.[9]

적용을 완벽하게 제시하려면 설교의 목표를 성취하게 해 줄 실제적인 방법과 함께 영적인 방법도 제시해야 한다. 하지만 조심해야 할 것은 적용과 관련해서 무심코라도 자기 자신이 의지하는 복음을 전하지 않으려고 노력해야 한다. 하나님의 도우심, 성령의 능력, 그리스도의 보혈의 능력을 거침없이 증거해야 한다. 하나님께서 요구하시는 것을 하는 가장 좋은 방법은 그리스도 안에서 하나님의 자비를 지속적으로 찬양하는 것이다. 더 나아가 우리 마음이 하나님의 놀라우신 자비를 통과하도록 하는 것이다.

이 때에도 설교자가 조심해야 하는 것은 그 적용이 본문의 의미의 범위 안에서 이루어져야 한다는 것이다. 해돈 로빈슨에 의하면 본문의 석의보다 본문의 적용에서 많은 오류와 잘못이 행해지고 있다.[10] 설교자는 필연적인 의미를 함축한 적용만이 하나님이 주시는 말씀이라고 확신을 가지고 말할 수 있다.

이처럼 강해대지설교에서는 적용이 매우 중요하다. 대지의 전개에서 설명과 예증과 적용 중 예증은 생략할 수 있지만 적용은 반드시 있

9. Byan Chapell, 44–47.
10. Haddon W. Robinson, "The Heresy of Application," *Leadership* (Fall 1997), 21.

어야 한다. 설교자는 적용을 준비할 때 무엇(what)을, 어디에서(where), 왜(why), 그리고 어떻게(how)라는 질문에 대답해야 한다. 적용을 제시하면서 이 네 가지 질문 중에 한 가지라도 무시한다면 불완전한 적용이 될 것이다.

쉬운 일이 아니다. 말씀을 읽고 또 읽고, 관찰하고 또 관찰하고, 되씹고 또 되씹으면서 설교에 필요한 영감을 달라고 엎드려 기도하는 자세가 필요하다. 성경은 우리가 말씀을 검색하라고 하지 않고 말씀을 묵상하라고 거듭 교훈하고 있다. 그 말씀을 어떻게 성도들의 삶에 적용할 수 있을지, 진액을 짜내듯 고민하며 얻어내야 한다.

대지 전개를 기술해 나갈 때 반드시 유의해야 할 점이 있다. 설명, 예증, 적용을 순서대로 기술하는 것이 논리적으로 적절하지만 반드시 그렇지 않을 수 있다. 예컨대 설명부에서 대지를 몇 가지 소지로 설명해 나갈 때, 설명–적용–설명–적용의 순으로 기술할 수 있고, 때로는 설명 없이 적용부터 시작할 수도 있다. 설교의 모든 주된 요점에 적용의 하부요점을 말하는 것이 좋다. 사람들이 지루해하기 쉬운 끝에 가서야 적용을 다루어서는 안 된다.

예증은 설명의 내용을 확대시키는 것이 아니라 설명한 내용을 잘 이해하도록 빛을 비춰주는 역할에 만족해야 한다. 따라서 삼대지 설교에서 하나 또는 둘 정도의 예증이 적절하다.

설명부와 적용부가 어느 한쪽에 치우치지 않게 하는 것도 중요하다. 적용은 빈약한데 설명과 교리 해설에 너무 치중하는 것은 좋지 않다. 반면에 성경에 근거하지 않고 실제 적용만 과도하게 하는 것도 옳지 않다. 어떻게 하면 성경적 내용과 삶의 적용 사이에 균형을 이룰 수 있을까? 기본적인 것은 사람들이 본문을 충분히 이해하도록 성경적인 정보를 주는 것이다. 그런 후에 적용으로 옮겨 가라. 설교는 삶을 만지고 실제적인 적용을 요구한다.

대지를 채워나가는 데 유의할 또 다른 점은 강조성이 아닌 자료성으로 문장을 구성해 나가야 한다는 점이다.[11] 설교에서 주제나 대지를 강조하는 내용이 과도하게 되면 진부한 설교가 되기 쉽다. 그러나 자료중심으로 작성된 원고는 설교자에게 자연스러운 설교를 하기 쉽도록 한다. 즉, 강단에 선 설교자로 하여금 성령의 감동에 의지해 자연스럽게 설교하도록 안내자 역할을 한다.

서론 작성의 실제

일찍이 수사학의 체계를 세웠던 아리스토텔레스는 서론과 본론과 결론을 다음의 수식으로 표현하였다.

서론 = 무엇을 말할 것인가를 말하라
본론 = 그 무엇을 말하라
결론 = 무엇을 말했는지를 말하라

서론은 회중이 집 안으로 들어가기 위해 지나가는 현관과 같다. 설교자는 회중이 현관에서 기다리도록 해서는 안 된다. 좋은 서론은 메시지의 내용에 관심을 불러일으키는 것이다. 서론의 역할에는 설교 전체의 주제를 전개해 나가기 위해 첫 대지를 자연스럽게 소개하는 도입부의 역할과 본문의 배경과 자료를 사용하여 설교가 본문의 의도를 떠나지 못하게 하는 안전장치의 역할이 있다.

도입부로서의 서론은 어떻게 작성해야 하나? 설교의 서론은 단순히 설교를 시작하는 첫 몇 문장 정도로 생각해서는 안 된다. 서론은 메시지를 정확하고 설득력 있게 전달하기 위해 치밀하게, 그리고 정교하게 계산된 도구이다. 필자는 효과적인 서론의 구성 요소에 대하여 브라이

11. 이광복, 『설교의 해석법, 작성법, 전달법의 실제』, 47.

언 채플이 제시한 세 가지에 덧붙여 다음과 같이 제안한다: ① 관심 불러일으키기, ② 주제 소개하기, ③ FCF의 진술, ④ 본문의 배경과 자료, ⑤우산 질문.

결론 작성의 실제

좋은 설교에 있어서 마지막 1, 2분은 가장 역동적인 시간이다. 설교자는 마지막 몇 마디를 통해서 설교 전체의 사상과 감정을 마지막 훈계로 인도하는데, 이 훈계는 앞에서 다루었던 설교 내용을 더욱 분명하게 만들어준다. 이처럼 결론 부분은 숨가쁘게 달려왔던 진리의 여정에 종지부를 찍는 순간이다.

결론은 설교를 단순히 중지(stop)하는 것이 아니라 설교를 완성(finish)하기 위한 것이다. 결론 부분은 메시지의 목적과 대지를 요약하고 메시지의 초점을 회중의 마음에 새겨 넣고 회중에게 적용이나 응답의 기회를 주려는 것이다. 이 순간에 설교자는 자신의 사고와 열정의 정점에 선다. 그는 왕의 전령으로서 왕이 쥐여 준 메시지를 한 줄도 남기지 않고 다 토해낸다. 그리고 이 순간 예배에 참여한 청중은 두 주먹을 불끈 쥐고 결단한다.

4. 대지의 다양한 유형

강해대지설교에서 가장 핵심적인 부분은 대지(大旨, points)이다. 한 세대 전만 해도 누구나 대지 설교, 그것도 3대지 설교를 선호했고, 심지어 대지 없는 설교는 교회 성도들로부터 원성의 대상이 되기까지 했다.

그런데 지금은 어떠한가? 3대지 설교는 자주 천덕꾸러기 취급을 받는다. 현장보다 설교학자들에게 3대지 설교는 한물 간 구식이다. 촌스러운 설교, 심지어 비성경적인 억지 형식이라고 매도당하기도 한다. 필자의 경험으로는 교회에 새로이 부임하는 젊은 목사들 사이에 3대지 설교에 대한 거부감이 꽤 깊숙이 퍼져 있는 듯하다.

과연 그러한가? 3대지 설교는 정말 이제는 버려야 할 구닥다리인가? 최근의 경향을 보면, 내러티브 설교나 원포인트 설교에 비해 3대지 설교는 매우 비효율적이고 경직된 형식이라 치부한다. 하지만 이런 생각들은 3대지가 다른 설교 형식보다 얼마나 큰 장점을 가졌는지를 알지 못하기 때문이다. 3대지 설교의 장점에 대해 채경락은 이렇게 말한다.[1]

> 변화의 잠재력에 있어서 3대지는 마르지 않는 우물과 같다. 지금까지 우리가 아는 3대지가 3대지의 전부는 아니다. 다양한 형태로의 변신이 가능하다...3대지는 죽은 격자가 아니라 꿈틀꿈틀 살아 있는 틀이다. 메시지의 특징에 맞춰 기민한 적응과 변신이 가능하다. 들어오는 메시지를 자기 틀에 맞추려 하기보다 오히려 메시지에 맞춰서 자기를 변화시킬 수 있는 틀이다.

1. 채경락, 『쉬운 설교』 (서울: 도서출판 생명의양식, 2015), 15-16.

하지만 강해대지 설교가 가지고 있는 비할 바 없는 장점들에도 불구하고 설교 작성시 주의해야 할 점들이 몇 가지 있다.

첫째로, 대지 하나하나가 각기 한 편의 설교가 되어 결국 세 편의 설교를 억지로 한 데 엮어놓은 짜깁기가 될 수 있기 때문에 이것을 주의해야 한다. 짜깁기 3대지가 되어서는 결코 안 된다. 우리의 설교는 하나의 단일 주제를 중심으로 일사분란하게 조직된 일체형 설교여야 한다.[2] 여기서 핵심은 통일성(unity)이다. 이상적인 설교는 하나의 주제를 중심으로 긴밀한 통일성을 유지해야 하는데, 3대지 설교의 작성 시 반드시 유념해야 할 점이다.

둘째로 주의해야 할 점은 해석적인 측면의 것인데, 대지를 명제형으로 뽑는 과정에서 본문 메시지의 왜곡이 일어나지 않도록 특히 조심해야 한다. 성경에는 내러티브와 시, 서신, 율법 등 다양한 장르(genre)가 있는데, 3대지 설교자가 장르의 구분 없이 명제형 대지를 얻을 때 메시지가 왜곡되지 않도록 특별한 주의가 필요하다.

한 걸음 더 나아가 명제형 대지를 통하여 우리는 본문의 의도를 선명하게 드러낼 수 있다. 명제는 가장 선명한 언어 형태다. 모든 설교 언어가 명제형일 필요는 없지만, 설교의 골격은 단연 명제형 문장이어야 한다. 설교의 주제와 대지는 반드시 명제형 문장으로 기술되어야 한다. 그렇지 않으면 설교가 방향을 잃어버리게 될 것이다.

강해대지설교의 강점 중 필자가 특히 강조하고 싶은 것은 변화의 역동성이다. 놀라운 것은 3대지 설교 속에 본문의 의도와 주제에 대한 설명, 증명, 적용, 이유 제시 등 다양한 메시지를 다양한 리듬으로 담아낼 수 있다는 점이다.[3]

대지의 유형을 분류하는 여러 가지 방법 가운데 가장 논리적이며 체계적인 것은 대지를 중심으로 하여 주제와 대지, 본문과 대지, 그리고

---

2. *Ibid*. 27.
3. *Ibid*. 45.

대지와 대지의 관계를 중심으로 분류하는 것이다. 이제 3대지의 다양성과 풍성함 속으로 들어가 보자.

주제와 대지의 관계에서 본 대지 유형

설교 작성의 순서는 먼저 본문을 선택하고, 선택된 본문으로부터 한 문장으로 된 주제를 결정하고, 그 주제를 중심으로 3대지 또는 몇 개의 대지로 펼치는 과정으로 이어진다. 이때 주제를 설명형으로 펼칠 수도 있고 적용형 또는 증명형으로 대지를 펼칠 수도 있다.

주제 설명형: 대지들을 통하여 주제를 설명하는 방식의 설교이다. 설명을 받아내는 질문, 즉 설명형 우산 질문(예, 그것이 무엇인가?)을 던지고, 대지들이 그 질문에 대답하는 형식이다. 일반적으로 가장 많이 사용되는 대지 유형이다.

주제 적용형: '주제 적용형' 대지란 본문의 내용을 따라 주제를 성도의 실제 삶에 적용하는 형식으로, 즉 "구체적으로 이렇게 하라"고 지시하거나 권면하는 대지들로 펼쳐가는 설교이다. 먼저 원리를 제시하고 후에 그것을 적용해 간다.

주제 증명형: '주제 증명형' 대지란 각 대지가 주제를 증명하는 방식으로 펼쳐지는 것을 말한다. 앞에서 언급한 설명형이나 적용형에서와 마찬가지로 여기서 말하는 '증명'은 논리적인 언어로서의 증명이라기보다 단지 설교를 펼쳐가는 방식으로서의 증명이다. 본문에서 뽑아낸 주제에 대하여 '정말로 그러한가?'라는 질문을 던진 다음 그 질문에 대하여 하나하나 풀어가는 방식이다.

이유 제시형: '이유 제시형' 대지란 "그 이유가 무엇인가?"라는 우산 질문에 대해 각 대지에서 그 이유를 제시하는 대지 유형이다. 많은 경우 이유 제시형의 설교 제목은 " ~한 이유"와 같은 형식으로, 그리고 각 대지는 "~이기 때문"의 형식을 취한다.

목적 제시형: '목적 제시형' 대지란 "그렇게 하는 목적이 무엇인가"라는 우산 질문에 대해 각 대지에서 그 목적을 제시하는 대지 유형이다. 많은 경우 목적 제시형의 설교 제목은 " ~한 목적"의 형식으로, 그리고 각 대지는 " ~하기 위함"의 형식을 취한다.

주제 함축형: '주제 함축형' 대지란 주제를 논리적으로 전개하는 명제로 대지를 삼아나가는 유형이다. 예를 들면 '~의 동기, ~의 과정, ~의 결과' 등으로 3대지를 잡고, 본문에서 그 내용을 뽑아 대지를 완성해 나가는 방식이다. 주로 서구의 설교자들이 많이 사용하는 것으로 회중이 설교의 흐름을 따라 메시지를 명확히 파악하는 데 도움이 되는 형식이다.

본문과 대지의 관계에서 본 대지 유형

이번에는 본문과 대지의 관계에서 볼 때 나타나는 3대지의 역동성을 살펴보자. 강해대지설교의 세 가지 특징(본문중심, 주제중심, 적용중심) 중 가장 중요하고 핵심적인 것은 본문 중심이다. '본문의 의도'에 충실한 구조야말로 강해대지설교의 중심을 이루는 골격이어야 하고, 따라서 각 대지는 반드시 본문 안에서 나와야 한다. 본문을 떠난 대지, 본문의 의도를 벗어난 대지는 이미 대지라 할 수 없다. 그런 점에서 본문과 대지는 '밀접한' 관계에 있을 수밖에 없다. 그런데 그 밀접한 관계는 하나가 아니라 여럿으로 다양하고, 이것이 3대지 설교에 또 다른 역동

성을 부여한다.[4]

본문 분석형: '본문 분석형' 대지는 이름 그대로 본문을 쪼개고 분석하여 보통으로는 발견하기 쉽지 않은 소주제들을 발굴해 내어 펼쳐낸 대지이다. '본문 분석형'은 주로 짤막한 본문을 대상으로 그 속에 들어 있는 심오한 주제를 대지로 엮어간다. 어떻게 하면 분석형 대지 설교를 만들어 낼 수 있을까? 인내하는 마음으로 본문을 읽고 또 읽고, 보고 또 보고, 작은 한 구절 안에 대지가 될 만한 것이 있는지 세밀하게 들여다보는 것이 최선이다. 좋은 주석이나 원어성경을 참조하는 것도 한 방법이다. 모든 유형에서 원어성경이 유용하지만 특히 본문 분석형에서 큰 도움이 된다.

본문 수집형: '본문 수집형' 대지는 본문 이곳저곳에서 주제에 맞는 구절들을 수집하여 구성하는 유형의 대지이다. '본문 분석형'이 본문을 파고드는 유형이라면 '본문 수집형'은 본문을 읽어나가면서 주제에 맞는 부분을 뽑아내는 방식이다.

본문 묶음형: '본문 묶음형' 대지는 설교 본문을 적당량의 덩어리로 나눈 후 각 덩어리의 소주제들을 대지로 만들어 설교의 개요를 만드는 방식이다. 따라서 한 덩어리로 묶은 조각들에 대해 적절한 이름을 붙여 대지를 만드는 것이 중요하다. 각 대지의 진술이 보다 선명한 이름 붙이기의 작업을 거친 결과로 나타날 때 설교자는 무질서한 설교가 질서정연한 설교로 거듭나는 기쁨을 맛보게 될 것이다.

본문 묵상형: '본문 묵상형' 대지는 설교 본문을 쪼개거나 덩어리로 묶

4. 채경락, 『쉬운 설교』, 97.

는 대신 전체 본문을 통으로 바라보면서 깊은 묵상을 통하여 대지를 잡아나가는 방식이다. 본문 전체를 여러 번 읽어 본문이 주는 메시지를 포괄적으로 추출하고, 때로 본문의 울타리를 넘어 의미의 지평을 넓히기도 한다. 이 경우 본문의 의도를 벗어나지 않도록 세심한 주의가 필요하다. '본문 묵상형'은 앞서의 세 가지 유형에 비해 비교적 본문에서 자유로운 방식으로서, 본문과의 관계가 느슨하기 때문에 자주 사용하는 것은 바람직하지 않다.

대지와 대지의 관계에서 본 대지 유형

이제 대지와 대지의 관계를 중심으로 3대지의 역동성을 살펴볼 차례다. 사실 대지가 살아있는 것을 실감하는 것은 대지의 흐름이 천편일률적인 것이 아니라 상황에 따라 적절히 변신할 수 있다는 것을 깨달을 때이다. 어떤 본문은 본문의 빅 아이디어(주제)를 뒷받침하는 소주제들(대지들, main points)의 흐름이 외적으로 뚜렷이 나타나 있는 경우도 있지만, 많은 경우 이 흐름은 내면적인 것이다. 따라서 설교자는 본문을 관찰하며 본문 속에 내재되어 있는 대지의 흐름을 감지하는 훈련을 게을리하지 말아야 한다.

대지와 대지의 관계에서 본 대지 유형에는 흐름의 방향성이나 관계의 역동성에 따라 병렬형, 진전형, 반전형, 심화형, 연결형, 혼재형, 대조형 등으로 구분할 수 있다.

대지 병렬형: 대지와 대지의 관계에서 본 대지 유형 중 가장 기본적인 형태는 '대지 병렬형(parallel type)'이다. 이름 그대로 1, 2, 3대지가 평행을 이루며 서로 대등한 관계에 있는 구조이다. 설교에서 모든 대지는 서론에서 제시하는 하나의 우산 질문에 의해 다리를 놓은 것이며, 그래

서 모든 대지는 병렬적인 특성을 갖는 형태이다. 대지 병렬형의 특징은 대지의 순서를 바꾸어도 전체 메시지에 별 영향이 없다는 점이다. 설교 준비에 비교적 용이한 점, 청중이 쉽게 알아듣는다는 장점이 있지만, 흐름이 정적(靜的)이어서 청중의 주의를 끄는 데에 다소 어려움을 겪을 위험이 있다.

대지 진전형: 우리의 대지들이 반드시 병렬적일 필요는 없다. 순차적일 수도 있는 것이다. 대지 1은 대지 2로, 대지 2는 대지 3으로 이어지고 대지 3은 대지 4로 이어진다. 그것은 단순하고 논리적이고 강력하다. 이름하여 '대지 진전형'이다. 진전형은 이름 그대로 대지와 대지 사이에 모종의 진전(進展, progress)이 감지되는 유형이다. 병렬형과는 달리 대지의 순서를 바꾸면 메시지에 큰 변화가 일어나거나 아예 설교가 이루어지지 않을 수도 있다.

대지 반전형: '대지 반전형'도 넓게 보면 대지 진전형의 한 유형으로 볼 수 있지만, 이름 그대로 그 방향이 역방향인 것이 다른 점이다. 강해대지설교가 얼마나 다양한 변신을 보여줄 수 있는지, 성경 본문이 얼마나 다양한 주제의 흐름을 갖고 있는지를 보여주는 좋은 예라고 생각한다.

대지 심화형: '대지 심화형'은 진전형의 개념과 유사한 형태로, 이어지는 대지들이 믿음의 강도 면에서나 영적 삶의 농도가 깊어지는 방향으로 점점 심화되어가는 유형을 말한다. 설교를 작성할 때 심화형의 대지를 만들어내기 위해 단어나 구(句)의 표현에 유의하여 주제의 풀어냄이 점점 깊고 강하게 되도록 유의하자.

대지 연결형: '대지 연결형'은 병렬형의 경우처럼 딱히 대지 간의 흐름을 강조하지는 않으나 대지들을 이어주는 매개가 있어 서로 연결되어

있는 경우를 가리킨다. 연결형 설교를 작성할 때는 대지의 연결 고리가 무엇인지를 인지하고 이를 최대한 사용하여 설교의 통일성을 높이는 것이 좋다.

대지 혼재형: '대지 혼재형'은 대지들이 원리와 실천, 혹은 해석과 적용이 혼재(混在)하는 경우이다. 한편의 설교 안에 원리를 소개하는 해석형 대지와 실천을 촉구하는 적용형 대지가 함께 어울려 하나의 주제를 섬기는 형태이다. 여기에는 해석형 대지 하나에 적용형 대지들을 배합하거나, 원리 둘에 실천 하나로 구성할 수 있다.

대지 대조형: '대지 대조형'은 주로 두 개 또는 네 개의 대지가 한 주제를 향하여 서로 대조되는 형태를 띠고 있는 경우이다. 천국과 지옥, 구원받은 자와 구원받지 못하는 자, 진리와 거짓 등의 내용을 함의하는 대지들이 서로 대조되면서 설교의 주제를 보다 뚜렷이 부각시키는 효과를 준다.

지금까지 대지와 대지의 관계에서 강해대지설교의 대지들이 품을 수 있는 역동성을 살펴보았다. 가장 기본적인 것은 대지 병렬형과 연결형이지만 그건 시작에 불과하다. 시간적이거나 논리적인 흐름을 가진 내재적인 움직임을 골격으로 삼는 대지 진전형 또는 대지 심화형이 있고, 대칭효과를 활용한 대지 반전형이 설교를 청중들에게 공감을 일으키게 한다. 거기에 원리와 실천을 배합한 대지 혼재형, 그리고 선과 악, 또는 하나님 나라와 사탄 왕국 등을 첨예하게 비교 대조하여 진리를 드러내는 대지 대조형 등, 3대지의 변신은 다양하고도 역동적이다. 오늘도 목회 현장에서 성경 말씀을 들고 분투하는 동료 설교자들의 경험에서 우러나오는 또 다른 대지 유형들이 모습을 드러내기를 필자는 기다리고 있다.

Part Ⅱ.
설교주제잡기 700선
모세오경

1. 창세기
2. 출애굽기
3. 레위기
4. 민수기
5. 신명기

| 주제잡기 일러두기

- [**제목**]은 본문의 주제로부터 뽑아내는 것을 원칙으로 하였음.
- [**대지 진술**]의 문장은 본문 그대로 사용하는 것을 기본으로 하되, 경우에 따라서는 함축적으로 작성함.
- [**제목**]과 [**대지**]를 연결할 때 자연스럽게 이야기가 되도록 하여, 그것이 전체 본문의 중심사상(main idea, 주제)이 되게 함.
- [**대지 해석**]은 회중에게 적용할 수 있도록 하되, 문맥에 맞게 직역과 의역 중 선택함.
- [**대지 유형**]은 앞의 대지 유형 변화의 설명을 참조하기 바람.
- [**주제**]에는 석의 주제와 적용 주제로 나누이며, 본문에 따라 적합한 쪽을 사용함.
- [**FCF**]는 Fallen Condition Focus의 약자로서, 앞의 FCF 설명을 참조 바람.
- [**서론**]은 설교문 작성 시 필요한 5가지 요소(흥미유발, 주제소개, FCF, 배경 및 자료, 우산질문) 중 참조 될 만한 것을 무작위(無作爲)로 제시함.
- [**우산질문**]은 설교의 대지 유형을 결정할 수 있는 문장으로서, 앞의 우산질문 설명을 참조 바람.

- [**대지 전개**]의 설명란에 제시된 것은 대지 전개에 도움이 될 만한 내용을 무작위로 작성한 것으로, 독자 여러분이 실제 대지 전개(설명, 예증, 적용)를 작성할 때는 대지의 흐름을 고려하여 실교문을 작성해야 함.
- [**절기, 용도, 장르, 특징**]은 필요에 따라 독자 여러분이 작성하기 바람.
- [Key Word]는 설교 주제의 중심 되는 단어임.
- [Remarks]는 독자 여러분이 사용하는 비고 항목임.

본문 : **창 1:1-19, 31**
제목 : **창조의 기적**

1.태초에 하나님이 천지를 창조하시니라 **2.**땅이 혼돈하고 공허하며 흑암이 깊음 위에 있고 하나님
의 영은 수면 위에 운행하시니라 **3.**하나님이 이르시되 빛이 있으라 하시니 빛이 있었고 **4.**빛이 하
나님이 보시기에 좋았더라 하나님이 빛과 어둠을 나누사 **5.**하나님이 빛을 낮이라 부르시고 어둠을
밤이라 부르시니라 저녁이 되고 아침이 되니 이는 첫째 날이니라 **6.**하나님이 이르시되 물 가운데에
궁창이 있어 물과 물로 나뉘라 하시고 **7.**하나님이 궁창을 만드사 궁창 아래의 물과 궁창 위의 물로
나뉘게 하시니 그대로 되니라 **8.**하나님이 궁창을 하늘이라 부르시니라 저녁이 되고 아침이 되니 이
는 둘째 날이니라 **9.**하나님이 이르시되 천하의 물이 한 곳으로 모이고 뭍이 드러나라 하시니 그대로
되니라 **10.**하나님이 뭍을 땅이라 부르시고 모인 물을 바다라 부르시니 하나님이 보시기에 좋았더라
11.하나님이 이르시되 땅은 풀과 씨 맺는 채소와 각기 종류대로 씨 가진 열매 맺는 나무를 내라 하시
니 그대로 되어 **12.**땅이 풀과 각기 종류대로 씨 맺는 채소와 각기 종류대로 씨 가진 열매 맺는 나무
를 내니 하나님이 보시기에 좋았더라 **13.**저녁이 되고 아침이 되니 이는 셋째 날이니라 **14.**하나님
이 이르시되 하늘의 궁창에 광명체들이 있어 낮과 밤을 나뉘게 하고 그것들로 징조와 계절과 날과 해
를 이루게 하라 **15.** 또 광명체들이 하늘의 궁창에 있어 땅을 비추라 하시니 그대로 되니라 **16.**하나
님이 두 큰 광명체를 만드사 큰 광명체로 낮을 주관하게 하시고 작은 광명체로 밤을 주관하게 하시
며 또 별들을 만드시고 **17.**하나님이 그것들을 하늘의 궁창에 두어 땅을 비추게 하시며 **18.**낮과 밤
을 주관하게 하시고 빛과 어둠을 나뉘게 하시니 하나님이 보시기에 좋았더라 **19.**저녁이 되고 아침
이 되니 이는 넷째 날이니라 …… **31.**하나님이 지으신 그 모든 것을 보시니 보시기에 심히 좋았더라
저녁이 되고 아침이 되니 이는 여섯째 날이니라

1. 천지를 창조하셨다는 것은 무에서 유를 창조하셨다는 선언적인 말씀임 (= 무에서 유를 창조하신 기적)

1절= "태초에 하나님이 천지를 창조하시니라"
3절= "하나님이 이르시되 빛이 있으라 하시니 빛이 있었고"

2. 첫 3일과 후 3일의 창조물이 짝을 이루고 있음 (= 질서대로 창조하신 기적)

3절= "하나님이 이르시되 빛이 있으라 하시니 빛이 있었고"
14절= "하나님이 이르시되 하늘의 궁창에 광명체들이 있어 낮과 밤을 나뉘게 하고 그것들로 징조와 계절과 날과 해를 이루게 하라"

3. 모든 창조물이 하나님 보시기에 좋았더라고 하심 (= 말씀에 순종하는 모든 것은 아름다운 것임)

31절= "하나님이 지으신 그 모든 것을 보시니 보시기에 심히 좋았더라"

◈◈◈

【대지 유형】 주제 설명형 - 본문 묶음형 - 대지 진전형
【주제】 (석의) 하나님의 창조는 무에서 유로 질서있게 진행된 기적 중의 기적이다.
【FCF】 현대인들은 진화론에 심취해 창조에 대해서는 전반적으로 회의적임.

【서론】 천지창조 사건은 최고의 기적이다. 성경은 처음부터 대담하게 창조의 사역을 주장한다. 이후 나오는 여러 가지 기적은 천지 창조의 기적의 연장 선상에서 나오는 것. 진화론의 공격이 심한 포스트모던의 문화속에서 교회는 창조 신앙을 결사적으로 보존해야 한다.
【우산질문】 천지 창조의 기적에 대해 살펴보자.

【1대지】 1, 2절은 매우 까다로운 말씀이다. 1절은 큰 틀에서 천지가 창조되었음을 선언. '창조하다'의 히브리어에는 바라(무에서 유 창조)-아사(창조된 것을 재료로 더 나은 물체를 만듦), 그리고 야찰(창 2:7, 아사와 비슷, 특별한 목적에 따라 기존사물을 새로 완벽히 조성하는 것을 가리킬 때 사용된 단어). 바라= 사 40-66장에서 20번 정도 사용. 무에서 말씀으로 천지를 아름답게 조성하신 하나님. 하나님의 창조 활동은 그 어떤 것으로부터 시작되지 않았고, 그 어떤 것의 도움도 필요 없는 단독사역임.
【2대지】 빛-하늘과 땅-육지와 바다를 창조하심, 해와 달과 별-하늘과 바다의 생물-육지에 짐승과 사람 창조하심. 천지를 질서 있게 창조하신 하나님이 나도 창조하셨다= 그러므로 나에게도 분명한 계획이 있다. 주님 오신 목적은 우리를 풍성하게 하기 위함이다.
【3대지】 보시기에 좋았더라= 말씀에 대한 순종의 결과이다. 온 천지가 창조주의 말씀에 절대 순종하였고 순종하니 보기에 좋게 되었다는 말씀. 오늘의 역사는 순종한 사람들에 의한 역사이다.
【결론】 창 1장 1절이 이해되고 은혜가 되면 인생의 어떤 문제도 막힘이 없을 것이다. 기적과 능력의 하나님을 찬양하자.

- 절기, 용도, 장르, 특징: 신년.
- Key Word: 창조.
- Remarks:

본문 : **창 3:6-9**
제목 : **네가 어디 있느냐?**

6.여자가 그 나무를 본즉 먹음직도 하고 보암직도 하고 지혜롭게 할 만큼 탐스럽기도 한 나무인지라
여자가 그 열매를 따먹고 자기와 함께 있는 남편에게도 주매 그도 먹은지라 **7.**이에 그들의 눈이 밝
아져 자기들이 벗은 줄을 알고 무화과나무 잎을 엮어 치마로 삼았더라 **8.**그들이 그 날 바람이 불 때
동산에 거니시는 여호와 하나님의 소리를 듣고 아담과 그의 아내가 여호와 하나님의 낯을 피하여 동
산 나무 사이에 숨은지라 **9.**여호와 하나님이 아담을 부르시며 그에게 이르시되 네가 어디 있느냐

1. 범죄한 아담을 부르시는 하나님의 사랑의 음성 (= 죄인을 향한 자비)
9절= "여호와 하나님이 아담을 부르시며 그에게 이르시되 네가 어디 있느냐"

2. 언약의 후손들을 계속 찾으시는 하나님의 은총의 음성 (= 구속 역사의 은총)
9절= "… 네가 어디 있느냐"

3. 우리의 현주소를 밝히라는 하나님의 엄위한 음성 (= 자원하여 나오라는 하나님의 부르심)
9절= "… 네가 어디 있느냐"

◈◈◈

【대지 유형】 주제 설명형 - 본문 묵상형 - 대지 진전형
【주제】 (석의) 아담을 찾아오신 하나님은 전 인류 역사를 통해 계속 찾아오시고 자기 종들을 불러내신다.
【FCF】 많은 신앙인들이 하나님의 부르심에 둔하거나 무관심함.

【서론】 하나님은 인류를 사랑하신다. 에덴에 동산을 베푸시고, 인간에게 하나님의 형상을 주심= 사람과 더불어 교통하기를 즐거워하심. 그런데 사람의 타락= 자기 욕심으로 하나님처럼 되고자 함. 하나님은 길 잃고 방황하는 인류를 찾아오신다. 숨고 피한 자는 사람이지만 먼저 찾아오신 분은 하나님이시다. 아담에게, "네가 어디 있느냐?"
【우산질문】 "네가 어디 있느냐"고 하시는 하나님의 음성은 어떤 의미인가?

【1대지】 범죄한 아담을 먼저 찾아오신 하나님. 범죄 전의 아담은 낙원에서

부족한 것 없이 아직 오염되지 않은 심신을 가졌음. 그는 하나님과 직접 교통하는 관계. 거기에 하나님의 엄명("먹는 날에 정녕 죽으리라")이 있었다. 그러므로 아담의 배반은 가슴 아픈 일. 하나님은 심판을 연기하면서까지 찾아오셨다. 너무 비참하게 된 아담의 실상= 죄의 노예가 됨, 타락, 스스로 설 수 없는 존재. 인류 전체가 비참한 모습= 온 세상은 죄로 범람하게 됨. 죄인을 향한 주님의 자비를 보라.

【2대지】 하나님이 찾아오시는 역사는 전 인류의 역사이다. 하나님은 아담과 구원의 언약을 맺으시고 그 후손들에게 계속, 변함없이 찾아오셨다. 찾아오시고, 언약 맺으시고, 위로하시는 하나님. 역사를 따라 찾아오시는 하나님의 모습이 분명함= 가인과 아벨, 셋, 노아 홍수와 방주, 바벨탑, 아브라함과 이삭과 야곱으로 이어지는 구원의 역사를 보라. 그들이 언약을 어기고 범죄했을 때 찾아오시고 언약을 맺으시고 힘주시고 위로해주시는 하나님. 성경의 수많은 선지자들의 메시지는 "네가 어디 있느냐"의 부르짖음이다. 구속 역사의 클라이맥스는 갈보리 십자가이다. 이제는 꿈이나 예언 정도가 아니라 하나님이 직접 육신을 입고 오셨다(눅 19:10).

【3대지】 주님의 음성에 귀 기울이자. "네가 어디 있느냐, 너의 현주소를 밝히라." ①우리 중 어떤 사람은 죄 가운데 있을 것= 거기는 아담이 처했던 곳. 아담은 동산 사이에 숨었다. 그러나 하나님을 피할 수 없다. ②우리 중 어떤 사람은 미지근한 사람(차지도 덥지도 않는 않음). 하지만 아무도 두 주인을 섬길 수 없다. 라오디게아 교회처럼. 세상과 그리스도를 동시에 소유할 수 있나? ③또 어떤 이들은 그리스도 안에(in Christ) 있는 사람. 이 자리를 꼭 지켜야 한다.

【결론】 우리의 경주는 거의 끝나가고 있다. 재림 임박. 신앙생활이란= 찾아오신 그분과 함께 거하는 생활. 마지막 찾아오심은 주님의 재림이다. 우리의 신앙생활은 찾아오신 주님과 함께 거하는 삶이다. 가지가 포도나무에 붙어 있듯. 지금은 은혜 받을 만한 때요 지금은 구원의 날이다.

- 절기, 용도, 장르, 특징: 부흥설교.
- Key Word: 부르심.
- Remarks:

본문 : **창 3:6-19; 엡 6:11-12**
제목 : **전인 회복의 복음**

6.여자가 그 나무를 본즉 먹음직도 하고 보암직도 하고 지혜롭게 할 만큼 탐스럽기도 한 나무인지
라 여자가 그 열매를 따먹고 자기와 함께 있는 남편에게도 주매 그도 먹은지라 **7.**이에 그들의 눈이
밝아져 자기들이 벗은 줄을 알고 무화과나무 잎을 엮어 치마로 삼았더라 **8.**그들이 그 날 바람이 불
때 동산에 거니시는 여호와 하나님의 소리를 듣고 아담과 그의 아내가 여호와 하나님의 낯을 피하
여 동산 나무 사이에 숨은지라 **9.**여호와 하나님이 아담을 부르시며 그에게 이르시되 네가 어디 있느
냐 **10.**이르되 내가 동산에서 하나님의 소리를 듣고 내가 벗었으므로 두려워하여 숨었나이다 **11.**이
르시되 누가 너의 벗었음을 네게 알렸느냐 내가 네게 먹지 말라 명한 그 나무 열매를 네가 먹었느냐
12.아담이 이르되 하나님이 주셔서 나와 함께 있게 하신 여자 그가 그 나무 열매를 내게 주므로 내가
먹었나이다 **13.**여호와 하나님이 여자에게 이르시되 네가 어찌하여 이렇게 하였느냐 여자가 이르되
뱀이 나를 꾀므로 내가 먹었나이다 **14.**여호와 하나님이 뱀에게 이르시되 네가 이렇게 하였으니 네
가 모든 가축과 들의 모든 짐승보다 더욱 저주를 받아 배로 다니고 살아 있는 동안 흙을 먹을지니라
15.내가 너로 여자와 원수가 되게 하고 네 후손도 여자의 후손과 원수가 되게 하리니 여자의 후손은
네 머리를 상하게 할 것이요 너는 그의 발꿈치를 상하게 할 것이니라 하시고 **16.**또 여자에게 이르시
되 내가 네게 임신하는 고통을 크게 더하리니 네가 수고하고 자식을 낳을 것이며 너는 남편을 원하
고 남편은 너를 다스릴 것이니라 하시고 **17.**아담에게 이르시되 네가 네 아내의 말을 듣고 내가 네
게 먹지 말라 한 나무의 열매를 먹었은즉 땅은 너로 말미암아 저주를 받고 너는 네 평생에 수고하여
야 그 소산을 먹으리라 **18.**땅이 네게 가시덤불과 엉겅퀴를 낼 것이라 네가 먹을 것은 밭의 채소인즉
19.네가 흙으로 돌아갈 때까지 얼굴에 땀을 흘려야 먹을 것을 먹으리니 네가 그것에서 취함을 입었
음이라 너는 흙이니 흙으로 돌아갈 것이니라 하시니라 …… **엡 6:11.**마귀의 간계를 능히 대적하기 위
하여 하나님의 전신 갑주를 입으라 **12.**우리의 씨름은 혈과 육을 상대하는 것이 아니요 통치자들과
권세들과 이 어둠의 세상 주관자들과 하늘에 있는 악의 영들을 상대함이라

1. 아담 부부가 선악과를 따먹는 죄를 지었음 (= 전적 타락)

6절= "여자가 그 나무를 본즉 먹음직도 하고 보암직도 하고 지혜롭게 할 만큼 탐스럽기도 한 나무인지라 여자가 그 열매를 따먹고 자기와 함께 있는 남편에게도 주매 그도 먹은지라"

2. "여자의 후손이 뱀의 머리를 상하게 할 것이라" 하심 (= 원시복음, 전인치유의 길을 여심)

15절= "내가 너로 여자와 원수가 되게 하고 네 후손도 여자의 후손과 원수가 되게 하리니 여자의 후손은 네 머리를 상하게 할 것이요 너는 그의 발꿈치를 상하게 할 것이니라"

3. 악의 영들과의 씨름은 지금도 계속됨 (= 사탄왕국 세력과의 투쟁)

엡 6:11-12절= "마귀의 간계를 능히 대적하기 위하여 하나님의 전신 갑주를 입으라 우리의 씨름은 혈과 육을 상대하는 것이 아니요 통치자들과 권세들과 이 어둠의 세상 주관자들과 하늘에 있는 악의 영들을 상대함이라"

◈◈◈

【대지 유형】 주제 설명형 - 본문 수집형 - 대지 진전형
【주제】 (적용) 하나님은 전적으로 타락한 인류를 회복시키기 위해 그리스도를 보내셨고, 지금도 회복의 역사는 진행되고 있다.
【FCF】 많은 현대인들은 인간의 전적 타락을 믿지 못하고 인간의 노력으로 평화를 이룰 수 있을 것으로 생각함.

【서론】 전인적 변화의 근거는 무엇인가? 사람은 하나님의 형상으로 창조됨= 영혼과 육체가 하나의 통일체이다. 신약의 강조점= unified whole, 살전 5:23-24. 죽으면 영혼과 육체가 죽는 것. 범죄는 영혼과 육체가 죄짓는 것. 우리는 영혼과 육체를 분리하는 이분법을 거부한다.
【우산질문】 창세기 3장의 본문이 제시하고 있는 전인 회복의 복음을 살펴보자.

【1대지】 아담 부부의 범죄=어떻게 전인적으로 타락하고 죄의 영향 받게 되었는가? 범죄의 결과: 7절, 8절, 9절, 16-17절. 종합적으로 볼 때 죄의 영향은 전인적인 것: 사회적, 심리적, 정서적, 환경적, 영적 삶이 오염됨. 모든 것이 죄로 인해 전적 부패 전적 타락으로 떨어졌다. 이것이 인류의 현실이다. 이제 죽음 질병 고통 땀 흘림, 그리고 원치 않는 각종 문제가 야기됨.
【2대지】 놀라운 소망. 사 53:4-5, 롬 6:6-7, "우리의 옛 사람이 예수와 함께 십자가에 못 박힌 것은 죄의 몸이 죽어 다시는 우리가 죄에게 종 노릇하지 아니하려 함이니…" 주님은 인류의 죄 문제를 해결하기 위해 이 땅에 오셨다. 이신칭의의 은혜(Justification by faith).
【3대지】 새피조물 된 사람들이라도 육신에 거하는 동안 사탄 왕국 세력과의 투쟁을 피할 수 없음. 그리스도인의 삶에는 유혹이 많다. 끊임없는 싸움이 계속된다. 영혼의 치유를 위해 믿음의 단계를 실천하자. 하나님의 전신갑주를 입자.
【결론】 우리 하나님은 여호와 라파의 하나님. 건강한 마음과 건강한 육체를 약속하신 하나님. 우리가 믿고 전하는 복음은 전인 회복의 복음이다.

- 절기, 용도, 장르, 특징: 복음전도설교.
- Key Word: 전인 타락, 전인 회복.
- Remarks:

본문 : **창 3:20-21**

제목 : **가죽옷 (The Garments of Skin)**

20.아담이 그의 아내의 이름을 하와라 불렀으니 그는 모든 산 자의 어머니가 됨이더라 **21.**여호와 하나님이 아담과 그의 아내를 위하여 가죽옷을 지어 입히시니라

1. 아담이 아내의 이름을 하와(= 생명, life)라 불렀음 (= 하나님의 약속에 대한 믿음)

20절= "아담이 그의 아내의 이름을 하와라 불렀으니 그는 모든 산 자의 어머니가 됨이더라"

2. 하나님이 아담 부부를 위해 가죽옷을 지어 입히셨음 (= 하나님의 긍휼과 자비하심)

21절= "여호와 하나님이 아담과 그의 아내를 위하여 가죽옷을 지어 입히시니라"

3. 가죽옷에는 더욱 깊은 뜻이 있음 (= 피흘림과 희생의 필요성)

21절= "… 가죽옷을 지어 입히시니라"

◈◈◈

【대지 유형】 주제 설명형 - 본문 분석형, 묵상형 - 대지 심화형

【주제】 (적용) 하나님은 믿음의 사람을 위해 구속의 은혜를 베푸신다.

【FCF】 많은 신앙인들이 가죽옷의 은혜를 망각하고 있음.

【서론】 하나님의 본성과 경륜= 항상 선하심. 우리에게 복 주시고 돕고자 하심. 창3장의 놀라운 구속의 복음. 아담과 하와에게 베푸신 하나님의 자비를 보라. 저들의 범죄 - 찾아오심 - 공의로 심판. 3:14-19, 남자에게, 여자에게, 그리고 뱀에게 선고하셨다. 그러나 그 속에 자비와 긍휼이 있고, 놀라운 구원의 약속을 주셨다. "내가 너로 여자와 원수가 되게 하고 네 후손도 여자의 후손과 원수가 되게 하리니 여자의 후손은 네 머리를 상하게 할 것이요 너는 그의 발꿈치를 상하게 할 것이니라"(3:15).

【우산질문】 아담의 모습, 그리고 가죽옷을 지어 입히신 하나님의 은혜와 긍휼을 좀 더 깊이 생각해보자.

【1대지】 아내 이름을 하와(=생명, 모든 산 자의 어머니)로 한 것에 아담의 믿음이 돋보임. 하나님의 약속을 믿은 아담에게 창 3:15의 약속. 여자는 아직 아이도 없고, 경험도 없었다. 원시 복음의 약속= 여자의 후손, 자식을 낳을 것, 메시아 약속, 우리도 하나님의 약속의 말씀을 믿자. 아담은 역동적인 믿음의 소유자. 그는 자녀 출생의 지식이 전무했다. 단지 하나님의 약속을 믿었을 뿐. 우리에게도 구원의 약속은 주어졌다. 요 3:16. 요 5:24, "내 말을 듣고 또 나 보내신 자를 믿는 자는 영생을－심판에－사망에서 생명으로 옮겼느니라."
【2대지】 하나님은 두 사람에게 가죽옷을 지어 입히심. 우리를 돌보시는 하나님은 긍휼이 많으신 하나님. 하나님은 직접 사람의 필요를 채워주신다. 그들은 동산에서 나가야 했고 험한 자연에 적응하기 위해 준비해야 했고, 이를 위해 믿음이 필요했다. 하나님은 우리가 하나님으로 하여금 일하게 할 때, 우리가 그를 믿고 따를 때, 그리고 그가 말씀하신 대로 행할 때 비로소 우리를 도우신다. 가죽옷은 짐승의 죽음을 보인다. 죽음의 의미를 가르치심. 사람의 수치를 가려주심. 우리의 수치를 덮는 유일한 길은 예수 그리스도의 의의 옷(고후 5:21)을 입는 것이다.
【3대지】 피흘림, 이 길만이 하나님과 화목하는 길이다. 아담 부부는 거기 서서 이 사실을 깨달아야 했다. 하나님의 의도는 피흘리는 희생이 필요함을 가르치고자 하심. 장차 오실 메시아의 희생. 아벨의 피뿌림, 노아의 제단, 아브라함의 제단, 광야 이스라엘의 성막의 번제단, 솔로몬 성전의 피… 그리고 마침내 갈보리 십자가의 보혈. 인류 역사는 바로 이 피흘림의 역사이다. 여자의 후손이 당할 상처. 뱀의 머리 상하게 하는 것의 의미= 예수 그리스도의 십자가.
【결론】 아담 부부는 이 피흘림의 원리를 배웠고, 자녀들에게 가르쳤다. 예) 아벨의 희생. 이제 우리도 하나님 앞에 흠 없이 설 수 있다. 오직 예수님을 신뢰할 때 하나님은 이를 의(義)로 여기신다. 여러분은 어떠한가? 하나님은 우리의 앞길에 모든 필요한 것으로 채우신다(빌 4:18). 그리고 우리를 성장시키고자 하신다. 우리에게 요구하신다. 요일 3:16, "그가 우리를 위하여 목숨을 버리셨으니 우리가 이로써 사랑을 알고 우리도 형제들을 위하여 목숨을 버리는 것이 마땅하니라."

- **절기, 용도, 장르, 특징:** 상징주의 해석, 보혈설교.
- Key Word: 가죽옷.
- Remarks:

본문 : **창 4:1-7**
제목 : **참 예배와 헛된 예배 (False vs. True Worship)**

1.아담이 그의 아내 하와와 동침하매 하와가 임신하여 가인을 낳고 이르되 내가 여호와로 말미암아 득남하였다 하니라 **2.**그가 또 가인의 아우 아벨을 낳았는데 아벨은 양 치는 자였고 가인은 농사하는 자였더라 **3.**세월이 지난 후에 가인은 땅의 소산으로 제물을 삼아 여호와께 드렸고 **4.**아벨은 자기도 양의 첫 새끼와 그 기름으로 드렸더니 여호와께서 아벨과 그의 제물은 받으셨으나 **5.**가인과 그의 제물은 받지 아니하신지라 가인이 몹시 분하여 안색이 변하니 **6.**여호와께서 가인에게 이르시되 네가 분하여 함은 어찌 됨이며 안색이 변함은 어찌 됨이냐 **7.**네가 선을 행하면 어찌 낯을 들지 못하겠느냐 선을 행하지 아니하면 죄가 문에 엎드려 있느니라 죄가 너를 원하나 너는 죄를 다스릴지니라

1. 가인은 땅의 소산으로, 아벨은 양 새끼로 제물을 드렸음 (= 이 땅의 여러 예배들)

3-4절= "세월이 지난 후에 가인은 땅의 소산으로 제물을 삼아 여호와께 드렸고 아벨은 자기도 양의 첫 새끼와 그 기름으로 드렸더니…"

2. 여호와께서 아벨의 제사만 받으시고 가인의 제사는 받지 아니하심 (= 하나님이 받으시는 예배와 받지 않으시는 예배)

4-5절= "여호와께서 아벨과 그의 제물은 받으셨으나 가인과 그의 제물은 받지 아니하신지라"

3. 여호와께서 가인에게 "죄가 너를 원하나 너는 죄를 다스리라"고 하심 (= 하나님의 경고)

7절= "네가 선을 행하면 어찌 낯을 들지 못하겠느냐 선을 행하지 아니하면 죄가 문에 엎드려 있느니라 죄가 너를 원하나 너는 죄를 다스릴지니라"

◈◈◈

【대지 유형】 주제 설명형 - 본문 묶음형 - 대지 대조형, 심화형
【주제】 (적용) 가인과 아벨의 제사 사건을 통하여 하나님은 참 예배가 무엇인지를 보여주신다.
【FCF】 많은 신앙인들이 하나님이 원하시는 방법(십자가 보혈 의존)으로 예배하는 데 실패하고 있음.

【서론】 창세기 기록은 매우 논리적, 조직적 기록이다. 창 1장은 우주창조와 인간창조를 포함. 2장은 인간과 그의 세계에 대해 더 자세한 서술. 3장은 인간

과 세상에 일어난 일에 대한 기록. 죄가 들어오고 온 땅은 타락하게 되었다. 그리고 4장은 여자의 후손이 경건한 라인과 불경건한 라인으로 퍼져 나가는 것을 서술. 지금도 두 라인(하나님의 도성과 사탄의 도성)이 엄존한다. 본문에서 가인과 아벨의 출생. 그들의 일은 clothing(양치기)와 food(농사). 단순한 본문이지만 많은 정보를 포함하고 있다.
【우산질문】 가인과 아벨의 제사 사건이 주는 교훈은 무엇인가 살펴보자.

【1대지】 2절, "그가 또 가인의 아우 아벨을 낳았는데 아벨은 양 치는 자였고 가인은 농사하는 자였더라." 가인=얻다(약속된 씨에 대한 소망을 보여줌, 하와의 믿음을 보여줌), 아벨=허무(meaningless). 왜 허무? 가인 보고 실망? 아벨의 삶 예언? 그들의 예배 장소는 아마도 아버지가 세운 예배장소였을 것, 에덴동산 입구의 오른쪽. 아담은 하나님과의 완벽한 관계를 경험했던 자이므로 예배처소나 희생제사 등에 신중했을 것.
【2대지】 하나님은 예물을 흠향하기도 하고 거절하기도 하심= 사람도 때로는 받으시고 때로는 거절하신다. 히11:4, "믿음으로 아벨은 가인보다 더 나은 제사를…"= 피흘리는 제사를 의미. 아담은 가죽옷 사건을 통해 하나님의 뜻을 알았을 것= 자녀에게 교육했을 것(죄는 사망을 가져옴, 그리스도를 가리키는 희생제물의 필요, 하나님께 가까이 감 등). 그런데 가인은 자기 식으로 예배함 = 하나님께 접근하는 방법을 자기 식으로= 결국 예수 그리스도의 보혈 없이 하려는 모든 자들의 조상이 됨.
【3대지】 가인의 반응= 하나님과 아벨에 대한 분노로 나타남. 회개할 기회를 주시는 하나님. 네가 옳은 일을 하면 왜 거절 되겠는가? 하나님의 사랑의 경고= "죄가 너를 원하나 너는 죄를 다스릴지니라." 네 자신의 선함과 선행을 붙들어라.
【결론】 False worship의 위험. 우리의 예배 자세를 분명히 하자. 우리 자신의 방법이 아닌 하나님의 방법으로= 희생제물로 오신 예수 그리스도의 이름으로 = 그분의 보혈에 의지하여 하나님께 나아가자. 아벨의 제사를 받으신 하나님은 그리스도의 보혈을 의지하고 나아오는 모든 자를 받으신다.

- 절기, 용도, 장르, 특징: 헌신예배.
- Key Word: 예배.
- Remarks:

본문 : **창 5:21-24; 히 11:5-6**
제목 : **하나님을 기쁘시게 하는 자 에녹**

창 5:21.에녹은 육십오 세에 므두셀라를 낳았고 **22.**므두셀라를 낳은 후 삼백 년을 하나님과 동행하며 자녀들을 낳았으며 **23.**그는 삼백육십오 세를 살았더라 **24.**에녹이 하나님과 동행하더니 하나님이 그를 데려가시므로 세상에 있지 아니하였더라 …… **히 11:5.**믿음으로 에녹은 죽음을 보지 않고 옮겨졌으니 하나님이 그를 옮기심으로 다시 보이지 아니하였느니라 그는 옮겨지기 전에 하나님을 기쁘시게 하는 자라 하는 증거를 받았느니라 **6.**믿음이 없이는 하나님을 기쁘시게 하지 못하나니 하나님께 나아가는 자는 반드시 그가 계신 것과 또한 그가 자기를 찾는 자들에게 상 주시는 이심을 믿어야 할지니라

1. 아들 이름을 '므두셀라'(창던지는 사람)로 지었음 (= 믿음의 근거, 예언 확신)
21절= "에녹은 육십오 세에 므두셀라를 낳았고"

2. 삼백 년을 하나님과 동행하였음 (= 믿음의 삶)
22절= "므두셀라를 낳은 후 삼백 년을 하나님과 동행하며 자녀들을 낳았으며"

3. 하나님이 세상에서 그를 데려가셨음 (= 죽지 않고 승천, 예수님 승천 예표)
24절= "에녹이 하나님과 동행하더니 하나님이 그를 데려가시므로 세상에 있지 아니하였더라"

◈◈◈

【대지 유형】 주제 증명형 - 본문 분석형 - 대지 진전형
【주제】 (석의) 에녹은 믿음으로 하나님과 동행함으로 하나님을 기쁘시게 하는 자가 되었다.
【FCF】 대부분의 그리스도인들이 하나님과 동행하는 삶에서 실패하고 있음.

【서론】 믿음 갖기를 원하는 사람들= 교회로 나온다. 그런데 교회나 목회자의 약점을 보고 실망하는 경우가 적지 않다. 하지만 작은 어려움을 이기지 못하면 가는 곳마다 정착하지 못하고 또 흘러간다. 300년간 하나님과 동행한 에녹 = 믿음의 사람= 하나님을 기쁘시게 하는 자= 엘리야와 함께 죽지 않고 승천하였다. 참으로 놀라운 사람. 히 11:6, 믿음 - 하나님을 기쁘시게 함.

【**우산질문**】 본문에 나타난 에녹의 믿음의 근거, 믿음의 삶, 그리고 그 결과를 살펴보자. 과연 그가 하나님을 기쁘시게 한 자였는지 살펴보자.

【**1대지**】 에녹은 평범한 사람이었다. 셋의 후손으로 야렛의 아들이며 므두셀라의 아버지. 성경의 위대한 신앙인은 대부분 우리와 같이 평범한 사람들이다. 왜? 자랑치 못하게 하려고. 에녹에게 주신 하나님의 계시, "네 아들이 죽으면 심판이 올 것이다." 969세 므두셀라(창던지는 사람, 마을 입구 수호자) - 에녹에게는 말씀의 회육이디. 노이 600세, 홍수 나딘 해! 하나님은 약속을 이루셨다. 에녹 사건과 같이 주님 재림 직전에도 휴거= 살전 4:16-17.
【**2대지**】 우리는 모두 하나님과 동행할 수 있는 가능성이 충분한 존재이다. 평범하게 출발한 사람 에녹. 그러나 믿음의 과정과 결과는 달랐다. 65세에 무두셀라를 낳고, 하나님과 동행했다고 기록. 당시는 가장 악한 시대였다(창 6:1-3). 동행함에는 ①뜻의 조화(암 3:3) ②도덕적 성질의 일치(하나님은 거룩하신 분, 우리도 거룩해야) ③하나님과의 교통 등의 의미가 있다. 우리가 사는 시대는 에녹 시대와 유사. 신앙생활에 이유가 많고 핑계가 그리도 많다. 하지만 성도는 말씀과 기도로 주님과 교제할 수 있다. 믿음의 승리는 인내하는 자의 것이다. 보혜사 성령님이 도우신다. 에녹에게 300년 동안 신앙의 위기가 없었겠는가? 에녹은 결국 믿음으로 승리했다. 하나님의 법이 아닌 것은 수천억의 돈이 생기더라도 거부하라. 하나님을 온전히 섬길 수 없는 직장은 과감하게 포기하라.
【**3대지**】 에녹의 삶의 하이라이트는 승천에 있다. 예) 엘리야의 회리바람 승천. 인간은 죄로 인해 죽음을 피할 수 없다. 에녹은 어떻게 죽지 않고 승천? 히 11:5, "… 저는 옮기우기 전에 하나님을 기쁘시게 하는 자라 하는 증거를 받았느니라." 기쁘시게 하는 자라고 다 승천하는 것은 아니지만, 샘플로 주신 것. 에녹의 승천은 예수님 승천의 예표이다.
【**결론**】 당신은 하나님을 기쁘시게 하는 자인가? 당신의 이웃들은 당신을 가리켜 '하나님을 기쁘시게 하는 자'라고 인정하나? 그렇다면 당신과 당신의 자손이 하나님의 큰 축복을 받게 될 것이다.

- 절기, 용도, 장르, 특징:
- Key Word: 하나님을 기쁘시게 하는 자, 하나님과 동행, 믿음.
- Remarks:

본문 : **창 6:5-8, 13-20**
제목 : **노아에게 주신 은혜의 초청 (Come into the Ark)**

5.여호와께서 사람의 죄악이 세상에 가득함과 그의 마음으로 생각하는 모든 계획이 항상 악할 뿐임
을 보시고 **6.**땅 위에 사람 지으셨음을 한탄하사 마음에 근심하시고 **7.**이르시되 내가 창조한 사람을
내가 지면에서 쓸어버리되 사람으로부터 가축과 기는 것과 공중의 새까지 그리하리니 이는 내가 그
것들을 지었음을 한탄함이니라 하시니라 **8.**그러나 노아는 여호와께 은혜를 입었더라 …… **13.**하나
님이 노아에게 이르시되 모든 혈육 있는 자의 포악함이 땅에 가득하므로 그 끝 날이 내 앞에 이르렀
으니 내가 그들을 땅과 함께 멸하리라 **14.**너는 고페르 나무로 너를 위하여 방주를 만들되 그 안에
칸들을 막고 역청을 그 안팎에 칠하라 **15.**네가 만들 방주는 이러하니 그 길이는 삼백 규빗, 너비는
오십 규빗, 높이는 삼십 규빗이라 **16.**거기에 창을 내되 위에서부터 한 규빗에 내고 그 문은 옆으로
내고 상 중 하 삼층으로 할지니라 **17.**내가 홍수를 땅에 일으켜 무릇 생명의 기운이 있는 모든 육체
를 천하에서 멸절하리니 땅에 있는 것들이 다 죽으리라 **18.**그러나 너와는 내가 내 언약을 세우리니
너는 네 아들들과 네 아내와 네 며느리들과 함께 그 방주로 들어가고 **19.**혈육 있는 모든 생물을 너
는 각기 암수 한 쌍씩 방주로 이끌어들여 너와 함께 생명을 보존하게 하되 **20.**새가 그 종류대로, 가
축이 그 종류대로, 땅에 기는 모든 것이 그 종류대로 각기 둘씩 네게로 나아오리니 그 생명을 보존하
게 하라

1. 노아는 하나님의 심판에 직면한 자들 중 여호와께 은혜를 입었음 (= 홍수 심판에서 구원해내기 위한 은혜의 초청)

7절= "이르시되 내가 창조한 사람을 내가 지면에서 쓸어버리되 사람으로부터 가축과 기는 것과 공중의 새까지 그리하리니 이는 내가 그것들을 지었음을 한탄함이니라 하시니라"
8절= "그러나 노아는 여호와께 은혜를 입었더라"

2. 방주를 짓게 하고 그 안으로 들어가게 하심 (= 믿음의 걸음을 내디디게 하는 은혜의 초청)

18절= "그러나 너와는 내가 내 언약을 세우리니 너는 네 아들들과 네 아내와 네 며느리들과 함께 그 방주로 들어가고"

3. "너와 네 온 집은 방주로 들어가라" 하심 (= 노아의 전 가족에게 주신 은혜의 초청)

18절= "… 너는 네 아들들과 네 아내와 네 며느리들과 함께 그 방주로 들어가고"

◈◈◈

【대지 유형】 주제 증명형 - 본문 수집형 - 대지 진전형

【주제】 (석의) 하나님은 노아에게 은혜를 베푸셔서 방주를 짓게 하시고 온 가족을 구원케 하셨다.
【FCF】 많은 신앙인들은 하나님이 은혜의 걸음을 내디디게 하기 위해 부르실 때 주저주저하고 있음.

【서론】 하나님의 초청은 사랑의 초청이다. 우리를 부르시는 하나님의 음성은 사랑의 음성이고, 우리에게 보내시는 하나님의 메신저는 사랑의 메신저이다. 본문은 아마도 성경에 나타난 하나님의 초청 중 첫 번째 초청이다. 온 세상에 하나님의 홍수 심판이 임하기 직전의 장면이다. 하나님께서 노아에게 말씀하신다 : "너와 네 온 집은 방주로 들어가라"
【우산질문】 하나님께서 노아에게 주신 초청의 성격이 어떤 것인지, 어떤 의미에서 은혜의 초청이라 할 수 있는지 살펴보자.

【1대지】 먼저 하나님의 심판을 초래한 노아 시대의 죄악상에 대해 생각해보자. 세상에 가득한 죄악은 필연적으로 하나님의 심판을 불러오게 되었다. 이 무서운 심판 가운데 한줄기 은혜의 빛이 비추이고 있다. "그러나 노아는 여호와께 은혜를 입었더라."(창 6:8) 하나님의 은혜는 오늘도 여전히 죄로 가득찬 인류에게 주어지고 있다.
【2대지】 하나님은 노아를 구원해 내시려는 원대한 계획을 세우시고 그를 그 계획으로 초대하셨다. 노아를 구원해 내시는 하나님의 계획은 노아로 하여금 방주를 준비케 하는 것. 이것은 믿음의 걸음을 과감하게 내디뎌야 하는 일이다. 노아는 이제 완성된 방주 안으로 들어오도록 하나님의 초청을 받는다. 노아의 방주는 신약 교회의 예표이다. 노아가 얻은 구원은 믿음으로 말미암는 은혜의 구원이다.
【3대지】 하나님은 우리 성도들의 온 가족이 모두 구원받기를 원하신다. "노아가 아들들과 아내와 자부들과 함께 홍수를 피하여 방주에 들어갔고…"(7:7). 우리의 가장 중요한 과업은 가족들을 모두 그리스도에게로 인도해 내는 일이다.
【결론】 하나님께서 노아와 온 가족에게 주신 은혜의 부르심은 시대를 초월하여 우리 모두에게 주시는 사랑의 초청이다. 여러분의 사랑하는 자들은 모두 방주 안으로 들어와 있는가?

- 절기, 용도, 장르, 특징: 은혜 설교.
- Key Word: 방주, 은혜, 초청.
- Remarks:

본문 : **창 6:13-22**
제목 : **노아 방주의 영적 의미 (The Ark of Noah and Jesus Christ)**

13.하나님이 노아에게 이르시되 모든 혈육 있는 자의 포악함이 땅에 가득하므로 그 끝 날이 내 앞에
이르렀으니 내가 그들을 땅과 함께 멸하리라 **14.**너는 고페르 나무로 너를 위하여 방주를 만들되 그
안에 칸들을 막고 역청을 그 안팎에 칠하라 **15.**네가 만들 방주는 이러하니 그 길이는 삼백 규빗, 너
비는 오십 규빗, 높이는 삼십 규빗이라 **16.**거기에 창을 내되 위에서부터 한 규빗에 내고 그 문은 옆
으로 내고 상 중 하 삼층으로 할지니라 **17.**내가 홍수를 땅에 일으켜 무릇 생명의 기운이 있는 모든
육체를 천하에서 멸절하리니 땅에 있는 것들이 다 죽으리라 **18.**그러나 너와는 내가 내 언약을 세우
리니 너는 네 아들들과 네 아내와 네 며느리들과 함께 그 방주로 들어가고 **19.**혈육 있는 모든 생물을
너는 각기 암수 한 쌍씩 방주로 이끌어들여 너와 함께 생명을 보존하게 하되 **20.**새가 그 종류대로,
가축이 그 종류대로, 땅에 기는 모든 것이 그 종류대로 각기 둘씩 네게로 나아오리니 그 생명을 보존
하게 하라 **21.**너는 먹을 모든 양식을 네게로 가져다가 저축하라 이것이 너와 그들의 먹을 것이 되리
라 **22.**노아가 그와 같이 하여 하나님이 자기에게 명하신 대로 다 준행하였더라

1. 방주의 제도를 하나님이 직접 지시하심 (= 신약교회의 예표)
15절= "그 방주의 제도는 이러하니…"

2. 고페르 나무로 짓고 역청을 칠함 (= 예수 보혈 신앙으로 교회가 세워짐)
14절= "너는 고페르 나무로 너를 위하여 방주를 만들되 그 안에 칸들을 막고 역청으로 그 안팎에 칠하라"

3. 단 하나의 창과 문을 가짐 (= '오직예수' 신앙)
16절= "거기 창을 내되 위에서부터 한 규빗에 내고 그 문은 옆으로 내고…"

4. 방주 밖의 모든 자가 홍수로 죽음 (= 교회 밖은 심판)
17절= "내가 홍수를 땅에 일으켜 무릇 생명의 기식 있는 육체를 천하에서 멸절하리니 땅에 있는 자가 다 죽으리라"

5. 방주 안은 생명을 보존하는 곳임 (= 교회를 통한 구원)
18-20절= "그러나 너와는 내가 내 언약을 세우리니 너는 네 아들들과 네 아내와 네 자부들과 함께 그 방주로 들어가고… 그 생명을 보존케 하라"

◈◈◈

【대지 유형】 주제 설명형 - 본문 분석형 - 대지 심화형
【주제】 (적용) 노아 방주로 예표 되는 교회는 오직 예수 신앙으로 무장하여 회중을 구원으로 이끈다.
【FCF】 많은 신앙인들이 교회의 보혈 신앙과 오직 예수 신앙의 중요성에 눈을 뜨지 못하고 있음.

【서론】 이 엄청난 홍수 이야기는 세계 많은 민족들의 전설 속에서 조금씩 다른 내용으로 전해져 내려오고 있다. 적어도 33개 이상의 민족들이 노아 홍수 기록과 유사한 이야기들을 가지고 있다. 물로 온 세상을 심판하실 때 유일한 구원의 길은 그 방주 하나뿐이었고, 심판 가운데서 구원받은 사람은 그 방주 안에 들어간 노아와 그의 가족뿐이었다.
【우산질문】 본문을 통하여 방주의 영적 의미를 살펴보자.

【1대지】 방주는 사람이 운전하는 배가 아니다. 바깥의 바람과 물결, 조류에 따라 떠다니는 단순한 구조물이다. ①방주와 교회는 그 기원이 동일하다. 둘 다 하나님에 의해 설계되었고, 주님께서 건축 명령을 주셨다. ②방주와 교회는 그 기능이 동일하다. 방주가 홍수 심판으로부터 하나님의 백성을 구원하였듯이, 교회는 장차 하나님의 불심판으로부터 주님의 백성들을 구원해 낼 것이다.
【2대지】 '역청(코페르)'= '칠하다(카파르)'란 동사에서 유래된 말. 그런데 이 '카파르'는 '속죄하다'(출 30:10; 신 32:49), '사하다'(대하 30:18; 시 78:38)로도 번역됨. 교회는 끝까지 예수 그리스도만 붙들어야. 예수 외에 다른 요소들을 철저히 배격해야 한다. 헬라 철학이나 인본주의 사상, 세상적인 가치관이나 세속 종교의 그림자라도 교회 안에 들어와서는 안 된다.
【3대지】 방주 안의 사람들이 오직 위에 있는 창을 통해 빛을 받듯이, 교회 안의 모든 성도는 위에 계신 하나님의 빛만을 받아 살라는 말씀이다. 교회 안의 성도는 세상에 대해 잘 몰라도 오직 주님만 바라보고, 성령의 빛에 의지하여 주님이 이끄시는 대로 순종하며 살 것을 의미한다.
【4대지】 '땅에 있는 자가 다 죽는다'는 것은 '교회 밖의 심판이 전 세계에 미친다'는 것. 세상에는 교회 성도들보다 여러 가지 점에서 훌륭한 사람들이 많다. 그러나 주님의 구원은 방주 안에만, 오직 교회 안에만 있다.
【5대지】 방주 안에 생명이 있듯이, 교회 안에 구원이 있다. 교회의 삶을 통하여 믿음을 키우자. 말씀을 마음껏 섭취하여 믿음을 부요케 하자. 특히 예배의 설교를 통하여 하나님 말씀의 능력을 계속 체험하자.
【결론】 우리의 전적인 관심은 방주를 통해 나타내신 주님의 교회, 그리고 이 교회를 구성하는 '오직 예수' 신앙에 있다. 믿음과 인내로 최후 심판을 준비하는 성도들이 되자.

- 절기, 용도, 장르, 특징: 상징주의 해석.
- Key Word: 방주.
- Remarks:

본문 : **창 6:14-16; 7:1-12**
제목 : **노아에게 주신 은혜의 초청 (Come into the Ark)**

6:14.너는 고페르 나무로 너를 위하여 방주를 만들되 그 안에 칸들을 막고 역청을 그 안팎에 칠하라
15.네가 만들 방주는 이러하니 그 길이는 삼백 규빗, 너비는 오십 규빗, 높이는 삼십 규빗이라 **16.**거
기에 창을 내되 위에서부터 한 규빗에 내고 그 문은 옆으로 내고 상 중 하 삼층으로 할지니라 ……
7:1.여호와께서 노아에게 이르시되 너와 네 온 집은 방주로 들어가라 이 세대에서 네가 내 앞에 의로
움을 내가 보았음이니라 **2.**너는 모든 정결한 짐승은 암수 일곱씩, 부정한 것은 암수 둘씩을 네게로
데려오며 **3.**공중의 새도 암수 일곱씩을 데려와 그 씨를 온 지면에 유전하게 하라 **4.**지금부터 칠 일이
면 내가 사십 주야를 땅에 비를 내려 내가 지은 모든 생물을 지면에서 쓸어버리리라 **5.**노아가 여호와
께서 자기에게 명하신 대로 다 준행하였더라 **6.**홍수가 땅에 있을 때에 노아가 육백 세라 **7.**노아는 아
들들과 아내와 며느리들과 함께 홍수를 피하여 방주에 들어갔고 **8.**정결한 짐승과 부정한 짐승과 새
와 땅에 기는 모든 것은 **9.**하나님이 노아에게 명하신 대로 암수 둘씩 노아에게 나아와 방주로 들어갔
으며 **10.**칠 일 후에 홍수가 땅에 덮이니 **11.**노아가 육백 세 되던 해 둘째 달 곧 그 달 열이렛날이라
그 날에 큰 깊음의 샘들이 터지며 하늘의 창문들이 열려 **12.**사십 주야를 비가 땅에 쏟아졌더라

1. "고페르 나무로 방주를 만들라" 하심 (= 믿음의 걸음을 내디디게 하는 은혜의 초청)

6:14= "너는 고페르 나무로 너를 위하여 방주를 만들되 그 안에 칸들을 막고 역청을 그 안팎에 칠하라"

2. "완성된 방주로 들어가라" 하심 (= 구원의 초청, 교회로의 초청)

1절= "여호와께서 노아에게 이르시되 너와 네 온 집은 방주로 들어가라 이 세대에서 네가 내 앞에 의로움을 내가 보았음이니라"

3. "너와 네 온 집은 방주로 들어가라" 하심 (= 전 가족에게 주시는 은혜의 초청)

1절= "너와 네 온 집은 방주로 들어가라"

◈◈◈

【대지 유형】 주제 설명형 - 본문 수집형 - 대지 진전형
【주제】 (석의) 하나님은 노아에게 방주를 만들게 하시고 심판을 피하기 위해 온 가족과 함께 방주 안으로 들어가도록 초청하셨다.
【FCF】 많은 신앙인들이 구원의 방주인 교회의 중요성을 잘 알지 못하고 있음.

【서론】 성경에는 하나님의 초청장이 시대 구분 없이 계속 주어지고 있다. 우리가 하나님을 찾기 전에 하나님께서 우리를 찾으시고 계신 것. 7장 1절은 아마도 성경에 나타난 하나님의 초청 중 첫 번째 초청이다. 온 세상에 하나님의

홍수 심판이 임하기 직전의 장면이다. 하나님께서 노아에게 말씀하신다, "너와 네 온 집은 방주로 들어가라."

【우산질문】 하나님께서 노아에게 주신 초청의 성격이 어떤 것인지, 그 특징이 무엇인지를 살펴보자.

【1대지】 하나님의 심판을 초래한 노아 시대의 죄악상= "여호와께서 사람의 죄악이 세상에 관영함과 그 마음의 생각의 모든 계획이 항상 악할 뿐임을 보시고"(창 6:5). 세상에 가득한 죄악은 필연적으로 하나님의 심판을 불러오게 되었다. 하나님께서는 이 홍수 심판만이 아니라 장차 그리스도의 재림의 때에 임하게 될 불심판도 예고하셨는데, 그때 역시 구원의 방주 되신 그리스도를 의지하지 않는 자는 쓸어 지옥 불에 던지실 것이다. 이 무서운 심판 가운데 한줄기 은혜의 빛이 비추이고 있다. "너를 위하여 방주를 만들라"(창 6:14). 하나님은 노아를 구원해 내시려는 원대한 계획을 세우시고 그를 그 계획으로 초대하셨다= 노아로 하여금 방주를 준비케 하는 것. 이것은 믿음의 걸음을 과감하게 내디뎌야 하는 일(히 11:7).

【2대지】 노아는 이제 완성된 방주 안으로 들어오도록 하나님의 초청을 받는다. 노아의 방주는 신약 교회의 예표. 노아가 얻은 구원은 믿음으로 말미암는 은혜의 구원이다(엡 2:8-9). "방주로 들어가라." 이것은 오늘 우리에게도 그대로 적용되는 놀라운 진리이다.

【3대지】 "너와 네 온 집"이라고 하심. 하나님은 성도들의 온 가족이 모두 구원받기를 원하신다. 7절, "노아가 아들들과 아내와 자부들과 함께 홍수를 피하여 방주에 들어갔고…" 우리의 가장 중요한 과업은 가족들을 모두 그리스도에게로 인도해내는 일이다.

【결론】 하나님께서 노아와 온 가족에게 주신 은혜의 부르심은 시대를 초월하여 우리 모두에게 주시는 사랑의 초청이다. 여러분은 주님의 초청장을 받고 어떻게 반응하겠는가? 여러분은 은혜로 불러주신 하나님께 얼마나 감사하고 있는가? 여러분은 가족의 구원을 위하여 무엇을 하고 있나? 무서운 심판의 날이 다가오고 있다. 여러분의 사랑하는 자들은 모두 방주 안으로 들어와 있는가?

- 절기, 용도, 장르, 특징:
- Key Word: 노아, 방주.
- Remarks:

본문 : **창 8:6-14**
제목 : **까마귀와 비둘기 (A Raven and a Dove)**

6.사십 일을 지나서 노아가 그 방주에 낸 창문을 열고 **7.**까마귀를 내놓으매 까마귀가 물이 땅에서 마르기까지 날아 왕래하였더라 **8.**그가 또 비둘기를 내놓아 지면에서 물이 줄어들었는지를 알고자 하매 **9.**온 지면에 물이 있으므로 비둘기가 발 붙일 곳을 찾지 못하고 방주로 돌아와 그에게로 오는지라 그가 손을 내밀어 방주 안 자기에게로 받아들이고 **10.**또 칠 일을 기다려 다시 비둘기를 방주에서 내놓으매 **11.**저녁때에 비둘기가 그에게로 돌아왔는데 그 입에 감람나무 새 잎사귀가 있는지라 이에 노아가 땅에 물이 줄어든 줄을 알았으며 **12.**또 칠 일을 기다려 비둘기를 내놓으매 다시는 그에게로 돌아오지 아니하였더라 **13.**육백일 년 첫째 달 곧 그 달 초하룻날에 땅 위에서 물이 걷힌지라 노아가 방주 뚜껑을 제치고 본즉 지면에서 물이 걷혔더니 **14.**둘째 달 스무이렛날에 땅이 말랐더라

1. 방주 속의 까마귀 같은 교인 (= 은혜를 알지 못하는 자, 세속적인 자)

6-7절= "사십 일을 지나서 노아가 그 방주에 낸 창문을 열고 까마귀를 내놓으매 까마귀가 물이 땅에서 마르기까지 날아 왕래하였더라"

2. 방주 속의 비둘기 같은 성도 (= 순결 추구, 복음의 전령)

8-9절= "그가 또 비둘기를 내놓아 지면에서 물이 줄어들었는지를 알고자 하매 온 지면에 물이 있으므로 비둘기가 발 붙일 곳을 찾지 못하고 방주로 돌아와 그에게로 오는지라"

◈◈◈

【대지 유형】 주제 함축형 - 본문 묶음형 - 대지 대조형
【주제】 (적용) 방주 속의 까마귀와 비둘기처럼 교회 안에는 은혜 체험이 부족한 세속적인 자들과 순결한 믿음을 가진 자들이 섞여 있다.
【FCF】 많은 교인들이 까마귀처럼 세속적인 마음으로 하나님의 은혜의 부르심을 배반하고 있음.

【서론】 노아는 물이 감한 여부를 알기 위해 방주의 창문을 열고 까마귀를 내어보냈지만 소식이 없었다. 이번에는 비둘기를 내어 보냈는데, 곧 방주로 돌아왔다. 7일을 기다려 다시 비둘기를 내어 보냈는데, 날아간 비둘기는 하루 종일 돌아오지 않다가 저물 때가 되어서야 돌아왔다. 비둘기를 세 번째로 내어 보냈는데, 다시 돌아오지 않았다. 까마귀는 까마귀 같은 사람을 상징하고

비둘기는 비둘기 같은 성도를 상징한다.

【우산질문】 본문을 통하여 까마귀 같은 성도와 비둘기 같은 성도는 각각 어떤 사람인가를 살펴보자.

【1대지】 캄캄한 방주 속에서 오랫동안 지낸 노아= 물이 얼마나 감했는지를 알아보기 위해 까마귀를 내보냈다. 그런데 많은 날짐승 중에 왜 까마귀를 내보냈을까? 까마귀는 썩은 고기를 먹는 것으로 알려져 있다. 아마도 홍수 후 이곳저곳에 널린 시체들은 까마귀의 밥이 되기에 직질했을 것이다. 이러한 까마귀의 모습은 하나님의 구원의 은혜를 망각하고 하나님의 사랑에서 벗어나 마음대로 생활하는 타락한 교인을 상징한다. 까마귀는 방주 안에서 노아와 함께 구원을 얻었다. 하지만 노아에게 방주 밖의 소식을 전하지 않았다. 까마귀와 같은 교인은 교회에 속해 있으나 영원히 머무르지는 않는 악한 자를 상징한다. 진정한 회개는 떠났던 하나님께로 되돌아오는 것. 이것은 은혜의 현장으로 되돌아오는 것이고 말씀의 현장으로 다시 돌아오는 것이다. 우리에게는 앉아야 할 곳과 가야 할 곳에 대한 분별이 필요하다. 많은 성도들은 세상의 재미에 도취하여 자기의 본분을 잊어버리고, 가지 말아야 할 곳, 앉지 말아야 할 자리, 취하지 말아야 할 것을 취하고 있다.

【2대지】 노아는 물이 감한 여부를 알기 위해 이번에는 비둘기를 내어 보냈다. 비둘기는 까마귀와는 달리 흰색의 정결한 동물로서, 하나님께 드리는 제사에 사용되기도 한다. 참 성도는 본문의 비둘기와 같다. 신앙의 사람에게 있어서 순결은 생명보다 더 귀중한 것. 비둘기는 거룩함을 추구하는 성도들을 가리킨다. 비둘기가 가져온 증표는 '감람 새 잎사귀'이었다. 여기서 '새(new)'로 번역된 히브리어(타라프)는 '뜯어내다'라는 뜻.

【결론】 똑같은 신천 신지의 세계였지만 비둘기와 까마귀는 새 세상을 맞이하는 태도 면에서 전혀 달랐다. 비둘기에게는 새하늘과 새땅의 모습이었지만 까마귀에게는 전혀 달라진 것이 없었다. 까마귀의 눈에는 썩은 시체밖에 보이지 않았기 때문이다. 비둘기처럼 신앙의 순결을 지키는 성도가 되자. 비둘기처럼 기쁨의 소식을 전하는 전령들이 되자.

- 절기, 용도, 장르, 특징: 상징주의 해석.
- Key Word: 비둘기.
- Remarks:

본문 : **창 9:18-27**
제목 : **노아 실수 사건의 교훈**

18.방주에서 나온 노아의 아들들은 셈과 함과 야벳이며 함은 가나안의 아버지라 **19.**노아의 이 세 아
들로부터 사람들이 온 땅에 퍼지니라 **20.**노아가 농사를 시작하여 포도나무를 심었더니 **21.**포도주
를 마시고 취하여 그 장막 안에서 벌거벗은지라 **22.**가나안의 아버지 함이 그의 아버지의 하체를 보
고 밖으로 나가서 그의 두 형제에게 알리매 **23.**셈과 야벳이 옷을 가져다가 자기들의 어깨에 메고 뒷
걸음쳐 들어가서 그들의 아버지의 하체를 덮었으며 그들이 얼굴을 돌이키고 그들의 아버지의 하체
를 보지 아니하였더라 **24.**노아가 술이 깨어 그의 작은 아들이 자기에게 행한 일을 알고 **25.**이에 이
르되 가나안은 저주를 받아 그의 형제의 종들의 종이 되기를 원하노라 하고 **26.**또 이르되 셈의 하나
님 여호와를 찬송하리로다 가나안은 셈의 종이 되고 **27.**하나님이 야벳을 창대하게 하사 셈의 장막
에 거하게 하시고 가나안은 그의 종이 되게 하시기를 원하노라 하였더라

1. 의인 노아도 취하여 벌거벗었음 (= 완전한 인간은 없음)

20-21절= "노아가 농사를 시작하여 포도나무를 심었더니 포도주를 마시고 취하여 그 장막 안에서 벌거벗은지라"

2. 함과 달리 셈과 야벳은 아버지의 허물을 덮었음 (= 허물을 덮어주는 자가 되어야 함)

22절= "가나안의 아버지 함이 그의 아버지의 하체를 보고 밖으로 나가서 그의 두 형제에게 알리매"

23절= "셈과 야벳이 옷을 가져다가 자기들의 어깨에 메고 뒷걸음쳐 들어가서 그들의 아버지의 하체를 덮었으며 그들이 얼굴을 돌이키고 그들의 아버지의 하체를 보지 아니하였더라"

3. 노아가 깨어 함의 아들을 저주하였음 (= 의인의 실수는 악인의 죄와 같지 않음)

24-25절= "노아가 술이 깨어 그의 작은 아들이 자기에게 행한 일을 알고 이에 이르되 가나안은 저주를 받아 그의 형제의 종들의 종이 되기를 원하노라 하고"

◈◈◈

【대지 유형】 주제 설명형 - 본문 묶음형 - 대지 심화형

【주제】 (적용) 의인도 실수할 수 있으므로 조심해야 하고 우리는 허물을 덮어주는 자가 되어야 한다.

【FCF】 많은 신앙인들이 남의 허물을 덮어주는 아량이 부족함.
【서론】 우리의 상상을 초월하는 홍수 사건= 엄청나다. 노아 가족이 받았을 정신적 영적 충격= 상상하기 어렵다. 본문은 홍수 후 의인 노아가 술 취해 수치를 드러낸 사건. 취한 상태= 우리는 오히려 새 술에 취해야 한다. 잠든 상태 = 영적으로 일할 그가 육신에 빠져있는 모습을 의미. 벌거벗은 상태= 옷은 행실을 상징. 의의 옷이 아닌 죄악의 옷을 입은 상태. 오늘 성도들의 영적 상태= 영적 도전을 받지 않는 상태, 노아의 경우, 일거리가 없는 상태여서 잠들고 말았다.
【우산질문】 노아의 실수 사건이 우리에게 주는 교훈을 몇가지로 정리해보자.

【1대지】 인간은 완전할 수 없다. 홍수전 노아는 "의인이요 당대에 완전한 자라"(창 6:8-9). 왜 취하고 벌거벗었는가? ①홍수 전에 비해 영적인 도전을 받지 않은 상태. 우리에게도 항상 긴장과 어려움과 심지어 핍박이 필요함. ②일거리가 없는 상태. 또 다른 방주 짓는 일이 있어야 한다. 하나님을 향한 일거리가 없으면 영적 파산이 되기 쉽다. 노아의 위대함은 혹 숭배의 대상이 될 수도 있음. 하지만 그는 완전하지 않다. 모세도, 베드로도 실수가 있었다. 선 줄로 생각하는 자는 넘어질까 조심하라.
【2대지】 모든 사람이 허물 있다. 함과 달리 셈과 야벳은 뒷걸음. 그들은 아버지의 실수를 감추고, 실수에 대한 책임을 자기들이 담당했다. 아버지의 허물을 덮어주는 것은 효도 중에 효도이다. 지금 세상은 들추어내는 사람은 많아도 덮어주는 사람은 적다.
【3대지】 노아는 함의 태도에 왜 화를 냈을까? 함은 아버지의 실수를 보고 자신의 죄를 정당화시키려고 했을 것. 악인들은 의인들의 실수를 좋아하며 그것을 이용하여 자기들의 죄를 정당화시킨다. 함은 아마 상습적으로 술에 취했고 자주 책망을 받았을 것. 어떤 주석가는 함의 근친상간의 결과= 가나안. 의인의 실수와 악인의 죄악은 같을 수 없다. 의인의 실수는 대중들에게 용기와 희망을 주기도 한다.
【결론】 우리는 의인의 실수를 보면서 그것을 악용하기보다는 희망과 용기를 얻는 중요한 교훈으로 삼아야 한다.

- 절기, 용도, 장르, 특징:
- Key Word: 의인의 실수, 허물을 덮어주자.
- Remarks:

본문 : **창 12:1-9**
제목 : **부름받아 나선 아브라함 (The Call of Abraham)**

1.여호와께서 아브람에게 이르시되 너는 너의 고향과 친척과 아버지의 집을 떠나 내가 네게 보여 줄 땅으로 가라 **2.**내가 너로 큰 민족을 이루고 네게 복을 주어 네 이름을 창대하게 하리니 너는 복이 될지라 **3.**너를 축복하는 자에게는 내가 복을 내리고 너를 저주하는 자에게는 내가 저주하리니 땅의 모든 족속이 너로 말미암아 복을 얻을 것이라 하신지라 **4.**이에 아브람이 여호와의 말씀을 따라갔고 롯도 그와 함께 갔으며 아브람이 하란을 떠날 때에 칠십오 세였더라 **5.**아브람이 그의 아내 사래와 조카 롯과 하란에서 모은 모든 소유와 얻은 사람들을 이끌고 가나안 땅으로 가려고 떠나서 마침내 가나안 땅에 들어갔더라 **6.**아브람이 그 땅을 지나 세겜 땅 모레 상수리나무에 이르니 그 때에 가나안 사람이 그 땅에 거주하였더라 **7.**여호와께서 아브람에게 나타나 이르시되 내가 이 땅을 네 자손에게 주리라 하신지라 자기에게 나타나신 여호와께 그가 그 곳에서 제단을 쌓고 **8.**거기서 벧엘 동쪽 산으로 옮겨 장막을 치니 서쪽은 벧엘이요 동쪽은 아이라 그가 그 곳에서 여호와께 제단을 쌓고 여호와의 이름을 부르더니 **9.**점점 남방으로 옮겨갔더라

1. 하나님께서 고향을 떠나라 하심 (= 하나님의 부르심)

1절= "여호와께서 아브람에게 이르시되 너는 너의 고향과 친척과 아버지의 집을 떠나 내가 네게 보여 줄 땅으로 가라"

2. 하나님의 위대한 약속이 뒤따름 (= 하나님의 약속)

2-3절= "내가 너로 큰 민족을 이루고 네게 복을 주어 네 이름을 창대하게 하리니 너는 복이 될지라 너를 축복하는 자에게는 내가 복을 내리고 너를 저주하는 자에게는 내가 저주하리니 땅의 모든 족속이 너로 말미암아 복을 얻을 것이라 하신지라"

3. 하나님의 명령대로 가나안 땅에 들어갔음 (= 하나님께 순종함)

5절= "아브람이 그의 아내 사래와 조카 롯과 하란에서 모은 모든 소유와 얻은 사람들을 이끌고 가나안 땅으로 가려고 떠나서 마침내 가나안 땅에 들어갔더라"

◈◈◈

【대지 유형】 주제 설명형 - 본문 묶음형 - 대지 진전형
【주제】 (석의) 부름받아 나선 아브라함은 하나님의 명령을 철저히 순종함으로 믿음의 조상이 되었다.
【FCF】 많은 신앙인들이 하나님의 부르심 앞에서 순종하지 못함.

【서론】 하나님은 세상으로부터 자기 백성을 불러내신다. 본문은 역사상 가장 중요한 시기, 가장 중요한 인물 아브라함 이야기. 하나님은 셈의 후예 중 한 사람 아브라함을 선택하심. 그의 아비 데라는 하란에서 죽음. 그의 아내 사래

는 아이 없음. 후손을 애타게 그리는 모습을 웅변적으로 보여줌. 후손이 없으면 그의 이름이 끝나고, 노년에 의지할 데가 없게 되고, 장례에 문제가 생김(사후 영혼의 well-being). 그런데 그에게 아들을 약속하시는 하나님. 이제 새 시대가 열린다. 참 삶은 가나안에서 시작된다.

【우산질문】 부름받아 나선 아브라함의 삶을 살펴보자.

【1대지】 가라! 우르 출발-하란에 정착-다시 가나안으로 옮겨간 아브라함. 믿음의 테스트로서 신적 명령을 주심. 모든 것을 포기하도록 요구하시는 청천벽력 같은 명령. 믿음은 곧 순종이나. 아브라함은 믿음의 조상으로서 연단이 필요했음. 우리 믿음의 본질이 바로 여기에. 하나님의 말씀이 어느 날 내게 온다! 하나님의 부르심=①하나님과 더 가까운 친교에로의 부르심 ②우리를 우리 자신의 과거로부터 떠나오라는 부르심 ③외로움으로의 부르심. 우리 중 많은 사람이 하나님에 의해 사용되지 못하는 이유는? 감히 혼자 되기 두려워 함, 친척 친지들과 헤어지는 것의 두려움, 우리의 전통적인 삶이나 숨겨둔 죄악을 떠나오라는 부르심. 많은 신앙인들이 떠날 엄두를 못내고 있음. 하나님 음성을 듣자, "떠나라!"
【2대지】 하나님의 위대한 약속이 따른다= ①위대한 나라, ②위대한 이름, ③복의 근원, 땅의 모든 족속에게 복이 된다. 개인→나라→전 세계로 확장되어 간다. 주님의 부르심에는 고통과 고독과 희생이 있지만 엄청난 약속이 주어진다. 하나님의 위로와 하나님의 동행, 그리고 하나님의 보상이 있다. 그리스도께서 주시는 선물들: 쉼, 왕국 열쇠, 악한 영을 이기는 능력, 생수, 하늘 양식, 영생, 그리고 평안. 할렐루야!
【3대지】 우리도 부름받아 나왔다. 세상, 공중권세 잡은 자의 세력권에서 교회(에클레시아)로 불려 나왔다. 이제는 망설일 수 없다. 데라처럼 하란에 주저앉을 수 없다. "마침내 가나안 땅에 들어갔다," 이 말이 우리의 성공담이 되어야. 빌 1:6, "너희 속에 착한 일을 시작하신 이가 그리스도 예수의 날까지 이루실 줄을 우리가 확신하노라."
【결론】 우린 아브라함보다 훨씬 더 주의 날에 가까운 시대에 산다. 이미 모든 비밀이 밝혀졌다. 위대한 나라, 위대한 이름, 만방의 복= 예수 그리스도로 말미암아 전파된다. 우리는 그 아브라함의 복 때문에 여기 이렇게 나와 있다. 성령의 도우심을 받아 저기 보이는 가나안을 향해 전진 또 전진하자.

- 절기, 용도, 장르, 특징: 헌신예배.
- Key Word: 소명, 아브라함.
- Remarks:

본문 : **창 12:1-9**
제목 : **아브라함에게 주신 약속 (Goe's Promises to Abraham)**

1.여호와께서 아브람에게 이르시되 너는 너의 고향과 친척과 아버지의 집을 떠나 내가 네게 보여 줄 땅으로 가라 **2.**내가 너로 큰 민족을 이루고 네게 복을 주어 네 이름을 창대하게 하리니 너는 복이 될 지라 **3.**너를 축복하는 자에게는 내가 복을 내리고 너를 저주하는 자에게는 내가 저주하리니 땅의 모든 족속이 너로 말미암아 복을 얻을 것이라 하신지라 **4.**이에 아브람이 여호와의 말씀을 따라갔고 롯도 그와 함께 갔으며 아브람이 하란을 떠날 때에 칠십오 세였더라 **5.**아브람이 그의 아내 사래와 조카 롯과 하란에서 모은 모든 소유와 얻은 사람들을 이끌고 가나안 땅으로 가려고 떠나서 마침내 가나안 땅에 들어갔더라 **6.**아브람이 그 땅을 지나 세겜 땅 모레 상수리나무에 이르니 그 때에 가나안 사람이 그 땅에 거주하였더라 **7.**여호와께서 아브람에게 나타나 이르시되 내가 이 땅을 네 자손에게 주리라 하신지라 자기에게 나타나신 여호와께 그가 그 곳에서 제단을 쌓고 **8.**거기서 벧엘 동쪽 산으로 옮겨 장막을 치니 서쪽은 벧엘이요 동쪽은 아이라 그가 그 곳에서 여호와께 제단을 쌓고 여호와의 이름을 부르더니 **9.**점점 남방으로 옮겨갔더라

1. "내가 너로 큰 민족을 이루게 하리라"고 하심 (= 씨의 약속, 온 세상의 교회)

2절= "내가 너로 큰 민족을 이루고…"

2. "내가 이 땅을 네 자손에게 주리라"고 하심 (= 땅의 약속, 신천신지)

7절= "여호와께서 아브람에게 나타나 이르시되 내가 이 땅을 네 자손에게 주리라 하신지라…"

3. "땅의 모든 족속이 너로 말미암아 복을 얻을 것이라"고 하심 (= 복의 약속, 복의 근원)

3절= "너를 축복하는 자에게는 내가 복을 내리고 너를 저주하는 자에게는 내가 저주하리니 땅의 모든 족속이 너로 말미암아 복을 얻을 것이라 하신지라"

◈◈◈

【대지 유형】 주제 설명형 - 본문 수집형 - 대지 연결형
【주제】 (석의) 하나님은 아브라함에게 씨, 땅, 복의 약속을 주셨다
(적용) 하나님은 아브라함의 후손인 교회에 하나님 나라 백성과 신천신지, 그리고 영생의 복을 약속하셨다.
【FCF】 하나님의 위대한 약속에 대한 무관심, 또는 불신 풍조.

【서론】 하나님은 역사를 주관하심. 우리 믿음도 역사적 믿음이어야. 하나님은 약속의 주님이시다. 인류 구원을 위해 한 사람 아브라함을 택하심. 단순히

그의 후손을 위한 것만이 아니다. 약속 주시기 전 먼저 철저히 구별하기를 명령하심(12:1). "모든 것을 포기하라."

【우산질문】 하나님께서 아브라함에게 주신 세 가지 위대한 약속, 그리고 그 약속이 우리에게 주시는 깊은 의미를 살펴보자.

【1대지】 창 18:18, "아브라함은 강대한 나라가 되고…" 자녀가 없던 아브라함에게 너무나 큰 약속임. 그는 이미 75세. 하지만 약속대로 후일에 이스라엘 민족이 출현됨. 다윗과 솔로몬 시대에 바다의 모래, 하늘의 별처럼 많아짐. 그의 후손 중 그리스도께서 오시고, 우리 위해 저주를 담당하셨다. 계 7:9, "아무라도 능히 셀 수 없는 큰 무리." 당신은 아브라함의 씨에 속하는가?

【2대지】 "이 땅을"= 가나안을 정복케 하심. 세겜-베델-남방. 여호수아, 다윗, 솔로몬의 역사. 가나안은 장차 올 새 하늘과 새 땅의 예표이다. '이 땅'은 아브라함의 씨 된 모든 자들이 차지할 곳이다.

【3대지】 "너를 축복하는 자"= 네게 호의를 베풀고 친절하게 하고 우정을 주는 자. "너를 저주하는 자"= 경멸, 무시하는 자, "내가 저주하리니"= curse. 모든 이방이 그로 인해 복을 받는다. 갈 3:7-9= "그런즉 믿음으로 말미암은 자들은 아브라함의 자손인 줄 알지어다. 또 하나님이 이방을 믿음으로 말미암아 의로 정하실 것을 성경이 미리 알고 먼저 아브라함에게 복음을 전하되 모든 이방인이 너로 말미암아 복을 받으리라 하였느니라. 그러므로 믿음으로 말미암은 자는 믿음이 있는 아브라함과 함께 복을 받느니라." 갈 3:13-14, "그리스도께서 우리를 위하여 저주를 받은바 되사 율법의 저주에서 우리를 속량하셨으니 기록된바 나무에 달린 자마다 저주 아래에 있는 자라 하였음이라. 이는 그리스도 예수 안에서 아브라함의 복이 이방인에게 미치게 하고 또 우리로 하여금 믿음으로 말미암아 성령의 약속을 받게 하려 함이라."

【결론】 우리의 믿음은 이처럼 역사적 근거를 갖고 있다. 아브라함에게 주신 약속= 그리스도에게서 완성된다= 마침내 우리도 여기 참여한다! 이제 우리 교회도 아브라함의 후손이 되었으니 그 땅을 바라보며 믿음의 복을 온 땅의 족속들에게 전달하는 자 되어야 한다.

- 절기, 용도, 장르, 특징:
- Key Word: 약속, 언약.
- Remarks:

본문 : **창 12:1-5; 17:5-6; 22:2**
제목 : **복의 근원이 된 아브라함**

1.여호와께서 아브람에게 이르시되 너는 너의 고향과 친척과 아버지의 집을 떠나 내가 네게 보여 줄 땅으로 가라 **2.**내가 너로 큰 민족을 이루고 네게 복을 주어 네 이름을 창대하게 하리니 너는 복이 될지라 **3.**너를 축복하는 자에게는 내가 복을 내리고 너를 저주하는 자에게는 내가 저주하리니 땅의 모든 족속이 너로 말미암아 복을 얻을 것이라 하신지라 **4.**이에 아브람이 여호와의 말씀을 따라갔고 롯도 그와 함께 갔으며 아브람이 하란을 떠날 때에 칠십오 세였더라 **5.**아브람이 그의 아내 사래와 조카 롯과 하란에서 모은 모든 소유와 얻은 사람들을 이끌고 가나안 땅으로 가려고 떠나서 마침내 가나안 땅에 들어갔더라 …… **17:5.**이제 후로는 네 이름을 아브람이라 하지 아니하고 아브라함이라 하리니 이는 내가 너를 여러 민족의 아버지가 되게 함이니라 **6.**내가 너로 심히 번성하게 하리니 내가 네게서 민족들이 나게 하며 왕들이 네게로부터 나오리라 …… **22:2.** 여호와께서 이르시되 네 아들 네 사랑하는 독자 이삭을 데리고 모리아 땅으로 가서 내가 네게 일러 준 한 산 거기서 그를 번제로 드리라

1. 여호와께서 지시하는 가나안 땅으로 갔음 (= 우상의 땅에서 복된 땅으로 옮김)

1절= "여호와께서 아브람에게 이르시되 너는 너의 고향과 친척과 아버지의 집을 떠나 내가 네게 보여 줄 땅으로 가라"
4절= "이에 아브람이 여호와의 말씀을 따라갔고…"

2. 아브람에서 아브라함으로 이름이 바뀌었음 (= 복된 사람으로 변화됨)

17:5= "이제 후로는 네 이름을 아브람이라 하지 아니하고 아브라함이라 하리니 이는 내가 너를 여러 민족의 아버지가 되게 함이니라"

3. 독자 이삭을 지시대로 번제물로 드렸음 (= 순교적 신앙 고백)

22:2= "여호와께서 이르시되 네 아들 네 사랑하는 독자 이삭을 데리고 모리아 땅으로 가서 내가 네게 일러 준 한 산 거기서 그를 번제로 드리라"

◈◈◈

【대지 유형】 주제 설명형 - 본문 수집형 - 대지 심화형
【주제】 (적용) 복된 땅으로 옮겨 사람이 거듭나 변화되고 순교적 신앙고백의 삶을 살게 될 때 우리도 복의 근원이 되는 사람이 될 수 있다.
【FCF】 많은 신앙인들이 삶으로 신앙 고백을 하는 수준에 한참 모자라는 신앙생활을 하고 있음.

【서론】 하나님은 자신을 계시하시고 인류를 구원하시기 위해 한 민족을 선택하심= 아브라함에게서 출발. 복의 근원이 될 것이라고 하심. 그의 후손 가운데 메시아를 보내실 작정. 아브라함은 먼저 자신이 복을 받고, 이어 다른 사람에게도 복을 베푸는 특별한 사람이 된다.
【우산질문】 복의 근원이 된 아브라함은 어떤 사람이었는가?

【1대지】 하나님은 왜 아브라함에게 그곳을 떠나라 하셨는가? 그곳(우상의 땅, 어두움의 장소)에서는 복을 받을 수 없기 때문이다. 저주받은 곳에서 떠나 복된 장소로 가야 복된 소식, 복된 친구, 복된 삶으로…. 빛과 사랑이 있는 곳에 가야 빛의 사람, 사랑의 사람이 될 수 있다. 가나안 땅=젖과 꿀이 흐르는 땅, 출 3:8; 신 26:9. 고향 친척 부모를 떠난다는 것은 매우 어려운 일이다. 하지만 먼저 세상과 인연을 끊어버리는 아픔을 가지고 지시하는 곳으로 가야 한다. 이미 75세의 아브라함= 약속만 믿고 출발. 7절에 하나님이 찾아오심, 8절에 단을 쌓고 하나님 이름을 불렀음.
【2대지】 17:15, 사라의 이름이 바뀜. 이름 변경= 그 사람 자신이 바뀜. 두 사람이 바뀌니까 그 집에 아들이 생겨남(열국의 아비, 열국의 어미). 우리의 이름은 '성도'= 우리가 붙인 이름이 아님= 우리 모습 자체가 복된 이름. 여러분의 이름은 복된 이름인가? 사람들이 여러분을 무어라고 부르는가? 믿음의 사람, 감사의 사람, 진실의 사람…? 복의 근원은 나 자신의 변화에서 시작된다. 아브라함은 하갈과의 관계 때문에 13년 동안 하나님의 계시를 받지 못함= 그가 아직 덜 되었기 때문. 17:1= 약속의 씨는 특별한 하나님의 은혜로 주신다.
【3대지】 모리아 산에서의 이삭을 바친 사건= 순교적인 신앙고백= 믿음의 아버지가 되게 함. 아브라함은 공적인 업적은 없으나, 개인적인 신앙의 본보기가 된다. 하나님은 이 사건을 매우 귀하게 여기셨다(22:12; 15-18). 아브라함은 우리 신앙의 기초를 놓은 사람. 우리가 사도들의 신앙고백을 중요하게 여기는 이유는 그들이 신앙의 기초를 놓아주었기 때문.
【결론】 우린 아브라함의 자녀. 그의 믿음과 그의 순종을 본받자. 우리에게 신앙고백이 있어야 한다. 우린 복의 근원. 당신에게 그리스도를 이렇게 사랑했다는 증거가 있는가?

- 절기, 용도, 장르, 특징:
- Key Word: 복, 복의 근원.
- Remarks:

본문 : **창 12:10-20**
제목 : **아브라함의 거짓말 사건이 주는 교훈**

10.그 땅에 기근이 들었으므로 아브람이 애굽에 거류하려고 그리로 내려갔으니 이는 그 땅에 기근이
심하였음이라 **11.**그가 애굽에 가까이 이르렀을 때에 그의 아내 사래에게 말하되 내가 알기에 그대
는 아리따운 여인이라 **12.**애굽 사람이 그대를 볼 때에 이르기를 이는 그의 아내라 하여 나는 죽이고
그대는 살리리니 **13.**원하건대 그대는 나의 누이라 하라 그러면 내가 그대로 말미암아 안전하고 내
목숨이 그대로 말미암아 보존되리라 하니라 **14.**아브람이 애굽에 이르렀을 때에 애굽 사람들이 그
여인이 심히 아리따움을 보았고 **15.**바로의 고관들도 그를 보고 바로 앞에서 칭찬하므로 그 여인을
바로의 궁으로 이끌어들인지라 **16.**이에 바로가 그로 말미암아 아브람을 후대하므로 아브람이 양과
소와 노비와 암수 나귀와 낙타를 얻었더라 **17.**여호와께서 아브람의 아내 사래의 일로 바로와 그 집
에 큰 재앙을 내리신지라 **18.**바로가 아브람을 불러서 이르되 네가 어찌하여 나에게 이렇게 행하였
느냐 네가 어찌하여 그를 네 아내라고 내게 말하지 아니하였느냐 **19.**네가 어찌 그를 누이라 하여 내
가 그를 데려다가 아내를 삼게 하였느냐 네 아내가 여기 있으니 이제 데려가라 하고 **20.**바로가 사람
들에게 그의 일을 명하매 그들이 그와 함께 그의 아내와 그의 모든 소유를 보내었더라

1. 애굽으로 내려간 것이 거짓말하게 된 근본 원인이 됨 (= 거짓말은 영적 간음행위의 결과)

10절= "그 땅에 기근이 들었으므로 아브람이 애굽에 거류하려고 그리로 내려갔으니 이는 그 땅에 기근이 심하였음이라"

2. 자신의 안전을 위해 아내를 누이라 함 (= 죄의식이 발달치 못한 영적 상태)

12-13절= "애굽 사람이 그대를 볼 때에 이르기를 이는 그의 아내라 하여 나는 죽이고 그대는 살리리니 원하건대 그대는 나의 누이라 하라 그러면 내가 그대로 말미암아 안전하고 내 목숨이 그대로 말미암아 보존되리라"

3. 여호와께서 사래의 일로 오히려 바로에게 큰 재앙을 내리심 (= 하나님의 은혜의 풍성함을 보이심)

17절= "여호와께서 아브람의 아내 사래의 일로 바로와 그 집에 큰 재앙을 내리신지라 "

◈◈◈

【대지 유형】 주제 설명형 - 본문 묶음형 - 대지 반전형

【주제】 (석의) 아브라함의 거짓말 사건을 통해 하나님은 오히려 은혜의 풍성함을 드러내신다.

【FCF】 많은 신앙인들이 자신들의 부족함에도 불구하고 풍성한 은혜를 내리시는 하나님께 감사하지 않고 있음.

【서론】 우린 큰 것 작은 것을 구별하는 경향이 크지만, 죄에는 큰 죄 작은 죄

가 없다. 죄인이지 큰 죄인 작은 죄인이 따로 없다. 모든 죄의 근원이 거짓에서 출발한다. 인간의 거짓말하는 속성은 고치기 어렵다. 마귀= 거짓의 아비(요 8:44). 거짓말은 가장 무서운 병이다. 거짓말에는 모든 죄를 대표하는 상징성이 있다. 본문에 기록된 아브라함의 거짓말은 엄청난 파장을 몰고 왔다.
【우산질문】 아브라함의 거짓말 사건이 주는 교훈에 대하여 살펴보자.

【1대지】 사라= 새 생명을 얻은 우리 자신을 상징= 하나님의 신부된 자들. 사라를 내어놓은 것은 영적 간음 행위이다. 사라 없는 아브라함은 껍데기에 불과. 여기 애굽은 세상을 의미. 애굽으로 내려가는 순간 하나님과의 단절이 왔다. 15-16절. 창 13:1-4, 애굽에서 나온 후 여호와의 이름을 불렀다. 그는 육적인 것을 얻기 위해 영적인 것을 몽땅 잃어버릴 뻔했다. 갈 4:22= 두 아들 중 하나는 계집종에게서 육체를 따라 낳고 또 하나는 자유하는 여자에게서 약속으로….
【2대지】 12-13절만 보면 크게 잘못한 것은 없는 것 같다. 목숨 위해 어쩔 수 없다? 이런 생각은 다 육적인 생각에서 나온 발상임. 영적으로 보면 큰 죄가 아닐 수 없다. 성도는 신앙 문제가 최우선 관심사이다. 세상이 가는 길과 우리가 가는 길이 전혀 다르다. 세상과 우리는 죄를 다루는 기준 자체가 전혀 다르다. 구원으로 가는 길은 죄의식에서부터 출발한다. 아브라함은 자신이 죄인임을 자각할 필요가 있었다. 하나님은 아브라함을 그럴 수밖에 없는 상황으로 몰고 갔다. 자신의 한계를 빨리 느껴야 함. 특히 아내 사라는 보통 사람이 아님= 그녀를 통해 하늘의 백성이 일어날 것이었음. 다른 모든 것을 잃어도 사라만큼은 양보해선 안 되는 문제였다!
【3대지】 잘못은 아브라함이 했는데 하나님은 오히려 바로를 혼내셨다. 대 반전이다. 풍성한 은혜는 죄를 통해서 알게 된다. 용서를 빌어야 할 쪽은 아브라함인데 오히려 바로가 용서를 빌었다. 20장에는 분명 아브라함이 거짓말 했는데도 오히려 아비멜렉이 야단을 맞았고 용서를 빌어야 했다. 아브라함이 그들을 용서하고 나니 그제서야 큰 재앙이 사라졌다. 중요한 것은 누가 잘못했느냐가 아니라 은혜의 풍성함을 드러내는 데 있다.
【결론】 거짓은 모든 죄를 대표하는 상징성이 있다. 하나님은 어떤 상황에서도 은혜의 풍성함을 나타내신다.

- 절기, 용도, 장르, 특징:
- Key Word: 거짓말, 은혜.
- Remarks:

본문 : **창 13:5-18**

제목 : **아브라함과 롯의 영안(靈眼) 이야기**
(If You Take the Left, Then I'll go to the Right)

5.아브람의 일행 롯도 양과 소와 장막이 있으므로 **6.**그 땅이 그들이 동거하기에 넉넉하지 못하였으
니 이는 그들의 소유가 많아서 동거할 수 없었음이니라 **7.**그러므로 아브람의 가축의 목자와 롯의 가
축의 목자가 서로 다투고 또 가나안 사람과 브리스 사람도 그 땅에 거주하였는지라 **8.**아브람이 롯에
게 이르되 우리는 한 친족이라 나나 너나 내 목자나 네 목자나 서로 다투게 하지 말자 **9.**네 앞에 온
땅이 있지 아니하냐 나를 떠나가라 네가 좌하면 나는 우하고 네가 우하면 나는 좌하리라 **10.**이에 롯
이 눈을 들어 요단 지역을 바라본즉 소알까지 온 땅에 물이 넉넉하니 여호와께서 소돔과 고모라를 멸
하시기 전이었으므로 여호와의 동산 같고 애굽 땅과 같았더라 **11.**그러므로 롯이 요단 온 지역을 택
하고 동으로 옮기니 그들이 서로 떠난지라 **12.**아브람은 가나안 땅에 거주하였고 롯은 그 지역의 도
시들에 머무르며 그 장막을 옮겨 소돔까지 이르렀더라 **13.**소돔 사람은 여호와 앞에 악하며 큰 죄인
이었더라 **14.**롯이 아브람을 떠난 후에 여호와께서 아브람에게 이르시되 너는 눈을 들어 너 있는 곳
에서 북쪽과 남쪽 그리고 동쪽과 서쪽을 바라보라 **15.**보이는 땅을 내가 너와 네 자손에게 주리니
영원히 이르리라 **16.**내가 네 자손이 땅의 티끌 같게 하리니 사람이 땅의 티끌을 능히 셀 수 있을진
대 네 자손도 세리라 **17.**너는 일어나 그 땅을 종과 횡으로 두루 다녀 보라 내가 그것을 네게 주리라
18.이에 아브람이 장막을 옮겨 헤브론에 있는 마므레 상수리 수풀에 이르러 거주하며 거기서 여호와
를 위하여 제단을 쌓았더라

1. 롯의 눈에는 소돔 지역이 여호와의 동산 같았음 (= 영적 세계는 영안이 열린 사람만이 볼 수 있음)

10절= "이에 롯이 눈을 들어 요단 들을 바라본즉 소알까지 온 땅에 물이 넉넉하니… 여호와의 동산 같고 애굽 땅과 같았더라"

2. 아브라함은 다툼을 피하고 싶어했음 (= 문제 가운데 다툼을 피해야 영안(靈眼)이 밝아짐)

8절= "아브람이 롯에게 이르되, 우리는 한 골육이라 나나 너나 내 목자나 네 목자나 서로 다투게 말자"

3. 아브라함은 롯에게 양보할 준비를 갖추었음 (= 영안이 열린 성도가 갖는 믿음의 여유)

9절= "네 앞에 온 땅이 있지 아니하냐 나를 떠나가라 네가 좌하면 나는 우하고 네가 우하면 나는 좌하리라"

◆◆◆

【대지 유형】 주제 설명형 - 본문 수집형 - 대지 연결형
【주제】 (적용) 아브라함처럼 영안이 열린 성도는 영적 세계를 볼 수 있고, 믿음의 여유를 나타낸다.
【FCF】 영안이 닫혀있어 영적 세계를 보지 못하고 있는 교인들의 모습.

【서론】 본문은 '눈 뜨는 것'에 대한 이야기다. 신앙생활 특히 교회 생활을 통하여 말씀을 배워가며 성도의 교제 가운데 거하면서 새 가족의 영적 안목은 점점 분명해져 간다. 영안이 열려가는 것. 우리가 예수님을 주님으로 영접하고 거듭나는 순간 우리의 영안은 열리는 것이다. 이것은 구약의 성도들의 경우도 동일하다. 그들은 하나님의 언약을 믿고 하나님의 백성이 되어 하나님의 세계를 경험할 수 있었다. 본문에 나오는 아브라함과 롯의 이야기에서 이 중요한 원리를 발견한다.
【우산질문】 말씀을 통하여 영적 세계에 대한 새로운 개념을 갖자.

【1대지】 본문은 영적 세계에 눈을 뜬 성도와 그렇지 못한 사람 간에 일어난 이야기. 두 사람은 각자가 가야 할 땅을 바라본다. 롯은 하나님의 세계를 보는 눈이 없었다. 자기 눈, 육적인 눈으로 보고 여호와의 동산인 것처럼 생각했다. 그러나 아브라함은 자기 눈으로 본 것이 아니라 하나님께서 보여 주시는 것을 보았다. 영안이 열려야 한다. 이미 가진 영적 눈을 더욱 밝게 해야. 그래야 후회하지 않는 삶을 살 수 있다.
【2대지】 하나님은 우리에게 영적 세계를 보는 눈을 키우도록 삶의 문제들을 허용하신다. 다른 사람과 싸우다 보면 하나님의 세계를 보는 눈이 닫힌다. 문제 가운데 다툼을 피해야 영안이 밝아지게 되는 것. "우리는 한 골육이라 나나 너나 내 목자나 네 목자나 서로 다투게 말자"
【3대지】 아브라함이 조카에게 보여준 여유는 실제로는 쉽지 않은 것이다. 하나님은 이처럼 믿음으로 양보한 아브라함에게 놀라운 약속을 주신다(14, 15, 16절).
【결론】 여러분은 영안이 열려 있는가? 하나님의 세계에 펼쳐지고 있는 엄청난 구속의 역사를 보고 있나?

- 절기, 용도, 장르, 특징:
- Key Word: 영안, 네가 좌하면 나는 우하고.
- Remarks:

본문 : **창 17:9-14**
제목 : **할례 믿음 (You Shall Be Circumcised)**

9.하나님이 또 아브라함에게 이르시되 그런즉 너는 내 언약을 지키고 네 후손도 대대로 지키라 **10.**너희 중 남자는 다 할례를 받으라 이것이 나와 너희와 너희 후손 사이에 지킬 내 언약이니라 **11.**너희는 포피를 베어라 이것이 나와 너희 사이의 언약의 표징이니라 **12.**너희의 대대로 모든 남자는 집에서 난 자나 또는 너희 자손이 아니라 이방 사람에게서 돈으로 산 자를 막론하고 난 지 팔 일 만에 할례를 받을 것이라 **13.**너희 집에서 난 자든지 너희 돈으로 산 자든지 할례를 받아야 하리니 이에 내 언약이 너희 살에 있어 영원한 언약이 되려니와 **14.**할례를 받지 아니한 남자 곧 그 포피를 베지 아니한 자는 백성 중에서 끊어지리니 그가 내 언약을 배반하였음이니라

1. 할례는 언약의 표징으로 포피를 베는 것임 (= 피 믿음)

11절= "너희는 포피를 베어라 이것이 나와 너희 사이의 언약의 표징이니라"

2. "대대로 모든 남자는 할례를 받으라"고 하심 (= 겸비한 믿음)

12절= "너희의 대대로 모든 남자는 집에서 난 자나 또는 너희 자손이 아니라 이방 사람에게서 돈으로 산 자를 막론하고 난 지 팔 일 만에 할례를 받을 것이라"

3. "내 언약이 너희 살에 있어 영원한 언약이 되리라"고 하심 (= 변치 않는 믿음)

13절= "… 이에 내 언약이 너희 살에 있어 영원한 언약이 되려니와"

◈◈◈

【대지 유형】 주제 설명형 - 본문 분석형 - 대지 심화형
【주제】 (석의) 언약의 표징으로 포피를 잘라내라고 하신 하나님의 명령에 절대 순종하는 할례 믿음은 피의 믿음이고 겸비한 믿음이다. 할례 믿음은 변하지 않는 믿음이고 천국 백성의 새 믿음이다.
【FCF】 많은 신앙인들이 하나님의 불변하는 언약을 온전히 믿지 못하고 흔들림.

【서론】 '할례' 의식 속에는 우리 믿음의 진수가 들어 있다. 할례는 언약의 표징이라는 의미 외에 하나님의 선민을 주변의 이방인들로부터 구별한다는 의미가 있다. 그러므로 할례를 받으라는 명령 속에는 자신을 죄와 세상으로부터 구별하여 하나님의 온전한 백성으로서의 거룩한 삶을 살라는 의미가 내포되어 있다.

【우산질문】 이스라엘 백성에게 할례 의식을 제정하신 하나님의 의도는? 하나님이 자기 백성에게 요구하시는 할례 믿음은 어떤 것?

【1대지】 할례 의식은 하나님과 자기 백성 사이에 맺은 언약의 표징이다. 그런데 이 하나님의 언약은 단순히 인간들 사이에 오가는 계약과는 달리, 피로 맺어진 결합(Bond in blood)이다. 할례받는 믿음은 피의 믿음이다. 할례 믿음을 가지자. 주님의 보혈을 의지하여 죄악을 잘라내는 영적인 할례, 곧 마음의 할례를 받자. 그리하여 세상과 죄악으로부터 자신을 구별하고 하나님의 언약 백성으로서의 거룩한 삶을 살기 시작하라.

【2대지】 아브라함의 자손뿐 아니라 이방 사람에게서 돈으로 산 자라도 모두 할례를 받으라고 하신다. 할례 믿음은 하나님께서 정하신 대로 무조건 순종하는 겸비한 믿음. 남자의 가장 부끄러운 부분을 드러내서 제거한다는 의미. 약점이 드러나는 것이고, 부끄러움이 노출되는 것. 하나님 앞에서 겸비해지고 약한 모습이 그분 앞에 모두 노출되는 것. 이처럼 할례 믿음은 하나님께 대한 굴복의 믿음이요 겸비한 믿음이다.

【3대지】 할례 의식의 특징 중 하나는 그것이 '살(flesh)'에 표시한 것이기에 죽기까지 사라지지 않는다는 것. 살을 베면 안 되고 문신도 안 된다. 그러나 언약의 표징인 할례를 시행하면서 가죽을 베어내는 것은 하나님의 명령이다. 몸에 흔적을 가지라는 것. 몸에 새겨놓고 영원히 기억하라는 말씀이다.

【결론】 잘라내는 것은 원래의 내 모습을 잘라버리고 새로운 모습으로 하나님 앞에 서는 절차이다. 할례 의식은 신약에서 세례 의식으로 대신 된다. 마음의 할례, 곧 자기의 죄를 진심으로 회개하고 죄와 부패한 옛 생활로부터 단절하는 결단 없이는 구원의 반열에 설 수 없다. 언약의 표징으로 포피를 잘라내라고 하신 하나님의 명령에 절대 순종하는 할례 믿음은 피의 믿음이고 겸비한 믿음이다. 할례 믿음은 변하지 않는 믿음이고 천국 백성의 새 믿음이다. 언약 백성인 우리가 하나님의 말씀에 순종하지 않고도 구원에 이를 길은 없다. 우리 모두 피의 믿음으로, 영원히 변하지 않는 겸손한 믿음의 자세로, 그리고 새로운 피조물로서 하나님 앞에 서야 하겠다.

- 절기, 용도, 장르, 특징: 상징주의 해석.
- Key Word: 할례, 세례, 피.
- Remarks:

본문 : **창 18:22-33**
제목 : **타락한 도시를 위한 중보기도 (Abraham Pleads for Sodom)**

22.그 사람들이 거기서 떠나 소돔으로 향하여 가고 아브라함은 여호와 앞에 그대로 섰더니 **23.**아
브라함이 가까이 나아가 이르되 주께서 의인을 악인과 함께 멸하려 하시나이까 **24.**그 성 중에 의
인 오십 명이 있을지라도 주께서 그 곳을 멸하시고 그 오십 의인을 위하여 용서하지 아니하시리이까
25.주께서 이같이 하사 의인을 악인과 함께 죽이심은 부당하오며 의인과 악인을 같이 하심도 부당하
니이다 세상을 심판하시는 이가 정의를 행하실 것이 아니니이까 **26.**여호와께서 이르시되 내가 만일
소돔 성읍 가운데에서 의인 오십 명을 찾으면 그들을 위하여 온 지역을 용서하리라 **27.**아브라함이
대답하여 이르되 나는 티끌이나 재와 같사오나 감히 주께 아뢰나이다 **28.**오십 의인 중에 오 명이 부
족하다면 그 오 명이 부족함으로 말미암아 온 성읍을 멸하시리이까 이르시되 내가 거기서 사십오 명
을 찾으면 멸하지 아니하리라 **29.**아브라함이 또 아뢰어 이르되 거기서 사십 명을 찾으시면 어찌 하
려 하시나이까 이르시되 사십 명으로 말미암아 멸하지 아니하리라 **30.**아브라함이 이르되 내 주여
노하지 마시옵고 말씀하게 하옵소서 거기서 삼십 명을 찾으시면 어찌 하려 하시나이까 이르시되 내
가 거기서 삼십 명을 찾으면 그리하지 아니하리라 **31.**아브라함이 또 이르되 내가 감히 내 주께 아
뢰나이다 거기서 이십 명을 찾으시면 어찌 하려 하시나이까 이르시되 내가 이십 명으로 말미암아 그
리하지 아니하리라 **32.**아브라함이 또 이르되 주는 노하지 마옵소서 내가 이번만 더 아뢰리이다 거
기서 십 명을 찾으시면 어찌 하려 하시나이까 이르시되 내가 십 명으로 말미암아 멸하지 아니하리라
33.여호와께서 아브라함과 말씀을 마치시고 가시니 아브라함도 자기 곳으로 돌아갔더라

1. 하나님은 소돔으로 향하여 가심 (= 죄악 도성 심판)

16절= "그 사람들이 거기서 일어나서 소돔으로 향하고 아브라함은 그들을 전송하러 함께 나가니라"
22절= "그 사람들이 거기서 떠나 소돔으로 향하여 가고 아브라함은 여호와 앞에 그대로 섰더니"

2. 아브라함이 소돔 심판을 막아섬 (= 중보기도)

22절= "그 사람들이 거기서 떠나 소돔으로 향하여 가고 아브라함은 여호와 앞에 그대로 섰더니"

3. 오늘 이 도시를 가슴에 안을 사람은 누구인가? (= 급구: 중보기도자)

◈◈◈

【대지 유형】 주제 설명형 - 본문 묶음형 - 대지 혼재형(2+1)
【주제】 (적용) 아브라함처럼 소돔 같은 우리의 도시를 위해 중보 기도하는 사람들이 필요하다.
【FCF】 많은 신앙인들이 도시의 죄악을 가슴 아파하지도 않고 중보 기도하는 일에 무관심함.

【서론】 예수님의 사역은 도시를 중심으로 이루어졌다. 갈릴리 지방의 전도는 당시 그 지방의 중심도시였던 가버나움을 중심으로 전개되었고, 주님의 최후 사역은 나라의 수도인 예루살렘에서 마감되었다. 도시는 하나님의 공의보다 어둠의 세력이 더욱 기승을 부리는 장소. 그리하여 언제라도 하나님의 심판에 노출되어 있다.
【우산질문】 본문에서 우리는 죄악의 도성을 심판하기 위해 가시는 하나님의 모습과 그 하나님의 진노의 채찍 앞에 자신의 몸을 내던져 간구하는 아브라함의 중보 기도의 감동적인 모습을 본다. 본문의 말씀이 우리에게 주는 도전이 무엇인가?

【1대지】 소돔 성의 이름에서 가져온 'sodomite'란 말이 동성연애자를 뜻하는 남색자(男色者)임을 아는가? 거룩, 공의로우신 하나님은 죄악의 도성을 향해 진노의 채찍을 높이 드신다. 이제 그 매를 내리치려는 순간에 놓여 있었다. 진정 타락한 도시 소돔을 구할 수 있는 길은 없는 것인가?
【2대지】 소돔을 향한 하나님의 심판을 막아선 아브라함은 죄악 도성을 가슴에 안고 하나님의 자비를 부르짖은 위대한 '중보기도자'였다. "아브라함이 또 이르되 주는 노하지 마옵소서 내가 이번만 더 아뢰리이다 거기서 십 명을 찾으시면 어찌 하려 하시나이까?" 이런 기도가 다시 없다. 전능하신 하나님께 인간이 어떻게 감히 이따위 염치없고 건방진 요구를 여섯 번씩이나 할 수 있단 말인가? 이것은 아브라함의 간절함을 보여준다.
【3대지】 이 소제목이 부담스런가? 하지만 본문은 족장 아브라함의 모습을 통하여 우리에게 도전적인 메시지를 주고 있다. 이 나라, 이 도시를 가슴에 품고 피를 토하며 중보기도하는 제2, 제3의 아브라함들이 나와야 한다.
【결론】 우리 하나님은 이 땅을 위하여 가슴 시리게 아파하며 기도하는 사람을 찾고 계신다. 훗날 하늘나라에서 숨겨진 역사의 모든 뚜껑이 열리고 모든 과장과 왜곡과 가짜의 베일이 벗겨졌을 때, 우리가 엎드려 기도했던 것들만이 가을나무에 매달린 풍성한 열매처럼 꽉 찰 것이다.

- 절기, 용도, 장르, 특징: 국가 위한 기도회, 도시 위한 기도회.
- Key Word: 의인 열 명.
- Remarks:

본문 : **창 19:1-3, 14-23, 27-29**
제목 : **불 심판에서 구원받은 롯**

1.저녁 때에 그 두 천사가 소돔에 이르니 마침 롯이 소돔 성문에 앉아 있다가 그들을 보고 일어나 영접하고 땅에 엎드려 절하며 **2.**이르되 내 주여 돌이켜 종의 집으로 들어와 발을 씻고 주무시고 일찍이 일어나 갈 길을 가소서 그들이 이르되 아니라 우리가 거리에서 밤을 새우리라 **3.**롯이 간청하매 그제서야 돌이켜 그 집으로 들어오는지라 롯이 그들을 위하여 식탁을 베풀고 무교병을 구우니 그들이 먹으니라 …… **14.**롯이 나가서 그 딸들과 결혼할 사위들에게 말하여 이르기를 여호와께서 이 성을 멸하실 터이니 너희는 일어나 이 곳에서 떠나라 하되 그의 사위들은 농담으로 여겼더라 **15.**동틀 때에 천사가 롯을 재촉하여 이르되 일어나 여기 있는 네 아내와 두 딸을 이끌어 내라 이 성의 죄악 중에 함께 멸망할까 하노라 **16.**그러나 롯이 지체하매 그 사람들이 롯의 손과 그 아내의 손과 두 딸의 손을 잡아 인도하여 성 밖에 두니 여호와께서 그에게 자비를 더하심이었더라 **17.**그 사람들이 그들을 밖으로 이끌어 낸 후에 이르되 도망하여 생명을 보존하라 돌아보거나 들에 머물지 말고 산으로 도망하여 멸망함을 면하라 **18.**롯이 그들에게 이르되 내 주여 그리 마옵소서 **19.**주의 종이 주께 은혜를 입었고 주께서 큰 인자를 내게 베푸사 내 생명을 구원하시오나 내가 도망하여 산에까지 갈 수 없나이다 두렵건대 재앙을 만나 죽을까 하나이다 **20.**보소서 저 성읍은 도망하기에 가깝고 작기도 하오니 나를 그 곳으로 도망하게 하소서 이는 작은 성읍이 아니니이까 내 생명이 보존되리이다 **21.**그가 그에게 이르되 내가 이 일에도 네 소원을 들었은즉 네가 말하는 그 성읍을 멸하지 아니하리니 **22.**그리로 속히 도망하라 네가 거기 이르기까지는 내가 아무 일도 행할 수 없노라 하였더라 그러므로 그 성읍 이름을 소알이라 불렀더라 **23.**롯이 소알에 들어갈 때에 해가 돋았더라 …… **27.**아브라함이 그 아침에 일찍이 일어나 여호와 앞에 서 있던 곳에 이르러 **28.**소돔과 고모라와 그 온 지역을 향하여 눈을 들어 연기가 옹기 가마의 연기같이 치솟음을 보았더라 **29.**하나님이 그 지역의 성을 멸하실 때 곧 롯이 거주하는 성을 엎으실 때에 하나님이 아브라함을 생각하사 롯을 그 엎으시는 중에서 내보내셨더라

1. 롯은 하나님의 사자들을 영접하고 대접했음 (= 나그네 대접)

1절= "저녁때에 그 두 천사가 소돔에 이르니 마침 롯이 소돔 성문에 앉아 있다가 그들을 보고 일어나 영접하고 땅에 엎드려 절하며"
2절= "이르되 내 주여 돌이켜 종의 집으로 들어와 발을 씻고 주무시고 일찍이 일어나 갈 길을 가소서"

2. 롯은 주저하면서도 천사의 말에 공감했음 (= 구원에 대한 열망)

20절= "보소서 저 성읍은 도망하기에 가깝고 작기도 하오니 나를 그 곳으로 도망하게 하소서 이는 작은 성읍이 아니니이까 내 생명이 보존되리이다"

3. 하나님이 아브라함을 생각하사 롯을 불심판에서 내보내셨음 (= 중보기도)

29절= "하나님이 그 지역의 성을 멸하실 때 곧 롯이 거주하는 성을 엎으실 때에 하나님이 아브라함을 생각하사 롯을 그 엎으시는 중에서 내보내셨더라"

◆◆◆

【대지 유형】 이유 제시형 - 본문 수집형 - 대지 심화형
【주제】 (석의) 아브라함의 신앙을 이어받은 롯은 천사의 인도를 받았고 하나님은 아브라함의 중보기도로 롯에게 은혜를 베푸셨다.
【FCF】 중보기도의 중요성에 눈뜨지 못한 교인들의 안일함.

【서론】 아브라함과 함께 갈대아 우르를 떠나온 롯. 처음의 신앙이 약해지면서 차츰 세속에 빠지기 시작한다. 선택을 잘못한 롯. 그리고 전쟁으로 죽을 뻔한 사건= 하나님의 징계. 그는 여전히 깨닫지 못함. 소돔을 택한 롯은 결국 실패자가 되고 말았다.
【우산질문】 그런데도 롯이 하나님의 은혜를 받을 수 있었던 이유는?

【1대지】 나그네 대접은 삼촌에게서 배운 것. 롯은 천사들을 하나님의 사자로 인식함. 성도가 주의 종을 영접하면 구원의 소식을 듣는다.
【2대지】 소돔 심판의 징후를 알게 된 롯. 비록 주저했지만 결국 믿음으로 소알까지 도망침. 세상 종말에 불신 풍조가 만연하다. 지금은 최후 적그리스도가 나타나는 시기임을 애써 외면하려는 자들이 많다. 롯은 구원에 대한 열망이 있었다.
【3대지】 성경은 아브라함의 중보기도에 대해 길게 기록하고 있음. 롯은 소돔성 사람들과 함께 멸망 받아도 변명할 말이 없을 것. 그러나 아브라함의 기도 때문에 하나님은 롯을 권면하셨다.
【결론】 지금은 롯의 시대보다 더 악하고 음란한 시대이다. 최후 심판의 날이 다가오고 있다. 농담으로 여기지 말고 진지하게 종말 신앙을 회복하자.

- 절기, 용도, 장르, 특징: 은혜 설교.
- Key Word: 불심판.
- Remarks:

본문 : **창 19:15-22**

제목 : **재촉하시는 하나님 (Do Not Look Back or Stay Anywhere)**

15.동틀 때에 천사가 롯을 재촉하여 이르되 일어나 여기 있는 네 아내와 두 딸을 이끌어 내라 이 성
의 죄악 중에 함께 멸망할까 하노라 **16.**그러나 롯이 지체하매 그 사람들이 롯의 손과 그 아내의 손
과 두 딸의 손을 잡아 인도하여 성 밖에 두니 여호와께서 그에게 자비를 더하심이었더라 **17.**그 사람
들이 그들을 밖으로 이끌어 낸 후에 이르되 도망하여 생명을 보존하라 돌아보거나 들에 머물지 말고
산으로 도망하여 멸망함을 면하라 **18.**롯이 그들에게 이르되 내 주여 그리 마옵소서 **19.**주의 종이
주께 은혜를 입었고 주께서 큰 인자를 내게 베푸사 내 생명을 구원하시오나 내가 도망하여 산에까지
갈 수 없나이다 두렵건대 재앙을 만나 죽을까 하나이다 **20.**보소서 저 성읍은 도망하기에 가깝고 작
기도 하오니 나를 그 곳으로 도망하게 하소서 이는 작은 성읍이 아니니이까 내 생명이 보존되리이다
21.그가 그에게 이르되 내가 이 일에도 네 소원을 들었은즉 네가 말하는 그 성읍을 멸하지 아니하리
니 **22.**그리로 속히 도망하라 네가 거기 이르기까지는 내가 아무 일도 행할 수 없노라 하였더라 그러
므로 그 성읍 이름을 소알이라 불렀더라

1. "돌아보지 말라" 하심 (= 세상 애착을 경고, 과거)

17절= "그 사람들이 그들을 밖으로 이끌어 낸 후에 이르되 도망하여 생명을 보존하라 돌아보거나…"

2. "들에 머물지 말라" 하심 (= 세속적 삶 경고, 현재)

17절= "… 들에 머물지 말고…"

3. "산으로 도망하라" 하심 (= 높은 신앙, 오직예수 신앙, 미래)

17절= "… 산으로 도망하여 멸망함을 면하라"

◈◈◈

【대지 유형】 주제 설명형, 적용형 - 본문 분석형 - 대지 진전형

【주제】 (적용) 하나님은 자기 백성에게 세상에 대한 애착을 버리고 높은 신앙의 세계로 올라가라고 재촉하신다.

【FCF】 많은 신앙인들이 과거와 현재의 세상에 매여 전진하지 못하고 있음.

【서론】 성경의 많은 이야기 가운데 가장 유명한 것 중의 하나가 '소돔과 고모라'의 멸망 사건이다. '남색한다'는 말을 sodomy라고 하지 않는가? 하나님은 죄악이 만연한 이곳을 멸하시기로 마음을 정하시고 천사들을 파송하셨다. 우리가 살고 있는 이곳에 동성애자들이 공공연하게 도전해 오는 이때에 죄에 대하여 결코 참지 아니하시는 하나님의 공의를 배워야 한다. 동시에 무한한 사랑과 은혜로 죄인을 건져내시는 하나님의 자비와 긍휼을 이해하는 것이 필

요하다. 이 땅의 재물과 재미에 빠져 하나님의 명령에도 주저주저하는 롯, 이 롯과 온 가족을 한시바삐 성 밖으로 피신시키려고 재촉하시는 하나님의 모습이 극명하게 대조되고 있다. 롯을 재촉하시던 하나님은 오늘 성도들을 재촉하고 계신다.

【우산질문】 본문을 통하여 재촉하시는 하나님의 모습을 살펴보며 하나님의 구원의 은혜를 감사하자.

【1대지】 죄악의 도성 밖으로 이끌려 나온 롯의 가족에게 주신 첫 번째 명령은 "성을 돌아보지 말라"는 것. 하나님은 성도에게 '돌아보지 말라'고 단호히 명령하신다. 이것은 세상 사랑하는 마음을 버리라는 말이고, 세상에 대한 애착을 끊어버리라는 경고의 음성이다. 우리는 가나안 땅인 천국만을 바라보아야 한다. 다시는 애굽을 돌아보지 말아야 한다. 소돔성을 결코 돌아보아서는 안 된다.

【2대지】 "머물지 말라"는 말은 타락한 이 세상에 정착하지 말라는 의미. 현재의 생활에서 만족하고 머무르면 안 된다. 자기 생각으로 훌륭한 일을 한답시고 머뭇거리지도 말라는 말씀이다. 우리도 신앙의 위기를 맞을 때 자신이 낮은 지역에 머물고 있지 않은지 살펴보고, 향락의 골짜기에서 빠져나와 믿음의 산성으로 올라가야 한다. 돌아보지 말라는 것은 과거적 의미가 있다. 우리는 죄악된 과거의 삶으로 다시 돌이키지 말아야 한다. 머물지 말라는 것은 현재적 의미가 있다. 우리는 현재 있는 세속적인 삶에 정착하지 말아야 한다.

【3대지】 롯이 소돔을 떠나 하늘의 심판의 불을 피할 수 있는 곳은 '그 산'(하하르)이었다. 소돔성 주변의 여러 성읍들은 모두 평지에 있었고, 이곳들은 모두 심판을 면할 수 없었다. 소돔, 고모라, 아드마, 스보임 등은 모두 타락상이 극심하여 더 이상 두고 볼 수 없었기 때문이다. 우리가 도망할 곳은 예수 그리스도뿐. 노아 홍수 때에는 노아의 방주만이 구원의 처소였다. 롯과 그의 가족에게는 소알성을 구원의 장소로 허락하셨다.

【결론】 오늘도 하나님께서는 의인들을 향하여 한없는 사랑으로 명령하신다: "돌아보지 말라." "들에 머무르지 말라." "산으로 도망하라." 지금 자신이 경건치 못한 습관이나 세속적인 삶의 패턴에 빠져 있다고 생각되면 이 시간 우리를 새롭게 하시는 예수 그리스도께 자신을 맡기자.

- 절기, 용도, 장르, 특징:
- Key Word: 세속, 하나님의 재촉, 높은 신앙.
- Remarks:

본문 : **창 21:1-7**
제목 : **사라가 웃은 까닭**

1.여호와께서 말씀하신 대로 사라를 돌보셨고 여호와께서 말씀하신 대로 사라에게 행하셨으므로 **2.**사라가 임신하고 하나님이 말씀하신 시기가 되어 노년의 아브라함에게 아들을 낳으니 **3.**아브라함이 그에게 태어난 아들 곧 사라가 자기에게 낳은 아들을 이름하여 이삭이라 하였고 **4.**그 아들 이삭이 난 지 팔 일 만에 그가 하나님이 명령하신 대로 할례를 행하였더라 **5.**아브라함이 그의 아들 이삭이 그에게 태어날 때에 백 세라 **6.**사라가 이르되 하나님이 나를 웃게 하시니 듣는 자가 다 나와 함께 웃으리로다 **7.**또 이르되 사라가 자식들을 젖먹이겠다고 누가 아브라함에게 말하였으리요마는 아브라함의 노경에 내가 아들을 낳았도다 하니라

1. 하나님은 말씀하신 대로 사라에게 아들을 주셨음 (= 하나님 약속의 신실함)

1절= "여호와께서 말씀하신 대로 사라를 돌보셨고 여호와께서 말씀하신 대로 사라에게 행하셨으므로"
2절= "사라가 임신하고 하나님이 말씀하신 시기가 되어 노년의 아브라함에게 아들을 낳으니"

2. 하나님은 백세 된 아브라함에게 아들을 주셨음 (= 하나님의 전능하심)

5절= "아브라함이 그의 아들 이삭이 그에게 태어날 때에 백 세라"

3. 하나님이 나를 웃게 하신다고 즐거워함 (= 하나님으로부터 오는 기쁨)

6절= "사라가 이르되 하나님이 나를 웃게 하시니 듣는 자가 다 나와 함께 웃으리로다"

◈◈◈

【대지 유형】 이유 제시형 - 본문 분석형 - 대지 병렬형
【주제】 (적용) 우리가 하나님의 약속의 신실함과 전능하심을 믿고 따를 때 사라가 가졌던 행복의 웃음을 되찾게 된다.
【FCF】 많은 신앙인들이 진정한 웃음을 알지 못하고 있음.

【서론】 사라는 아브라함의 아내라기보다 이삭의 어머니라는 것이 더 어울림. 사라의 불행과 행복은 모두 이삭 때문이다. 이삭으로 말미암아 그녀는 웃는 여인이 되었음. 사실 아들 문제가 아니라 하나님과의 문제였음. 사라에게 있

어 이삭은 산 증거물이다. 웃음을 잃어버린 사람은 가장 무서운 사람이다. 마음의 상처가 있는 사람은 웃지 못한다. 복받은 사람은 늘 웃음을 가진 사람이다. 사라에게 웃음이 없었다.
【우산질문】 사라의 미소가 주는 의미는? 사라가 웃은 이유는 무엇인가?

【1대지】 하나님은 약속대로 사라를 돌보셨고, 약속하신 대로 이루어지게 하심. 아들 약속= 25년 전에 주심. 참으로 오랜 기간. 그동안 약속 성취 과정의 우여곡절이 있었다. 미소 짓는 사라의 얼굴은 하나님께서 그 약속을 어떻게 이행하셨는가를 보여주는 산 증거임. 하나님은 약속에 신실한 분. 마 5:18. 민 23:19, "하나님은 인생이 아니시니… 어찌 그 말씀하신 바를 행치 않으시며 하신 말씀을 실행치 않으시랴." 세상 것은 어느 것 하나 믿을 수 없다. 그러나 사라에게 약속을 지키셨던 하나님은 오늘 당신에게도 반드시 약속을 지키신다.
【2대지】 경사도 이런 경사가 없다. 전능하신 하나님. 18:11, "사라가 속으로 웃고 이르되… 내게 어찌 낙이 있으리요" 17:1 "나는 전능한 하나님이라" 만일 하나님이 사라를 지켜주지 않았다면 그녀는 이삭을 가질 수 없었을 것이다. 전능하신 분이 아니고서야 누가 사라에게 웃음을 가져다 줄 수 있겠는가? 하나님을 전능하신 분으로 믿고 사는 성도에게는 사라와 같은 웃음이 넘쳐난다.
【3대지】 25년 동안 웃음을 잃었던 사라가 드디어 웃기 시작했다. 매력적인 미소, 좋은 남편, 신앙의 가정, 하지만 하나님이 함께하시지 아니하니 오랫동안 웃음을 잃었었다. 사실 아들을 주시는 것보다 아브라함과 사라를 온전하게 만드는 것이 먼저이다. 하나님이 웃게 하시는 그 웃음은 일시적인 세상의 것과 달리 영원한 것. 모든 것을 갖추고도 미소를 잃었던 사라= 미소가 경계의 눈초리로, 착한 마음이 돌덩이처럼 변했다, 예쁜 얼굴은 시기와 질투로 얼룩져 버린 사라= 그런데 하나님으로부터 웃음이 기적처럼 찾아왔다.
【결론】 진정한 행복은 하나님으로부터 온다. 사라를 웃게 하신 하나님이 여러분에게도 행복의 미소를 지으며 살도록….

- 절기, 용도, 장르, 특징: 여전도회 헌신.
- Key Word: 웃음.
- Remarks:

본문 : **창 22:6-18**
제목 : **아버지와 아들의 신앙 (Parents and Children)**

6.아브라함이 이에 번제 나무를 가져다가 그의 아들 이삭에게 지우고 자기는 불과 칼을 손에 들고 두 사람이 동행하더니 **7.**이삭이 그 아버지 아브라함에게 말하여 이르되 내 아버지여 하니 그가 이르되 내 아들아 내가 여기 있노라 이삭이 이르되 불과 나무는 있거니와 번제할 어린 양은 어디 있나이까 **8.**아브라함이 이르되 내 아들아 번제할 어린 양은 하나님이 자기를 위하여 친히 준비하시리라 하고 두 사람이 함께 나아가서 **9.**하나님이 그에게 일러 주신 곳에 이른지라 이에 아브라함이 그 곳에 제단을 쌓고 나무를 벌여 놓고 그의 아들 이삭을 결박하여 제단 나무 위에 놓고 **10.**손을 내밀어 칼을 잡고 그 아들을 잡으려 하니 **11.**여호와의 사자가 하늘에서부터 그를 불러 이르시되 아브라함아 아브라함아 하시는지라 아브라함이 이르되 내가 여기 있나이다 하매 **12.**사자가 이르시되 그 아이에게 네 손을 대지 말라 그에게 아무 일도 하지 말라 네가 네 아들 네 독자까지도 내게 아끼지 아니하였으니 내가 이제야 네가 하나님을 경외하는 줄을 아노라 **13.**아브라함이 눈을 들어 살펴본즉 한 숫양이 뒤에 있는데 뿔이 수풀에 걸려 있는지라 아브라함이 가서 그 숫양을 가져다가 아들을 대신하여 번제로 드렸더라 **14.**아브라함이 그 땅 이름을 여호와 이레라 하였으므로 오늘날까지 사람들이 이르기를 여호와의 산에서 준비되리라 하더라 **15.**여호와의 사자가 하늘에서부터 두 번째 아브라함을 불러 **16.**이르시되 여호와께서 이르시기를 내가 나를 가리켜 맹세하노니 네가 이같이 행하여 네 아들 네 독자도 아끼지 아니하였은즉 **17.**내가 네게 큰 복을 주고 네 씨가 크게 번성하여 하늘의 별과 같고 바닷가의 모래와 같게 하리니 네 씨가 그 대적의 성문을 차지하리라 **18.**또 네 씨로 말미암아 천하 만민이 복을 받으리니 이는 네가 나의 말을 준행하였음이니라 하셨다 하니라

1. 아브라함의 신앙: 아들 이삭을 잡아 번제로 드림 (= 자녀를 하나님께 드림)

9-10절= "이에 아브라함이 그 곳에 제단을 쌓고 나무를 벌여 놓고 그의 아들 이삭을 결박하여 제단 나무 위에 놓고 손을 내밀어 칼을 잡고 그 아들을 잡으려 하니"

2. 이삭의 신앙: 노인 아버지께 순순히 결박당함 (= 순종의 신앙)

9절= "… 아들 이삭을 결박하여 제단 나무 위에 놓고"

3. 하나님의 강복: 자손의 번성과 복의 근원됨을 약속 받음 (= 하나님의 복 물려줌)

17-18절= "내가 네게 큰 복을 주고 네 씨가 크게 번성하여 하늘의 별과 같고 바닷가의 모래와 같게 하리니 네 씨가 그 대적의 성문을 차지하리라 또 네 씨로 말미암아 천하 만민이 복을 받으리니"

◈◈◈

【대지 유형】 주제 함축형 - 본문 수집형 - 대지 혼재형(2+1)

【주제】 (석의) 아브라함의 헌신과 이삭의 순종에 대해 하나님은 큰 복을 약속하셨다.

【FCF】 하나님의 복을 받기에 한참 모자란 수준의 현대교인들의 모습.

【서론】 어린이 주일의 유래(1856년 미국 매사추세츠 주에 있는 Universalist 제일 교회의 G. H. Leonald 목사님에 의해 시작). 아브라함 생애 최대의 사건이었던 이삭 희생제사 사건은 '구약의 갈보리 사건'으로 불리우는 것으로, 한 인간이 하나님께 드릴 수 있는, 또한 역으로는 하나님이 인생에게 요구하시는 믿음과 순종의 절대 경지를 보여준다.

【우산질문】 본문을 통하여 아버지 아브라함의 신앙과 아들 이삭의 신앙을 살펴보자. 하나님께서 이들을 어떻게 복 주셨는가를 살펴보고, 우리의 신앙의 자세를 돌아보자.

【1대지】 아브라함이 독자 이삭에 대한 인간적 육정(肉情)을 단호히 떨쳐버리고 하나님이 기뻐 받으시는 희생제물을 드리고자 한 것은 완전한 자기 부인이요 철저한 자아의 죽음이다. 아브라함은 비록 이삭이 번제물로 드려진다 할지라도 그를 요구하신 하나님께서 반드시 다시 살리실 것을 확신했다. 아브라함은 오늘의 부모들에게 믿음의 표준을 제시한다. 먼저 자녀를 하나님께 번제물로 바치라. 그리고 자녀를 철저하게 성경으로 교육해야 한다.

【2대지】 당시 이삭은 혈기 왕성한 나이(16-17세)였고, 아브라함은 아들보다 100세나 많은 노구(老軀)였다. 그럼에도 이삭은 아버지의 결박을 거역하지 않고 순순히 받아들였다. 여러분의 자녀들은 부모의 말이나 하나님의 계명에 순종하는 자녀인가? 말씀 교육은 자녀들의 신앙과 인성이 자라도록 도와준다.

【3대지】 원문에 '복주다(빠라크)'라는 동사가 반복적으로 사용되어 '가장 큰 최상의 복을 준다'는 최상급의 의미를 나타낸다. 교회는 '대적의 성문을 차지하는 복'을 부여받았다. 교회에는 종말에 교회를 향해 밀려오는 악한 영의 세력을 정복하는 힘이 부여되어 있다. 교회로 모이는 모든 성도들은 예수 그리스도로 말미암아 아브라함의 복을 받아 왔다.

【결론】 부모 된 여러분, 아브라함이 아들 이삭을 번제로 드린 것처럼… 자녀 여러분, 이삭이 순순히 결박되어 번제단에 올려지듯이….

- 절기, 용도, 장르, 특징: 어린이 주일.
- Key Word: 부모와 자녀.
- Remarks:

본문 : **창 22:1-14**

제목 : **여호와 이레의 신앙**

1.그 일 후에 하나님이 아브라함을 시험하시려고 그를 부르시되 아브라함아 하시니 그가 이르되 내
가 여기 있나이다 **2.**여호와께서 이르시되 네 아들 네 사랑하는 독자 이삭을 데리고 모리아 땅으로
가서 내가 네게 일러 준 한 산 거기서 그를 번제로 드리라 **3.**아브라함이 아침에 일찍이 일어나 나귀
에 안장을 지우고 두 종과 그의 아들 이삭을 데리고 번제에 쓸 나무를 쪼개어 가지고 떠나 하나님이
자기에게 일러 주신 곳으로 가더니 **4.**제삼일에 아브라함이 눈을 들어 그 곳을 멀리 바라본지라 **5.**이
에 아브라함이 종들에게 이르되 너희는 나귀와 함께 여기서 기다리라 내가 아이와 함께 저기 가서 예
배하고 우리가 너희에게로 돌아오리라 하고 **6.**아브라함이 이에 번제 나무를 가져다가 그의 아들 이
삭에게 지우고 자기는 불과 칼을 손에 들고 두 사람이 동행하더니 **7.**이삭이 그 아버지 아브라함에게
말하여 이르되 내 아버지여 하니 그가 이르되 내 아들아 내가 여기 있노라 이삭이 이르되 불과 나무
는 있거니와 번제할 어린 양은 어디 있나이까 **8.**아브라함이 이르되 내 아들아 번제할 어린 양은 하
나님이 자기를 위하여 친히 준비하시리라 하고 두 사람이 함께 나아가서 **9.**하나님이 그에게 일러 주
신 곳에 이른지라 이에 아브라함이 그 곳에 제단을 쌓고 나무를 벌여 놓고 그의 아들 이삭을 결박하
여 제단 나무 위에 놓고 **10.**손을 내밀어 칼을 잡고 그 아들을 잡으려 하니 **11.**여호와의 사자가 하늘
에서부터 그를 불러 이르시되 아브라함아 아브라함아 하시는지라 아브라함이 이르되 내가 여기 있
나이다 하매 **12.**사자가 이르시되 그 아이에게 네 손을 대지 말라 그에게 아무 일도 하지 말라 네가
네 아들 네 독자까지도 내게 아끼지 아니하였으니 내가 이제야 네가 하나님을 경외하는 줄을 아노라
13.아브라함이 눈을 들어 살펴본즉 한 숫양이 뒤에 있는데 뿔이 수풀에 걸려 있는지라 아브라함이
가서 그 숫양을 가져다가 아들을 대신하여 번제로 드렸더라 **14.**아브라함이 그 땅 이름을 여호와 이
레라 하였으므로 오늘날까지 사람들이 이르기를 여호와의 산에서 준비되리라 하더라

1. 아브라함은 엄청난 명령을 받고도 즉시 출발하였음 (= 말씀의 명령을 전폭적으로 믿고 지켜나감)

2절= "여호와께서 이르시되 네 아들 네 사랑하는 독자 이삭을 데리고 모리아 땅으로 가서 내가 네게 일러 준 한 산 거기서 그를 번제로 드리라"
3절= "아브라함이 아침에 일찍이 일어나 나귀에 안장을 지우고 두 종과 그의 아들 이삭을 데리고 번제에 쓸 나무를 쪼개어 가지고 떠나 하나님이 자기에게 일러 주신 곳으로 가더니"

2. 지시된 곳으로 가며 심적 고통을 크게 받았음 (= 영적 고통을 견딤, 사탄의 공격 이김)

7-8절= "… 이삭이 이르되 불과 나무는 있거니와 번제할 어린 양은 어디 있나이까 아브라함이 이르되 내 아들아 번제할 어린 양은 하나님이 자기를 위하여 친히 준비하시리라"

3. 하나님을 경외하는 자라는 인정을 받았음 (= 여호와 이레의 승리)

12절= "… 네가 네 아들 네 독자까지도 내게 아끼지 아니하였으니 내가 이제야 네가 하나님을 경외하는 줄을 아노라"

◈◈◈

【대지 유형】 주제 설명형 – 본문 묶음형 – 대지 진전형
【주제】 (석의) 아브라함은 하나님의 명령을 받고 심적 고통을 이기고 마침내 여호와 이레의 축복을 받았다
【FCF】 많은 신앙인들이 영적 고통을 이기지 못하고 여호와 이레의 신앙에까지 이르지 못하고 있음.

【서론】 성도의 삶 속에서 벌어지는 영적 전쟁은 치열하다. 원수 사탄이 가장 싫어하는 것은 우리가 하나님 만나고 하나님과 교제하는 것. 사탄은 우리의 약한 부분을 공격해 온다. 사탄의 주된 무기는 우리로 하여금 말씀에 대해 포기하도록 하는 것. 본문은 순종에 관련된 치열한 영적 전쟁을 기록하고 있다.
【우산질문】 아브라함의 경험을 통해 나타난 영적 전쟁으로서의 순종을 살펴보자.

【1대지】 순종이란 하나님에 대한 믿음을 바탕으로 말씀을 전폭적으로 지지하며 그 명령을 지켜나가는 것. 아브라함에게 주신 명령은 차마 순종하기 어려운 수준의 명령이다. 삼일 길, 모리아 땅으로 가는 길은 외롭고 무서운 길이었다. 아브라함은 참으로 어려운 순종을 보였다.
【2대지】 성경은 아브라함의 심적 상태에 대하여는 침묵한다. 하지만 아들을 번제로 드려야 하는 아버지의 심정은 짐작할 수 있다. 사환들과의 여행길, 아들과 함께 오르는 길, 아들의 질문을 들으며 느꼈을 심적 고통… 그 배후에 사탄이 노리는 매서운 공격의 손길이 있다. 히 11:19에 보면 아브라함은 부활 신앙이 있었다. 그럼에도 불구하고 자신의 손으로 아들을 죽여야 하는 엄청난 시련의 폭풍 한가운데 있었다.
【3대지】 지시된 장소에 도착한 부자. 이삭을 결박. 아브라함은 순종이라는 영적 전쟁에서 패배하지 않고 믿음으로 승리한 것.
【결론】 아브라함은 '하나님을 경외하는 자'라는 인정을 받음. 여호와 이레(=미리 예비하시는 하나님)를 경험하게 된 아브라함.

- 절기, 용도, 장르, 특징:
- Key Word: 모리아 제단, 영적 전쟁.
- Remarks:

본문 : **창 22:7-12; 24:67; 26:26-31**
제목 : **이삭이 받은 복**

22:7.이삭이 그 아버지 아브라함에게 말하여 이르되 내 아버지여 하니 그가 이르되 내 아들아 내가
여기 있노라 이삭이 이르되 불과 나무는 있거니와 번제할 어린 양은 어디 있나이까 **8.**아브라함이
이르되 내 아들아 번제할 어린 양은 하나님이 자기를 위하여 친히 준비하시리라 하고 두 사람이 함
께 나아가서 **9.**하나님이 그에게 일러 주신 곳에 이른지라 이에 아브라함이 그 곳에 제단을 쌓고 나
무를 벌여 놓고 그의 아들 이삭을 결박하여 제단 나무 위에 놓고 **10.**손을 내밀어 칼을 잡고 그 아들
을 잡으려 하니 **11.**여호와의 사자가 하늘에서부터 그를 불러 이르시되 아브라함아 아브라함아 하
시는지라 아브라함이 이르되 내가 여기 있나이다 하매 **12.**사자가 이르시되 그 아이에게 네 손을 대
지 말라 그에게 아무 일도 하지 말라 네가 네 아들 네 독자까지도 내게 아끼지 아니하였으니 내가 이
제야 네가 하나님을 경외하는 줄을 아노라 …… **24:67.**이삭이 리브가를 인도하여 그의 어머니 사라
의 장막으로 들이고 그를 맞이하여 아내로 삼고 사랑하였으니 이삭이 그의 어머니를 장례한 후에 위
로를 얻었더라 …… **26:26.**아비멜렉이 그 친구 아훗삿과 군대 장관 비골과 더불어 그랄에서부터 이
삭에게로 온지라 **27.**이삭이 그들에게 이르되 너희가 나를 미워하여 나에게 너희를 떠나게 하였거
늘 어찌하여 내게 왔느냐 **28.**그들이 이르되 여호와께서 너와 함께 계심을 우리가 분명히 보았으므
로 우리의 사이 곧 우리와 너 사이에 맹세하여 너와 계약을 맺으리라 말하였노라 **29.**너는 우리를 해
하지 말라 이는 우리가 너를 범하지 아니하고 선한 일만 네게 행하여 네가 평안히 가게 하였음이니라
이제 너는 여호와께 복을 받은 자니라 **30.**이삭이 그들을 위하여 잔치를 베풀매 그들이 먹고 마시고
31.아침에 일찍이 일어나 서로 맹세한 후에 이삭이 그들을 보내매 그들이 평안히 갔더라

1. 아브라함의 믿음을 물려받음 (= 신앙 유산의 복)

12절= "네가 네 아들 네 독자까지도 내게 아끼지 아니하였으니 내가 이제야 네가 하나님을 경외하는 줄을 아노라"

2. 현숙한 여인을 아내로 만남 (= 사람을 잘 만나는 복)

24:67= "이삭이 리브가를 인도하여 그의 어머니 사라의 장막으로 들이고 그를 맞이하여 아내로 삼고 사랑하였으니 이삭이 그의 어머니를 장례한 후에 위로를 얻었더라"

3. 아비멜렉과의 우물 경쟁에서 양보로 평화를 얻음 (= 평강의 복)

26:29= "너는 우리를 해하지 말라 이는 우리가 너를 범하지 아니하고 선한 일만 네게 행하여 네가 평안히 가게 하였음이니라 이제 너는 여호와께 복을 받은 자니라"

◈◈◈

【대지 유형】 주제 설명형 - 본문 수집형 - 대지 병렬형

【주제】 (석의) 이삭이 받은 복은 신앙 유산의 복, 사람 잘 만나는 복, 그리고

평강의 복이다.
【FCF】 하나님이 주시는 복을 누리지 못하고 있는 그리스도인들이 많음.

【서론】 이삭이 경험한 사건들: 모리아산 번제, 리브가와의 결혼, 우물파기. 이 사건들에서 이삭은 놀라운 복을 받는다. 겉으로는 피동적이고 소신 없고 눈치만 보는 사람 같지만, 성경은 이삭을 복 받은 사람으로 평가한다.
【우산질문】 이삭이 받은 세 가지 복에 대해 살펴보자.

【1대지】 모리아산 번제 사건은 왜 필요한가? 아브라함에게는 순종의 사건이지만 이삭에게는 신앙교육의 차원에서 매우 중요한 사건이다. 이삭에게 복을 주시려는 하나님의 계획이다. 이스마엘에게는 주어지지 않았던 신앙의 복. 우리는 받은 복들 중에서 신앙적인 축복에 대해 더욱 감사해야 한다.
【2대지】 리브가는 아름다운 여인, 부지런한 여인, 독실한 신앙의 여인이었다. 이삭은 좋은 아내를 갖게 된 축복의 사람이 되었다. 우리에게 좋은 스승, 좋은 친구, 좋은 배우자를 만나는 복이 있어야.
【3대지】 복중에 가장 귀한 복은 평강의 복. 평강은 마음의 문제이기 때문에 스스로 지켜야 할 문제이다. 우물파기 사건(창 26:19-26)에서 이삭은 양보에 양보를 거듭했다. 평강의 귀중함을 알았기에 손해를 보면서도 미련 없이 양보했다. 그 결과 싸움을 막고 다투지 않았다. 26:23-24= "… 그 밤에 여호와께서 나타나…"= 모든 것을 빼앗기고 묵묵히 참고 있을 때 하나님께서 찾아오셨다. 이삭은 온유한 사람이었지만 소신 없는 사람이 아니었다. 양보하는 사람이었지만 남의 눈치만 보는 사람이 아니었다. 그는 평강의 소중함을 아는 사람이다.
【결론】 현대인들은 야곱처럼 자기 주장 자기 노력으로 살고 있다. 이삭은 우물은 빼앗겼어도 기쁨은 빼앗기지 않았다. 우물 얻은 기쁨으로 이삭의 마음에는 샘솟는 기쁨이 터져 나왔다. 이삭처럼 우리는 신앙으로 살고 행복한 가정을 이루고 평강의 복을 받아 살자.

- 절기, 용도, 장르, 특징: 가정의 달.
- Key Word: 이삭, 복.
- Remarks:

본문 : **창 24:1-4, 50-62**
제목 : **리브가가 받은 결혼 예물 (The Bride, Jewelry, and the Son)**

1.아브라함이 나이가 많아 늙었고 여호와께서 그에게 범사에 복을 주셨더라 **2.**아브라함이 자기 집
모든 소유를 맡은 늙은 종에게 이르되 청하건대 내 허벅지 밑에 네 손을 넣으라 **3.**내가 너에게 하늘
의 하나님, 땅의 하나님이신 여호와를 가리켜 맹세하게 하노니 너는 내가 거주하는 이 지방 가나안
족속의 딸 중에서 내 아들을 위하여 아내를 택하지 말고 **4.**내 고향 내 족속에게로 가서 내 아들 이삭
을 위하여 아내를 택하라 …… **50.**라반과 브두엘이 대답하여 이르되 이 일이 여호와께로 말미암았으
니 우리는 가부를 말할 수 없노라 **51.**리브가가 당신 앞에 있으니 데리고 가서 여호와의 명령대로 그
를 당신의 주인의 아들의 아내가 되게 하라 **52.**아브라함의 종이 그들의 말을 듣고 땅에 엎드려 여호
와께 절하고 **53.**은금 패물과 의복을 꺼내어 리브가에게 주고 그의 오라버니와 어머니에게도 보물
을 주니라 **54.**이에 그들 곧 종과 동행자들이 먹고 마시고 유숙하고 아침에 일어나서 그가 이르되 나
를 보내어 내 주인에게로 돌아가게 하소서 **55.**리브가의 오라버니와 그의 어머니가 이르되 이 아이
로 하여금 며칠 또는 열흘을 우리와 함께 머물게 하라 그 후에 그가 갈 것이니라 **56.**그 사람이 그들
에게 이르되 나를 만류하지 마소서 여호와께서 내게 형통한 길을 주셨으니 나를 보내어 내 주인에게
로 돌아가게 하소서 **57.**그들이 이르되 우리가 소녀를 불러 그에게 물으리라 하고 **58.**리브가를 불러
그에게 이르되 네가 이 사람과 함께 가려느냐 그가 대답하되 가겠나이다 **59.**그들이 그 누이 리브가
와 그의 유모와 아브라함의 종과 그 동행자들을 보내며 **60.**리브가에게 축복하여 이르되 우리 누이
여 너는 천만인의 어머니가 될지어다 네 씨로 그 원수의 성 문을 얻게 할지어다 **61.**리브가가 일어나
여자 종들과 함께 낙타를 타고 그 사람을 따라가니 그 종이 리브가를 데리고 가니라 **62.**그 때에 이
삭이 브엘라해로이에서 왔으니 그가 네게브 지역에 거주하였음이라

1. 아버지는 종을 보내어 아들의 신부감을 찾아 데려오게 함 (= 보혜사 성령께서 교회를 세우심)

3절= "… 너는 내가 거주하는 이 지방 가나안 족속의 딸 중에서 내 아들을 위하여 아내를 택하지 말고"
4절= "내 고향 내 족속에게로 가서 내 아들 이삭을 위하여 아내를 택하라"

2. 종은 리브가에게 결혼예물을 전달함 (= 성령께서 교회에 주신 은사)

52절= "아브라함의 종이 그들의 말을 듣고 땅에 엎드려 여호와께 절하고"
53절= "은금 패물과 의복을 꺼내어 리브가에게 주고 그의 오라버니와 어머니에게도 보물을 주니라"

3. 리브가의 관심은 오직 신랑에게 있었음 (= 교회의 '오직예수' 신앙)

61절= "리브가가 일어나 비자와 함께 약대를 타고 그 사람을 따라가니 종이 리브가를 데리고 가니라"

◈◈◈

【대지 유형】 주제 설명형 - 본문 수집형 - 대지 혼재형(2+1)
【주제】 (적용) 리브가의 이야기를 통하여 성령께서 교회를 세우시고 교회에

은사를 주시며 교회는 오직 예수 신앙으로 무장해야 할 것을 보이신다.
【FCF】 많은 교인들이 예수님 아닌 다른 것에 관심을 쏟고 있음.

【서론】 본문은 하나님 아버지와 독생자, 그리고 아들을 위해 정결한 신부가 되어야 할 교회 이야기로 해석된다. 아브라함의 충성스런 종 엘리에셀은 큰 재물을 싣고 기럇아르바에서 출발하여 멀리 떨어진 아람 땅으로 여행을 떠났다. 주인의 아들 이삭을 위해 정결한 처녀가 필요했고, 신부를 찾을 때를 대비해서 그녀를 장식하기 위해 많은 선물을 실어 왔다. 하나님은 성령님을 보내셔서 자기 아들을 위한 정결한 신부를 찾으셨다. 우리가 예수 그리스도에게 이끌린 것은 하나님의 성령으로 말미암은 것.
【우산질문】 어린양의 혼인잔치를 위해 준비하시는 아버지와 성령님의 위대한 섭리를 돌아보자.

【1대지】 신부를 택하되 불신 사회에서 고를 수는 없다. 아브라함은 종을 멀리 아람 땅으로 보내어 자신의 친족 중에서 아들의 아내를 찾도록 했다. 이삭의 아내가 정결한 처녀이어야 하듯이, 독생자 예수님의 신부 될 교회는 마땅히 세상과 짝하지 않은 정결한 처녀이어야 한다.
【2대지】 성령께서 전해주시는 선물은 셀 수 없을 정도로 풍성하다. 리브가가 받은 은금 패물이 풍성했던 것처럼 교회가 받은 성령님의 선물 또한 넉넉하다. 신부인 교회에 은혜가 먼저 부어진다. 그런 뒤에 교회를 아름답게 꾸며주는 성령의 은사들이 온다. 그것은 리브가가 귀고리, 손 · 목고리, 그리고 머리에 보석 장식을 함으로 아름답게 치장한 것과 같다. 성령의 은사들은 리브가의 보석처럼 사랑의 표시이다.
【3대지】 리브가의 모든 관심은 신부인 자기를 맞이하러 나오는 신랑 이삭에게 집중되어 있었다. 그녀는 자기가 받은 선물에 빠지지 않았다. 무슨 말인가? 표적과 기사는 어디에서나 관심을 끌 수 있는 귀한 것들이지만, 교회의 궁극적인 관심은 '오직예수' 신앙이어야 한다는 말이다.
【결론】 리브가의 결혼 이야기는 교회와 예수님의 혼인 이야기이고, 하나님 아버지께서 인류를 구원하시기 위해 이끌어 오신 구속사의 백미(白眉)이다. 우리 교회는 성령의 역사가 더욱 현저히 나타나는 교회, 성령의 기름부음이 더욱 넘치는 교회가 되어야겠다. 리브가의 관심과 시선이 오직 신랑에게 집중되었듯이, 우리의 모든 관심은 '오직예수' 신앙에 집중되어야 한다.

- 절기, 용도, 장르, 특징: 상징주의 해석.
- Key Word: 교회, 성령, 은사, 오직예수 신앙.
- Remarks:

본문 : **창 24:15-20**
제목 : **참 신부 리브가의 모습**

15.말을 마치기도 전에 리브가가 물동이를 어깨에 메고 나오니 그는 아브라함의 동생 나홀의 아내
밀가의 아들 브두엘의 소생이라 **16.**그 소녀는 보기에 심히 아리땁고 지금까지 남자가 가까이 하지
아니한 처녀더라 그가 우물로 내려가서 물을 그 물동이에 채워가지고 올라오는지라 **17.**종이 마주
달려가서 이르되 청하건대 네 물동이의 물을 내게 조금 마시게 하라 **18.**그가 이르되 내 주여 마시소
서 하며 급히 그 물동이를 손에 내려 마시게 하고 **19.**마시게 하기를 다하고 이르되 당신의 낙타를
위하여서도 물을 길어 그것들도 배불리 마시게 하리이다 하고 **20.**급히 물동이의 물을 구유에 붓고
다시 길으려고 우물로 달려가서 모든 낙타를 위하여 긷는지라

1. 리브가는 심히 아리따웠음 (= 주님의 신부는 아름다워야 함)
16절= "그 소녀는 보기에 심히 아리땁고…"

2. 리브가는 남자가 가까이 아니한 처녀였음 (= 주님의 신부는 몸이 순결해야 함)
16절= "… 지금까지 남자가 가까이 하지 아니한 처녀더라"

3. 리브가는 아브라함의 종을 정성껏 대접했음 (= 주님의 신부는 주의 종을 잘 대접해야 함)
17-18절= "종이 마주 달려가서 이르되 청하건대 네 물동이의 물을 내게 조금 마시게 하라 그가 이르되 내 주여 마시소서 하며 급히 그 물동이를 손에 내려 마시게 하고"

◈◈◈

【대지 유형】 주제 설명형 - 본문 수집형 - 대지 심화형
【주제】 (적용) 리브가를 통해 나타난 주님의 신부의 모습은 아름답고 순결하며 주의 종을 잘 대접하는 성도의 모습이다.
【FCF】 많은 신앙인들이 순결한 삶이나 주의 종 대접 면에서 미흡하다.

【서론】 창 24장은 이삭의 신부가 될 처녀 리브가가 신붓감으로 선택되는 이야기이다. 성경의 이삭은 예수님을 상징한다. 아브라함의 종 엘리에셀은 하나님의 종들인 목회자나 성령을 상징하며, 리브가는 주님의 신부인 교회 성도들을 상징한다. 예수 믿는 것은 예수님과 결혼하는 것. 우상 숭배는 외간 남

자와 놀아나는 것과 같다.

【우산질문】 성경에 나타난 리브가의 모습을 통해 예수님은 어떤 신부감을 원하며, 우리가 주님의 신부가 되려면 어떠한 사람이 되어야 하는가를 살펴보자.

【1대지】 리브가는 얼굴이 아름다운 사람. 속 모습도 중요하지만 겉모습도 중요하다. 성경의 여인들은 모두 아름답다. 여인들은 교회를 상징한다. 에스더는 경국지색. 성도는 아름다워야. 거듭난 성도는 아름답다. 거듭나지 못한 자는 누더기 옷을 입고 길에서 구걸하는 자처럼 흉하다. 다윗의 용모(삼상 16:12), 요셉의 용모(창 39:6). 사라(창 12:11). 천사들이 흠모할 정도다. 예수님이 반해버리고 하나님이 반해버릴 정도이다. 무엇이든지 새 것이 아름답다. 새사람 새신랑 새신부 모두 아름답다. 영적으로 보라. 세마포 흰옷 입은 모습이다.

【2대지】 왜 처녀는 몸의 순결을 지켜야 하는가? 그 몸이 남편 될 자의 것이기 때문. 고전 6:19-20= "나희 몸은… 성령의 전…" 고전 3:16-17= "너희가 하나님의 성전인 것과 하나님의 성령이 너희 안에 거하시는 것을 알지 못하느냐…" 우리 몸은 우리 것이 아니다. 다윗은 순수했고, 마리아는 순결한 처녀였다. 교회는 그리스도의 몸이다. 진리의 순수성을 간직해야. 교회의 생명은 부흥이 아니라 진리를 파수하는 데 있다. 14만 4천 명에 대한 자격(계 14:4)= "이 사람들은 여자로 더불어 더럽히지 아니하고 정절이 있는 자라." 교회의 매력은 크기에 있는 것이 아니라 항상 그 자체로 아름다움을 간직하는 데 있다.

【3대지】 주의 종은 중매쟁이와 같다. 고후 11:2. 리브가는 아브라함의 종을 정성껏 대접했다. 주의 종을 대접하는 것= 주님을 대접하는 것. 종의 목마름과 수고, 간절한 마음을 알아주는 성도에게 신부의 자격이 있다. 주인을 위해 수고하는 종의 수고를 알지 못하는 자는 신부의 자격이 없다.

【결론】 당신은 예수님의 신부인가? 신부의 모습을 갖추고 있나?

- 절기, 용도, 장르, 특징: 상징주의 해석.
- Key Word: 예수님의 신부, 교회.
- Remarks:

본문 : **창 24:61-67**
제목 : **황혼녘의 묵상 (Meditation in the Field toward Evening)**

61.리브가가 일어나 여자 종들과 함께 낙타를 타고 그 사람을 따라가니 그 종이 리브가를 데리고 가
니라 **62.**그 때에 이삭이 브엘라해로이에서 왔으니 그가 네게브 지역에 거주하였음이라 **63.**이삭이
저물 때에 들에 나가 묵상하다가 눈을 들어 보매 낙타들이 오는지라 **64.**리브가가 눈을 들어 이삭을
바라보고 낙타에서 내려 **65.**종에게 말하되 들에서 배회하다가 우리에게로 마주 오는 자가 누구냐
종이 이르되 이는 내 주인이니이다 리브가가 너울을 가지고 자기의 얼굴을 가리더라 **66.**종이 그 행
한 일을 다 이삭에게 아뢰매 **67.**이삭이 리브가를 인도하여 그의 어머니 사라의 장막으로 들이고 그
를 맞이하여 아내로 삼고 사랑하였으니 이삭이 그의 어머니를 장례한 후에 위로를 얻었더라

1. 지금까지의 삶을 돌아봄 (= 지나온 삶 정리)

63절= "이삭이 저물 때에 들에 나가 묵상하다가…"

2. 신부를 맞이할 마음의 준비와 기도 (= 미래에 대한 마음의 준비)

63절= "이삭이 저물 때에 들에 나가 묵상하다가 눈을 들어 보매 낙타들이 오는지라"

3. 아버지 아브라함의 삶을 이어받을 마음의 준비와 기도 (= 언약의 복 계승 준비)

62-63= "그 때에 이삭이 브엘라해로이에서 왔으니 그가 네게브 지역에 거주하였음이라 이삭이 저물 때에 들에 나가 묵상하다가…"

◈◈◈

【대지 유형】 주제 설명형 - 본문 묵상형 - 대지 진전형

【주제】 (적용) 성도는 지나온 삶을 정리하며 미래에 대해 준비하고 언약의 복을 계승하는 믿음으로 살아야 한다.

【FCF】 많은 신앙인들이 묵상의 삶에 정진하지 못하고 있음.

【서론】 나이 40세의 이삭은 지금 아버지가 보낸 사환이 멀리 아람에서 자신의 신부감을 찾아 돌아올 것을 기다리며, 고요히 하나님 앞에서 묵상하고 있다. 본문에는 아브라함의 종을 따라 가나안 땅에 들어온 리브가가 마침내 자신의 남편 될 이삭과 상면하는 장면과 이삭이 리브가를 기쁘게 맞아들여 아내로 삼는 장면이 나온다. 리브가가 아브라함의 종에게 인도되어 이삭에게 나아가는 모습은 마치 하와가 하나님에 의해 인도되어 아담에게 나아오던 장면(창 2:22)을 연상케 하기에 충분하다.

【우산질문】 말씀을 통하여 이삭의 묵상으로부터 우리 각자를 위한 세모(歲暮)의 묵상 제목을 발견하자.

【1대지】 때는 어머니 사라가 별세한 직후, 효성 깊은 이삭이 매우 상심하고 있을 때. 이삭은 조용하고 순종하는 묵상의 사람. 아브라함 이삭 야곱 요셉을 통해 흘러가는 아름다운 신앙의 전통이 말없이 순종하는 이삭으로 말미암아 더욱 미화되고 완전하게 보존되어 아름다운 이스라엘의 전통을 만들어내게 된 것이다. 종이 아내를 데려온다는 사실을 마음속에 두고 이삭은 황혼녘에 들에 나가 깊이 묵상하는 가운데 아내를 맞이하게 된다. 무엇을 묵상했을까? 지금까지의 삶을 돌아보며, 지나온 삶을 정리했을 것이다.

【2대지】 황혼녘에 들에 나가 묵상하던 이삭은 신부를 맞이할 마음의 준비를 갖추었고, 마침내 하나님께서 예비하신 아리따운 신부 리브가를 만날 수 있었다. 그는 묵상을 통해 미래에 대한 마음의 준비를 하였고 기도 응답을 받았다. 묵상을 통하여 준비된 우리의 미래는 하나님께서 인도하시는 로드맵이 될 것이다. 이삭의 가정을 보라. 족장 야곱은 아내가 네 명이나 되었다. 레아와 라헬은 자매간이면서도 서로 간에 질투가 심했다. 두 자매는 자신의 몸종을 앞다투어 남편에게 내어주었다. 네 여자에게서 나온 아들 12명 간에 갈등이 많았다. 가정이 문제 투성이었다. 그런데 이삭은 그런 문제가 전혀 없었다. 한때 아내 리브가가 야곱을 더 사랑하여 에서가 받을 복을 가로채는 일을 한 적은 있으나 이삭 편에서의 잘못은 없었고, 그의 일생 동안 아내와의 관계는 원만하고 평화로왔다.

【3대지】 "그 때에 이삭이 브엘라해로이에서 왔으니." '브엘라해로이'라는 단어는 '살아계시며 감찰하시는 자의 우물'(창 16장)이란 뜻. 이삭이 이곳의 이름과 얽힌 사연을 몰랐을 리가 없다. 이곳은 하나님께서 현현하신 숭고한 신앙의 영토. 우리의 묵상과 기도 또한 항상 언약의 중보자이신 예수님과 연계된 것이어야 한다. 오직 예수 안에 생명이 있고 구원이 있다. 예수 안에서만이 언약의 복을 누릴 수 있다.

【결론】 세모의 깊은 묵상이 필요. 한해를 돌아보며 정리하는 묵상의 시간이 필요하다. 아니 지난날 나의 신앙생활 전체를 돌아보며 정리하는 대청소의 시간이 필요하다.

- 절기, 용도, 장르, 특징: 송년예배.
- Key Word: 묵상.
- Remarks:

본문 : **창 28:10-22**
제목 : **벧엘의 신앙 체험**

10.야곱이 브엘세바에서 떠나 하란으로 향하여 가더니 **11.**한 곳에 이르러는 해가 진지라 거기서 유
숙하려고 그 곳의 한 돌을 가져다가 베개로 삼고 거기 누워 자더니 **12.**꿈에 본즉 사닥다리가 땅 위
에 서 있는데 그 꼭대기가 하늘에 닿았고 또 본즉 하나님의 사자들이 그 위에서 오르락내리락 하고
13.또 본즉 여호와께서 그 위에 서서 이르시되 나는 여호와니 너의 조부 아브라함의 하나님이요 이
삭의 하나님이라 네가 누워 있는 땅을 내가 너와 네 자손에게 주리니 **14.**네 자손이 땅의 티끌 같이
되어 네가 서쪽과 동쪽과 북쪽과 남쪽으로 퍼져나갈지며 땅의 모든 족속이 너와 네 자손으로 말미암
아 복을 받으리라 **15.**내가 너와 함께 있어 네가 어디로 가든지 너를 지키며 너를 이끌어 이 땅으로
돌아오게 할지라 내가 네게 허락한 것을 다 이루기까지 너를 떠나지 아니하리라 하신지라 **16.**야곱
이 잠이 깨어 이르되 여호와께서 과연 여기 계시거늘 내가 알지 못하였도다 **17.**이에 두려워하여 이
르되 두렵도다 이 곳이여 이것은 다름 아닌 하나님의 집이요 이는 하늘의 문이로다 하고 **18.**야곱이
아침에 일찍이 일어나 베개로 삼았던 돌을 가져다가 기둥으로 세우고 그 위에 기름을 붓고 **19.**그 곳
이름을 벧엘이라 하였더라 이 성의 옛 이름은 루스더라 **20.**야곱이 서원하여 이르되 하나님이 나와
함께 계셔서 내가 가는 이 길에서 나를 지키시고 먹을 떡과 입을 옷을 주시어 **21.**내가 평안히 아버
지 집으로 돌아가게 하시오면 여호와께서 나의 하나님이 되실 것이요 **22.**내가 기둥으로 세운 이 돌
이 하나님의 집이 될 것이요 하나님께서 내게 주신 모든 것에서 십분의 일을 내가 반드시 하나님께
드리겠나이다 하였더라

1. 사닥다리가 땅에서 하늘 꼭대기까지 연결되어 있었음 (= 신앙생활에도 거쳐야 하는 단계가 있음)

12절= "꿈에 본즉 사닥다리가 땅 위에 서 있는데 그 꼭대기가 하늘에 닿았고…"

2. 여호와께서 동행과 인도의 약속을 주심 (= 불가항력적 은혜)

15절= "내가 너와 함께 있어 네가 어디로 가든지 너를 지키며 너를 이끌어 이 땅으로 돌아오게 할지라 내가 네게 허락한 것을 다 이루기까지 너를 떠나지 아니하리라 하신지라 "

3. 야곱이 신앙 고백과 십일조 서원을 드림 (= 헌신의 고백)

22절= "내가 기둥으로 세운 이 돌이 하나님의 집이 될 것이요 하나님께서 내게 주신 모든 것에서 십분의 일을 내가 반드시 하나님께 드리겠나이다 하였더라"

【대지 유형】 주제 설명형 - 본문 묶음형 - 대지 진전형
【주제】 (석의) 벧엘에서의 은혜 체험은 야곱에게 평생의 헌신의 동력이 되었다.
【FCF】 많은 신앙인들이 벧엘 체험 같은 경험을 갖지 못함.

【서론】 본문 배경과 자료… 나그네 길, 밧단 아람, 먼 길이었다. 피곤하여 돌베개를 하고 잠이 든 야곱. 꿈에 본 사다리는 위로 올라가는 길을 상징한다, 하늘로 올라가는 특별한 길= 천로역정.
【우산질문】 벧엘에서 야곱이 경험한 은혜 체험은 어떠하며 그의 헌신은 어떠한가?

【1대지】 신앙생활의 두 단계: ①보고 믿는 단계= 가장 초보적인 신앙의 형태, ②듣고 믿는 단계. 천사들이 한 사람씩 데리고 하늘로 올라가고 있었음(= 구원은 개별적인 문제). 12절= "… 또 본즉 하나님의 사자들이 그 위에서 오르락 내리락 하고." 하나님은 나의 하나님이 되어야지, 나의 어머니의 하나님으로 만족할 수 없다. 우리에게는 주님을 인정하든지 거부하든지의 선택이 있을 뿐. 천국을 향한 길에서 실족하고 좌절하는 영혼들이 많다. 어린 신앙인들을 위해 우리는 신앙의 유모 역할을 잘 해야 한다.
【2대지】 하나님의 동행의 약속과 인도의 약속= 모든 신앙 체험의 중요한 요소임. 사닥다리는 개인 개인이 올라가는 것. 구원은 개인적인 것. 그 과정에서 천사들이 하나님의 심부름꾼으로 성도들을 도운다. 그러므로 성도는 하나님의 불가항력적 은혜를 힘입어 위만 보고 계속 올라가야 한다.
【3대지】 22절은 성도의 헌신을 의미. 은혜를 체험한 성도의 당연한 모습이다. 자신의 신앙을 공개적으로 당당하게 고백하는 것이 중요하다. 십일조와 감사헌금, 그리고 여러 가지 헌신은 모두 하나님의 은혜 받은 자의 자연스런 삶의 모습이다.
【결론】 여러분은 벧엘의 신앙 체험이 있는가? 일평생 우리를 지켜주는 은혜 체험을 한 적이 있나? 그리고 그 체험은 어떤 모습으로 헌신의 열매를 맺고 있나?

- 절기, 용도, 장르, 특징: 헌신예배.
- Key Word: 꿈, 비전, 십일조.
- Remarks:

본문 : **창 28:10-22**

제목 : **이곳에 있는 벧엘**

10.야곱이 브엘세바에서 떠나 하란으로 향하여 가더니 **11.**한 곳에 이르러는 해가 진지라 거기서 유숙하려고 그 곳의 한 돌을 가져다가 베개로 삼고 거기 누워 자더니 **12.**꿈에 본즉 사닥다리가 땅 위에 서 있는데 그 꼭대기가 하늘에 닿았고 또 본즉 하나님의 사자들이 그 위에서 오르락내리락 하고
13.또 본즉 여호와께서 그 위에 서서 이르시되 나는 여호와니 너의 조부 아브라함의 하나님이요 이삭의 하나님이라 네가 누워 있는 땅을 내가 너와 네 자손에게 주리니 **14.**네 자손이 땅의 티끌 같이 되어 네가 서쪽과 동쪽과 북쪽과 남쪽으로 퍼져나갈지며 땅의 모든 족속이 너와 네 자손으로 말미암아 복을 받으리라 **15.**내가 너와 함께 있어 네가 어디로 가든지 너를 지키며 너를 이끌어 이 땅으로 돌아오게 할지라 내가 네게 허락한 것을 다 이루기까지 너를 떠나지 아니하리라 하신지라 **16.**야곱이 잠이 깨어 이르되 여호와께서 과연 여기 계시거늘 내가 알지 못하였도다 **17.**이에 두려워하여 이르되 두렵도다 이 곳이여 이것은 다름 아닌 하나님의 집이요 이는 하늘의 문이로다 하고 **18.**야곱이 아침에 일찍이 일어나 베개로 삼았던 돌을 가져다가 기둥으로 세우고 그 위에 기름을 붓고 **19.**그 곳 이름을 벧엘이라 하였더라 이 성의 옛 이름은 루스더라 **20.**야곱이 서원하여 이르되 하나님이 나와 함께 계셔서 내가 가는 이 길에서 나를 지키시고 먹을 떡과 입을 옷을 주시어 **21.**내가 평안히 아버지 집으로 돌아가게 하시오면 여호와께서 나의 하나님이 되실 것이요 **22.**내가 기둥으로 세운 이 돌이 하나님의 집이 될 것이요 하나님께서 내게 주신 모든 것에서 십분의 일을 내가 반드시 하나님께 드리겠나이다 하였더라

1. 야곱이 돌로 베개로 삼고 누워 자던 곳임 (= 교회는 고달픈 나그네의 안식처)

11절= "한 곳에 이르러는 해가 진지라 거기서 유숙하려고 그 곳의 한 돌을 가져다가 베개로 삼고 거기 누워 자더니"

2. 꿈에 꼭대기가 하늘에 닿은 사다리와 천사들의 모습을 봄 (= 교회는 천국과 상통하는 곳)

12절= "꿈에 본즉 사닥다리가 땅 위에 서 있는데 그 꼭대기가 하늘에 닿았고 또 본즉 하나님의 사자들이 그 위에서 오르락내리락 하고"

3. 하나님께서 땅과 자손과 복의 약속을 주심 (= 교회는 약속하신 복을 받는 곳)

13-14절= "...네가 누워 있는 땅을 내가 너와 네 자손에게 주리니 네 자손이 땅의 티끌 같이 되어 네가 서쪽과 동쪽과 북쪽과 남쪽으로 퍼져나갈지며 땅의 모든 족속이 너와 네 자손으로 말미암아 복을 받으리라"

4. 야곱이 하나님의 집과 십일조에 대한 서원을 함 (= 교회는 보답하기로 서원하고 바치는 곳)

20-22절= "야곱이 서원하여 이르되 하나님이 나와 함께 계셔서 내가 가는 이 길에서 나를 지키시고 먹을 떡과 입을 옷을 주시어 내가 평안히 아버지 집으로 돌아가게 하시오면 여호와께서 나의 하나님이 되실 것이요 내가 기

둥으로 세운 이 돌이 하나님의 집이 될 것이요 하나님께서 내게 주신 모든 것에서 십분의 일을 내가 반드시 하나님께 드리겠나이다 하였더라"

◆◆◆

【대지 유형】 주제 설명형 - 본문 묶음형 - 대지 진전형,

【주제】 (적용) 야곱에게 벧엘이 안식처요 은혜받은 곳인 것처럼 우리에게 교회도 그러하다.

【FCF】 오늘 많은 교회들이 안식처도 아니고 은혜받는 자도 많지 않음.

【서론】 벧엘=하나님의 집. 그 이름이 신구약에 65회나 기록됨. 17절(이곳이여, 다름아닌 하나님의 집이요 하늘의 문이로다). 교회는 이 땅에 있는 하나님의 집이다.

【우산질문】 본문에 나타난 벧엘은 어떤 곳인가?

【1대지】 지금 야곱은 나그네요 길손. 쫓기고 있는 몸. 길동무 없는 고독한 길. 벧엘에서 돌베개 베고 잠이 들었다. 그러므로 벧엘은 야곱의 안식처. 교회는 포근한 품으로 우리를 안아주시는 곳. 마11:28(우주적인 초청, "수고하고 무거운 짐진 자들아 다 내게로 오라…")

【2대지】 야곱의 꿈에 나타난 사닥다리. 천사들의 왕래. 그 꼭대기에 하나님이 계심. 신령한 사닥다리= 예수 그리스도를 상징한다. 요 14:6, "예수께서 이르시되 내가 곧 길이요 진리요 생명이니 나로 말미암지 않고는 아버지께로 올 자가 없느니라." 지금 우리 머리 위에는 천국 문이 열려 있다.

【3대지】 벧엘은 축복의 근거지. 우린 그 약속을 받은 자들. 가장 귀한 복은 하나님의 자녀로 삼아주신 것. 그곳은 모든 은혜가 갖추어진 곳: 사죄, 새생명, 구원, 성화, 천국, 영생의 은혜로 충만해야 한다.

【4대지】 여호와를 종신토록 자기 하나님으로 섬기겠다, 하나님께 제단 쌓고 경배하겠다, 십일조를 드리겠다고 서원. 교회는 주시는 것을 받는 곳인 동시에 드릴 것을 바치는 곳임.

【결론】 세상에서 교회처럼 나를 복되게 하고 유익하게 하는 곳이 어디에 있나? 우리교회를 야곱의 벧엘로 만들자. 우리의 교회를 시간마다 주님을 만나는 곳, 주님 주시는 복으로 충만한 곳, 동시에 귀한 것을 바치는 향기로운 제단이 되게 하자.

- 절기, 용도, 장르, 특징: 교회설립 기념주일, 상징주의 해석.
- Key Word: 교회, 벧엘.
- Remarks:

본문 : **창 28:18-22; 시 119:15-16; 단 1:8-9**
제목 : **새해의 세 가지 결심 (Resolutions of Bible Characters)**

창 28:18.야곱이 아침에 일찍이 일어나 베개로 삼았던 돌을 가져다가 기둥으로 세우고 그 위에 기름을 붓고 **19.**그 곳 이름을 벧엘이라 하였더라 이 성의 옛 이름은 루스더라 **20.**야곱이 서원하여 이르되 하나님이 나와 함께 계셔서 내가 가는 이 길에서 나를 지키시고 먹을 떡과 입을 옷을 주시어 **21.**내가 평안히 아버지 집으로 돌아가게 하시오면 여호와께서 나의 하나님이 되실 것이요 **22.**내가 기둥으로 세운 이 돌이 하나님의 집이 될 것이요 하나님께서 내게 주신 모든 것에서 십분의 일을 내가 반드시 하나님께 드리겠나이다 하였더라 …… **시 119:15.**내가 주의 법도들을 작은 소리로 읊조리며 주의 길들에 주의하며 **16.**주의 율례들을 즐거워하며 주의 말씀을 잊지 아니하리이다 …… **단 1:8.**다니엘은 뜻을 정하여 왕의 음식과 그가 마시는 포도주로 자기를 더럽히지 아니하리라 하고 자기를 더럽히지 아니하도록 환관장에게 구하니 **9.**하나님이 다니엘로 하여금 환관장에게 은혜와 긍휼을 얻게 하신지라

1. 야곱의 벧엘 서원 (= 예배와 헌금생활 결심)

창 28:20-22= "야곱이 서원하여 이르되… 여호와께서 나의 하나님이 되실 것이요… 하나님께서 내게 주신 모든 것에서 십분의 일을 내가 반드시 하나님께 드리겠나이다…"

2. 하나님 말씀에 관한 다윗의 서약 (= 오직 말씀의 삶 결심)

시 119:15-16= "내가 주의 법도들을 작은 소리로 읊조리며 주의 길들에 주의하며, 주의 율례들을 즐거워하며 주의 말씀을 잊지 아니하리이다"

3. 왕의 진미로 자기를 더럽히지 않으려 한 다니엘의 결단 (= 거룩한 삶 결심)

단 1:8= "다니엘은 뜻을 정하여 왕의 음식과 그가 마시는 포도주로 자기를 더럽히지 아니하리라 하고 자기를 더럽히지 아니하도록 환관장에게 구하니"

◈◈◈

【대지 유형】 주제 함축형 – 본문 수집형 – 대지 병렬형

【주제】 (적용) 새해에는 우리 모두 예배와 말씀 중심의 삶, 그리고 거룩한 삶에 더욱 매진하자.

【FCF】 신앙인으로서의 결단과 결기가 약한 교인들의 나약함.

【서론】 우리 자신을 위하여 목표를 설정하는 것은 매우 좋은 일이다. 이를 위해 우리는 성경의 인물들을 배울 필요가 있다. 성경의 몇몇 위대한 인물들은 자신들의 생애의 중요한 시기에 하나님 앞에서 중대한 결심을 다졌고, 이를 통하여 성공적인 삶을 살았다.

【우산질문】 성경의 위대한 인물들인 야곱과 다윗, 그리고 다니엘 같은 분들이 하나님 앞에서 맹세하며 결의를 새롭게 했던 사실을 살펴보며, 우리의 마음을 새로이 다지자.

【1대지】 홀로 외로이 벧엘에 이른 야곱은 아무것도 가진 것이 없었다. 저 유명한 야곱의 십일조 서원은 실상 그에게 드릴 것이 아무 것도 없던 때에 되어졌던 서원이었다. 성경은 십일조에 관하여 분명하게 보여준다. 십일조의 시작은 아브라함에게서 찾는다. 금년부터 하나님 경배와 헌금생활에 더욱 충성스런 성도가 되자.

【2대지】 하나님의 말씀을 마음속에 묵상하는 것은 매우 중요하다. 성경은 마음의 생각이 곧 그의 인격을 나타낸다고 말한다. 하나님의 말씀을 가장 효과적으로 먹는 방법은 예배시간 설교를 통해서이다.

【3대지】 다니엘은 율법이 금하는 제사 음식을 먹지 않으리라고 굳게 결심했다. 그리고 환관장에게 직접 요청했다. 이것은 목숨을 건 행위였고, 자신의 앞날을 송두리째 포기하는 결단이었다. 왕의 명령을 어기는 것은 곧 죽음을 뜻하는 것이었기 때문. 다니엘은 자신의 생명을 바쳐 거룩한 삶을 살기로 결심한 것. 우리에게 거룩한 삶을 위한 결단이 필요하다. 이것은 우리의 육(肉)을 거스리는 것이기 때문에 상당한 아픔이 동반된다. 때로는 우리와 가까운 사람들이 우리를 떠나게 될 수도 있다. 때로는 다니엘과 세 친구들의 경우처럼 우리의 모든 것을 걸어야 할 때도 있을 것이다.

【결론】 새해 여러분의 출발은 어떠한가? 여러분은 새해를 주신 하나님께 어떤 서원을 하였나?

- 절기, 용도, 장르, 특징: 신년예배.
- Key Word: 새해, 결심.
- Remarks:

본문 : **창 32:13-32; 33:1-4**
제목 : **야곱의 위기 극복 전략**

13.야곱이 거기서 밤을 지내고 그 소유 중에서 형 에서를 위하여 예물을 택하니 **14.**암염소가 이백이
요 숫염소가 이십이요 암양이 이백이요 숫양이 이십이요 **15.**젖 나는 낙타 삼십과 그 새끼요 암소가
사십이요 황소가 열이요 암나귀가 이십이요 그 새끼 나귀가 열이라 **16.**그것을 각각 떼로 나누어 종
들의 손에 맡기고 그의 종에게 이르되 나보다 앞서 건너가서 각 떼로 거리를 두게 하라 하고 **17.**그
가 또 앞선 자에게 명령하여 이르되 내 형 에서가 너를 만나 묻기를 네가 누구의 사람이며 어디로 가
느냐 네 앞의 것은 누구의 것이냐 하거든 **18.**대답하기를 주의 종 야곱의 것이요 자기 주 에서에게로
보내는 예물이오며 야곱도 우리 뒤에 있나이다 하라 하고 **19.**그 둘째와 셋째와 각 떼를 따라가는 자
에게 명령하여 이르되 너희도 에서를 만나거든 곧 이같이 그에게 말하고 **20.**또 너희는 말하기를 주
의 종 야곱이 우리 뒤에 있다 하라 하니 이는 야곱이 말하기를 내가 내 앞에 보내는 예물로 형의 감정
을 푼 후에 대면하면 형이 혹시 나를 받아 주리라 함이었더라 **21.**그 예물은 그에 앞서 보내고 그는
무리 가운데서 밤을 지내다가 **22.**밤에 일어나 두 아내와 두 여종과 열한 아들을 인도하여 얍복 나루
를 건널새 **23.**그들을 인도하여 시내를 건너가게 하며 그의 소유도 건너가게 하고 **24.**야곱은 홀로
남았더니 어떤 사람이 날이 새도록 야곱과 씨름하다가 **25.**자기가 야곱을 이기지 못함을 보고 그가
야곱의 허벅지 관절을 치매 야곱의 허벅지 관절이 그 사람과 씨름할 때에 어긋났더라 **26.**그가 이르
되 날이 새려하니 나로 가게 하라 야곱이 이르되 당신이 내게 축복하지 아니하면 가게 하지 아니하겠
나이다 **27.**그 사람이 그에게 이르되 네 이름이 무엇이냐 그가 이르되 야곱이니이다 **28.**그가 이르되
네 이름을 다시는 야곱이라 부를 것이 아니요 이스라엘이라 부를 것이니 이는 네가 하나님과 및 사
람들과 겨루어 이겼음이니라 **29.**야곱이 청하여 이르되 당신의 이름을 알려주소서 그 사람이 이르되
어찌하여 내 이름을 묻느냐 하고 거기서 야곱에게 축복한지라 **30.**그러므로 야곱이 그 곳 이름을 브
니엘이라 하였으니 그가 이르기를 내가 하나님과 대면하여 보았으나 내 생명이 보전되었다 함이더
라 **31.**그가 브니엘을 지날 때에 해가 돋았고 그의 허벅다리로 말미암아 절었더라 **32.**그 사람이 야
곱의 허벅지 관절에 있는 둔부의 힘줄을 쳤으므로 이스라엘 사람들이 지금까지 허벅지 관절에 있는
둔부의 힘줄을 먹지 아니하더라 **33:1.**야곱이 눈을 들어 보니 에서가 사백 명의 장정을 거느리고 오
고 있는지라 그의 자식들을 나누어 레아와 라헬과 두 여종에게 맡기고 **2.**여종들과 그들의 자식들은
앞에 두고 레아와 그의 자식들은 다음에 두고 라헬과 요셉은 뒤에 두고 **3.**자기는 그들 앞에서 나아
가되 몸을 일곱 번 땅에 굽히며 그의 형 에서에게 가까이 가니 **4.**에서가 달려와서 그를 맞이하여 안
고 목을 어긋맞추어 그와 입맞추고 서로 우니라

1. 야곱은 물질로 형의 감정을 풀려 함 (= 물질적 전략, 경제적 전략)

20절= "또 너희는 말하기를 주의 종 야곱이 우리 뒤에 있다 하라 하니 이는 야곱이 말하기를 내가 내 앞에 보내는 예물로 형의 감정을 푼 후에 대면하면 형이 혹시 나를 받아 주리라 함이었더라"

2. 홀로 남아 하나님과 씨름하듯 기도함 (= 기도의 전략)

24절= "야곱은 홀로 남았더니 어떤 사람이 날이 새도록 야곱과 씨름하다가 자기가 야곱을 이기지 못함을 보고 그가 야곱의 허벅지 관절을 치매 야곱의 허벅지 관절이 그 사람과 씨름할 때에 어긋났더라"

창세기

3. 에서에게 일곱 번 절하며 나아갔음 (= 겸손의 전략)

3-4절= "자기는 그들 앞에서 나아가되 몸을 일곱 번 땅에 굽히며 그의 형 에서에게 가까이 가니 에서가 달려와서 그를 맞이하여 안고 목을 어긋맞추어 그와 입맞추고 서로 우니라"

◈◈◈

【대지 유형】 주제 설명형 - 본문 묶음형 - 대지 진전형
【주제】 (석의) 분노한 형 에서를 만나게 된 위기 앞에서 야곱은 물질과 기도, 그리고 겸손한 자세로 형과 화해하게 된다.
【FCF】 많은 신앙인들이 위기 앞에서 인간적인 방법에만 치중하여 기도를 등한시 함.

【서론】 위기는 누구에게나 온다. 위기에는 전략이 중요하다. 본문은 야곱이 형 에서를 만나야 하는 위기를 만나 취한 행동을 기술한다. 야곱을 죽이기 위해 이를 가는 에서. 절대절명의 위기 앞에 처한 야곱.
【우산질문】 본문을 통해 야곱이 취한 위기 극복 전략에 대해 살펴보자.

【1대지】 돈은 큰 힘이 있다. 전도할 때, 사람의 마음을 풀 때 돈이나 선물을 쓰는 것이 지혜롭다. 영적으로 말하면 하나님께 감사의 예물, 십일조의 예물을 드리는 마음이 중요하다. 야곱이 준비한 것은 현재 시가로 약 2억 5천만 원. 엄청나다. 예) 솔로몬의 일천번제, 다윗의 투자.
【2대지】 홀로 남아 하나님을 붙잡은 야곱. 씨름하듯 기도함. 성도의 기도는 자신과의 싸움이다. 남을 변화시키기 전 내가 먼저 변화되어야 한다. 돈으로는 한계가 있다. 기도 외에는 부흥이 없고 문제 해결도 없다. 여러분의 새벽기도 철야기도의 전략을 세워라.
【3대지】 야곱의 겸손한 자세는 두 형제의 화해를 가져왔다. 죄인들이 하나님 앞에 나아갈 때의 자세는 이보다 더 겸손해야 한다.
【결론】 물이 낮은 곳으로 흐르듯 하나님의 은혜도 낮은 곳으로 임한다. 야곱의 전략을 본받아 위기를 극복하고 성공적인 신앙인이 되자.

- 절기, 용도, 장르, 특징:
- Key Word: 위기 극복.
- Remarks:

본문 : **창 37:3-4, 18-20, 28**
제목 : **구약의 요셉과 예수 그리스도 (Joseph of OT and Jesus Christ)**

3.요셉은 노년에 얻은 아들이므로 이스라엘이 여러 아들들보다 그를 더 사랑하므로 그를 위하여 채색옷을 지었더니 **4.**그의 형들이 아버지가 형들보다 그를 더 사랑함을 보고 그를 미워하여 그에게 편안하게 말할 수 없었더라 …… **18.**요셉이 그들에게 가까이 오기 전에 그들이 요셉을 멀리서 보고 죽이기를 꾀하여 **19.**서로 이르되 꿈 꾸는 자가 오는도다 **20.**자, 그를 죽여 한 구덩이에 던지고 우리가 말하기를 악한 짐승이 그를 잡아먹었다 하자 그의 꿈이 어떻게 되는지를 우리가 볼 것이니라 하는지라 …… **28.**그 때에 미디안 사람 상인들이 지나가고 있는지라 형들이 요셉을 구덩이에서 끌어올리고 은 이십에 그를 이스마엘 사람들에게 팔매 그 상인들이 요셉을 데리고 애굽으로 갔더라

1. 요셉은 아버지의 특별한 사랑을 받음 (=아버지의 사랑하는 아들, 기뻐하시는 자 예수님)

창 37:3= "요셉은 노년에 얻은 아들이므로 이스라엘이 여러 아들들보다 그를 더 사랑하므로 그를 위하여 채색옷을 지었더니"

2. 형들이 요셉을 미워하고 죽이려고 의논함 (= 미움받고 피살 위험 속에 사신 예수님)

창 37:4= "그의 형들이 아버지가 형들보다 그를 더 사랑함을 보고 그를 미워하여 그에게 편안하게 말할 수 없었더라"
창 37:18= "요셉이 그들에게 가까이 오기 전에 그들이 요셉을 멀리서 보고 죽이기를 꾀하여"

3. 유다의 주도 하에 은 20에 팔려감 (= 가룟인 유다에 의해 은 30에 넘겨지신 예수님)

창 37:26-28= "유다가 자기 형제에게 이르되 우리가 우리 동생을 죽이고 그의 피를 덮어둔들 무엇이 유익할까 자 그를 이스마엘 사람들에게 팔고… 은 이십에 그를 이스마엘 사람들에게 팔매 그 상인들이 요셉을 데리고 애굽으로 갔더라"

4. 보디발 아내의 집요한 유혹을 이겨냄 (= 마귀의 교묘한 유혹을 이기신 예수님)

창 39:10= "여인이 날마다 요셉에게 청하였으나 요셉이 듣지 아니하여 동침하지 아니할 뿐더러 함께 있지도 아니하니라"

5. 요셉이 모함을 받아 옥에 갇힘 (= 십자가에 달려 죽으시고 무덤에 묻히신 예수님)

창 39:20= "이에 요셉의 주인이 그를 잡아 옥에 가두니 그 옥은 왕의 죄수를 가두는 곳이었더라 요셉이 옥에 갇혔으나"

6. 요셉이 애굽의 총리가 됨 (= 만왕의 왕으로 재림하시는 예수님)

창 41:41= "바로가 또 요셉에게 이르되 내가 너를 애굽 온 땅의 총리가 되게 하노라 하고"

7. 요셉이 창고의 문을 활짝 열고 곡식을 나누어줌 (= 생명의 떡으로 온 인류를 구원하시는 예수님)

창 41:56= "온 지면에 기근이 있으매 요셉이 모든 창고를 열고…"

◆◆◆

【대지 유형】 주제 증명형 – 본문 수집형 – 대지 진전형, 반전형
【주제】 (적용) 요셉의 일생은 예수님의 일생처럼 미움받고 고난받아 연단되어 높아졌고, 생명을 구하는 자가 되었다.
【FCF】 많은 신앙인들이 시련과 연단 주시는 것을 참지 못함.

【서론】 예수님이 원형이라면 요셉은 모형이다. 요셉의 일생이 예수님의 모습을 잘 보여준다.
【우산질문】 구약의 요셉은 어떤 사람이었나? 요셉의 생애가 보여주는 예수님의 모습은?

【1대지】 야곱으로 예표되는 하나님 아버지의 모습, 그리고 요셉으로 예표되는 예수 그리스도의 모습.
【2대지】 예수님을 시기하고 미워하여 마침내 죽이려고 모의하던 자들의 모습이 요셉 주위의 악한 무리들과 어찌도 이리 닮아 있는지!
【3대지】 예수께서 제자 중 '가룟 유다'에 의해 은 30에 팔리는 모습을 보라. 파는 자의 이름까지 같으니 참으로 놀라울 따름.
【4대지】 요셉이 예표하는 예수님도 일생을 통하여 무수한 유혹에 직면하였다.
【5대지】 요셉이 감옥에 갇힌 모습, 그리고 예수님이 십자가 고난을 받으신 후 죽으시고 무덤에 들어가신 모습도 영적으로는 동일하다.
【6대지】 요셉이 감옥에서 나온 후 애굽의 총리 자리에 우뚝 서서 전국을 다스린 것은 예수님이 재림 때 만왕의 왕 만주의 주로 임하실 것을 뜻한다.
【7대지】 요셉의 양곡정책의 수건을 벗겨내면 요한복음에 기록된 생명의 떡이신 예수님의 모습이 찬란하게 드러난다.
【결론】 생명의 떡인 말씀을 굳게 붙들고 그 말씀으로 사람들을 살리는 삶을 살자.

- 절기, 용도, 장르, 특징: 상징주의 해석.
- Key Word: 요셉.
- Remarks:

본문 : **창 37:3-11; 42:6-9**

제목 : **꿈을 가진 사람 (The Man of God's Vision)**

37:3.요셉은 노년에 얻은 아들이므로 이스라엘이 여러 아들들보다 그를 더 사랑하므로 그를 위하여 채색옷을 지었더니 **4.**그의 형들이 아버지가 형들보다 그를 더 사랑함을 보고 그를 미워하여 그에게 편안하게 말할 수 없었더라 **5.**요셉이 꿈을 꾸고 자기 형들에게 말하매 그들이 그를 더욱 미워하였더라 **6.**요셉이 그들에게 이르되 청하건대 내가 꾼 꿈을 들으시오 **7.**우리가 밭에서 곡식 단을 묶더니 내 단은 일어서고 당신들의 단은 내 단을 둘러서서 절하더이다 **8.**그의 형들이 그에게 이르되 네가 참으로 우리의 왕이 되겠느냐 참으로 우리를 다스리게 되겠느냐 하고 그의 꿈과 그의 말로 말미암아 그를 더욱 미워하더니 **9.**요셉이 다시 꿈을 꾸고 그의 형들에게 말하여 이르되 내가 또 꿈을 꾼즉 해와 달과 열한 별이 내게 절하더이다 하니라 **10.**그가 그의 꿈을 아버지와 형들에게 말하매 아버지가 그를 꾸짖고 그에게 이르되 네가 꾼 꿈이 무엇이냐 나와 네 어머니와 네 형들이 참으로 가서 땅에 엎드려 네게 절하겠느냐 **11.**그의 형들은 시기하되 그의 아버지는 그 말을 간직해 두었더라 …… **42:6.** 때에 요셉이 나라의 총리로서 그 땅 모든 백성에게 곡식을 팔더니 요셉의 형들이 와서 그 앞에서 땅에 엎드려 절하매 **7.**요셉이 보고 형들인 줄을 아나 모르는 체하고 엄한 소리로 그들에게 말하여 이르되 너희가 어디서 왔느냐 그들이 이르되 곡물을 사려고 가나안에서 왔나이다 **8.**요셉은 그의 형들을 알아보았으나 그들은 요셉을 알아보지 못하더라 **9.**요셉이 그들에게 대하여 꾼 꿈을 생각하고 그들에게 이르되 너희는 정탐꾼들이라 이 나라의 틈을 엿보려고 왔느니라

1. 요셉은 꿈을 통해 하나님의 계시를 받았음 (= 일생의 비전 발견)

5절= "요셉이 꿈을 꾸고…"

9절= "요셉이 다시 꿈을 꾸고…"

2. 요셉은 꿈을 간직한 삶을 살았음 (= 비전에 의한 생애)

창 42:9= "요셉이 그들에 대하여 꾼 꿈을 생각하고 그들에게 이르되…"

창 45:5= "당신들이 나를 이곳에 팔았으므로 근심하지 마소서 한탄하지 마소서 하나님이 생명을 구원하시려고 나를 당신들 앞서 보내셨나이다"

3. 요셉은 꿈 때문에 시련과 연단을 받았음 (= 핍박 감수의 생애)

5절= "요셉이 꿈을 꾸고 자기 형들에게 고하매 그들이 그를 더욱 미워하였더라"

8절= "… 그 꿈과 그 말을 인하여 그를 더욱 미워하더니"

◈◈◈

【대지 유형】 주제 설명형 - 본문 수집형 - 대지 심화형

【주제】 (석의) 요셉은 하나님이 주신 비전을 일생 간직하며 연단 받아 위대한 사람으로 성장하였다.

【FCF】 많은 성도들이 비전에 의한 삶을 살지 못하고 현실에 흔들리고 있음.

【서론】 구약의 여러 인물 가운데 요셉만큼 예수님을 닮은 사람을 찾기 어렵다. 요셉은 여러 면에서 예수 그리스도의 예표가 되는 사람이다. 요셉은 꿈의 사람이다. 요셉은 시종일관 꿈의 사람이었다. 그는 자신이 꿈을 꾸었고, 다른 사람의 꿈을 해몽해주었고, 이 꿈을 통해 하나님의 계시를 받으며 하나님 앞에 복을 받았던 인물이었다.
【우산질문】 말씀을 통하여 요셉의 일생을 좌우했던 꿈에 대해 폭넓은 이해와 교훈을 받자.

【1대지】 하나는 열 한 보릿단들, 또 하나의 꿈은 해와 달과 열한 별들. 높은 꿈을 가진 사람은 쉽게 낙담하거나 태만한 삶을 살 수 없다. 그는 꿈을 바라보면서 최후까지 견디며 달려가는 사람이다.
【2대지】 우리는 하나님의 약속의 말씀을 굳게 붙들고 나가야 한다. 그러나 현실이 아무리 좋다 하더라도 언약의 말씀을 바라보고, 현실이 아무리 어렵다 하더라도 언약의 말씀을 바라보고 꾸준히 변치 않고 성도의 길을 가는 것이 거룩한 생활이다. 예수님의 꿈은 하나님 아버지의 뜻을 이루는 것이었다. 예수님은 최고의 '비전의 사람(the Man of God's Vision)'이시다.
【3대지】 계시는 박해를 받을 때 더욱 가치 있게 된다. 우리가 주님의 계시를 위해 욕을 먹고 박해를 받는다면 그것은 영광된 일이다. 요셉의 경우 모든 핍박과 시련은 결국 영광으로 귀결되었다. 애굽에 팔려 갔기 때문에, 옥에 갇혔기 때문에, 그리고 갇혀서 오랜 세월 배은망덕 당한 채 방치되었기 때문 총리가 된 것이다.
【결론】 요셉의 생애는 예수께서 죄 없이 세상에 오셔서 고난당하는 것의 그림자이다. 요셉의 박해와 영광은 예수님의 십자가 죽으심이 헛되지 아니하고 그것으로 만민을 구속하시고 삼일 만에 부활하시는 영광의 그림자이다. 비전과 꿈이 있는 사람에게는 '내일'을 향한 가슴 두근거림이 있다. 그것이 삶의 원동력이 된다.

- 절기, 용도, 장르, 특징: 상징주의 해석.
- Key Word: 꿈, 비전.
- Remarks:

본문 : **창 37:5, 9; 41:33-35; 45:5, 7**
제목 : **하나님이 앞서 보내신 사람**

37:5, 9.요셉이 꿈을 꾸고… 요셉이 다시 꿈을 꾸고… **41:33.**이제 바로께서는 명철하고 지혜 있는 사람을 택하여 애굽 땅을 다스리게 하시고 **34.**바로께서는 또 이같이 행하사 나라 안에 감독관들을 두어 그 일곱 해 풍년에 애굽 땅의 오분의 일을 거두되 **35.**그들로 장차 올 풍년의 모든 곡물을 거두고 그 곡물을 바로의 손에 돌려 양식을 위하여 각 성읍에 쌓아 두게 하소서 **45:5.**당신들이 나를 이 곳에 팔았다고 해서 근심하지 마소서 한탄하지 마소서 하나님이 생명을 구원하시려고 나를 당신들보다 먼저 보내셨나이다 **7.**하나님이 큰 구원으로 당신들의 생명을 보존하고 당신들의 후손을 세상에 두시려고 나를 당신들보다 먼저 보내셨나니

1. 요셉은 꿈이 있는 자였음 (= 하나님이 주신 비전을 가진 사람)
37:5, 9= "요셉이 꿈을 꾸고… 요셉이 다시 꿈을 꾸고…"

2. 요셉은 하나님이 많은 생명을 구원하려고 자기를 먼저 애굽에 보내셨다고 함 (= 민족 구원의 사명을 받은 자)
45:5= "당신들이 나를 이 곳에 팔았다고 해서 근심하지 마소서 한탄하지 마소서 하나님이 생명을 구원하시려고 나를 당신들보다 먼저 보내셨나이다"
45:7= "하나님이 큰 구원으로 당신들의 생명을 보존하고 당신들의 후손을 세상에 두시려고 나를 당신들보다 먼저 보내셨나니"

3. 요셉은 흉년을 준비하는 지혜를 가졌음 (= 미래를 보는 안목을 가진 자)
41:33-35= "이제 바로께서는 명철하고 지혜 있는 사람을 택하여 애굽 땅을 다스리게 하시고 바로께서는 또 이같이 행하사 나라 안에 감독관들을 두어 그 일곱 해 풍년에 애굽 땅의 오분의 일을 거두되 그들로 장차 올 풍년의 모든 곡물을 거두고 그 곡물을 바로의 손에 돌려 양식을 위하여 각 성읍에 쌓아 두게 하소서"

◈◈◈

【대지 유형】 주제 설명형 - 본문 수집형 - 대지 진전형
【주제】 (적용) 앞서가는 사람이 되려면 꿈을 가지고 사명감으로 무장하며 미래를 보는 안목을 가져야 한다.

창
세
기

【FCF】 많은 신앙인들이 비전이나 사명감으로 무장하는 면에서 미흡함.
【서론】 세상에는 앞서가는 사람(교회, 민족)이 있고 뒤따라가는 사람이 있다. 요셉은 앞서가는 사람이었다. 요셉의 고난-인내, 순결-하나님의 인도와 놀라운 섭리를 보라. 하나님이 앞서가게 하신 요셉은 어떤 사람이었나?
【우산질문】 요셉이 앞서 가는 사람이 된 모습을 살펴보자.

【1대지】 요셉의 꿈속에 하나님의 비전이 담겨 있음(37:5; 37:9). 위대한 인물은 남다른 꿈을 갖고 있다. 요셉이 왜 팔려가야 했나? 형들에게는 없는 꿈이 있었기 때문에. 그는 꿈을 간직한 사람. 남다른 꿈, 거룩한 욕심을 가진 사람. 하나님은 먼저 꿈을 주시고, 비전을 갖게 하신다. 꿈이 있는 자를 막을 자는 없다. 성도의 기도: "폐허 속에서 젖과 꿀을 볼 수 있는 눈을 주옵소서."
【2대지】 요셉이 왜 팔려갔나? 나쁜 형들 때문에? 이것은 피상적인 원인에 불과하다. 진짜 원인은 하나님이 그렇게 하신 것. 요셉에게 사명이 주어졌기 때문에 하나님이 그렇게 하셨다. 히브리 종 – 감옥에 갇힌 죄수 – 국무총리까지 높아져 – 하나님의 방법이 아니고는 불가능하다. 요셉의 고난을 상상해 보라. 그럼에도 그의 꿈은 그에게 놀라운 사명에 대한 확신을 주었다. 가족과 민족의 구원. 여러분은 어떤 사명을 받았나? 사명이 있는 사람은 절대 망하지 않는다. 사명 때문에 일하는 사람은 절대로 실패가 있을 수 없다.
【3대지】 41:25 이하를 보면 요셉은 앞으로 다가올 큰 기근을 준비하는 안목을 가졌다. 그가 국무총리로 발탁된 것도 미래를 예견하는 식견 때문이었다. 요셉이 형들을 만날 수 있었던 것도 기근 대비 양식을 저장했기에 가능했다. 앞서가는 사람은 생각이 앞서가야. 그에게는 창의력과 아이디어가 필요하다.
【결론】 모든 비밀이 하나님께 있다. 앞서가는 사람은 남다른 탁월한 지혜와 영감이 있다. 모든 비밀이 하나님께 있다. 하나님 주시는 영감으로 미래를 내다보는 안목을 갖자.

- 절기, 용도, 장르, 특징: 비전 대회.
- Key Word: 꿈, 사명.
- Remarks:

본문 : **창 41:46-57**
제목 : **창고를 여는 요셉 (Joseph Opened All the Storehouses)**

46.요셉이 애굽 왕 바로 앞에 설 때에 삼십 세라 그가 바로 앞을 떠나 애굽 온 땅을 순찰하니 **47.**일
곱 해 풍년에 토지 소출이 심히 많은지라 **48.**요셉이 애굽 땅에 있는 그 칠 년 곡물을 거두어 각 성
에 저장하되 각 성읍 주위의 밭의 곡물을 그 성읍 중에 쌓아 두매 **49.**쌓아 둔 곡식이 바다 모래 같
이 심히 많아 세기를 그쳤으니 그 수가 한이 없음이었더라 **50.**흉년이 들기 전에 요셉에게 두 아들이
나되 곧 온의 제사장 보디베라의 딸 아스낫이 그에게서 낳은지라 **51.**요셉이 그의 장남의 이름을 므
낫세라 하였으니 하나님이 내게 내 모든 고난과 내 아버지의 온 집 일을 잊어버리게 하셨다 함이요
52.차남의 이름을 에브라임이라 하였으니 하나님이 나를 내가 수고한 땅에서 번성하게 하셨다 함이
었더라 **53.**애굽 땅에 일곱 해 풍년이 그치고 **54.**요셉의 말과 같이 일곱 해 흉년이 들기 시작하매 각
국에는 기근이 있으나 애굽 온 땅에는 먹을 것이 있더니 **55.**애굽 온 땅이 굶주리매 백성이 바로에게
부르짖어 양식을 구하는지라 바로가 애굽 모든 백성에게 이르되 요셉에게 가서 그가 너희에게 이르
는 대로 하라 하니라 **56.**온 지면에 기근이 있으매 요셉이 모든 창고를 열고 애굽 백성에게 팔새 애
굽 땅에 기근이 심하며 **57.**각국 백성도 양식을 사려고 애굽으로 들어와 요셉에게 이르렀으니 기근
이 온 세상에 심함이었더라

1. 요셉은 국무총리가 되어 나라를 다스림 (= 왕적인 권위, 왕이신 예수님)

46절= "요셉이 애굽 왕 바로 앞에 설 때에 삼십 세라 그가 바로 앞을 떠나 애굽 온 땅을 순찰하니"

2. 요셉은 놀라운 지혜로 곡식을 저장하였음 (= 신적인 지혜, 지혜로우신 예수님)

48-49절= "요셉이 애굽 땅에 있는 그 칠 년 곡물을 거두어 각 성에 저장하되 각 성읍 주위의 밭의 곡물을 그 성읍 중에 쌓아 두매 쌓아 둔 곡식이 바다 모래 같이 심히 많아 세기를 그쳤으니 그 수가 한이 없음이었더라"

3. 창고를 열어 굶주린 백성에게 곡식을 팔았음 (= 복음의 창고를 활짝 여신 예수님)

56-57절= "온 지면에 기근이 있으매 요셉이 모든 창고를 열고 애굽 백성에게 팔새 애굽 땅에 기근이 심하며 각국 백성도 양식을 사려고 애굽으로 들어와 요셉에게 이르렀으니 기근이 온 세상에 심함이었더라"

◈◈◈

【대지 유형】 주제 설명형 - 본문 묶음형 - 대지 심화형

【주제】 (적용) 요셉이 창고를 열었듯이 예수님은 복음의 창고를 활짝 열고 온 세상에 복음을 전파하신다.

【FCF】 많은 교회가 예수님의 세계선교 비전을 따라가지 못하고 있음.

【서론】 인류의 역사는 하나님의 주관하에 진행되어 왔다. 그중 하나님 백성의 역사는 특별계시. 구약 기록에 나타난 사건들은 저마다 중대한 의미가 있다. 거기 하나님의 모습과 구원의 계획이 보인다. 요셉은 예수 그리스도를 예표하는 인물이다. 그의 인내와 성실, 그의 순종= 30세에 애굽의 총리대신이 된다. 요셉이 온 백성을 구했듯이 예수님은 복음으로 온 인류를 구하신다.
【우산질문】 요셉이 창고를 열게 되는 과정을 찾아보고 예수님의 구원을 살펴보자.

【1대지】 애굽의 총리대신이 되어 미래를 준비하는 요셉. 7년 풍년 후 찾아온 7년 흉년. 흉년들어 부르짖는 백성에게 애굽의 바로는 "요셉에게 가라!" 고 함. 이것은 왕의 전권을 행사함을 의미. 요셉 외에는 창고를 열 자가 없다. 요 3:35, "아버지께서 아들을 사랑하사 만물을 다 그 손에 주셨으니…" 계 3:7. "열면 닫을 사람이 없고 닫으면 열 사람이 없는 그이가 가라사대…"
【2대지】 요셉은 창고를 열기에 적합한 사람. 바로의 인정을 받음. 하나님의 지혜(divine wisdom)로 흉년을 준비함. 하나님은 이 요셉을 통해 당신의 구원 계획을 보이신다. 히 1:1-3. 요셉은 곡식을 잘 분배하는 지혜를 소유함. 예수님은 우리 영혼과 육신의 갈급함을 해결해주시는 분. 요 1:16, "우리가 다 그의 충만한 데서 받으니 은혜 위에 은혜러라."
【3대지】 창고에 저장한 이유는 나누어주기 위함= 하나님의 은혜 또한 나누어 주기 위함. 그리스도의 보혈의 공로는 활짝 열려 있다. 기근의 때에= 우리 영혼이 목말라 부르짖을 때. 온 세상이 양식 떨어졌는데 오직 요셉에게만 양식이 있었다= 그의 창고는 계속 열려 있었다. 요 6:35. "내가 곧 생명의 떡이니…"
【결론】 하나님의 심정, 하나님의 관심을 읽자. 온 땅에 기근이 극심하여 많은 사람들이 곡식을 구하러 왔다. 그들 중에는 요셉을 은 20냥에 팔아버린 형들도 있었다= 그들도 양식을 받았다! 사 55:1, "너희 목마른 자들아… 돈없이 값없이 와서 포도주와 젖을 사라."

- 절기, 용도, 장르, 특징: 상징주의 해석.
- Key Word: 복음의 창고, 요셉, 세계선교 비전.
- Remarks:

본문 : **창 49:33-50:9**
제목 : **야곱의 최후 모습**

49:33.야곱이 아들에게 명하기를 마치고 그 발을 침상에 모으고 숨을 거두니 그의 백성에게로 돌아갔더라 **50:1.**요셉이 그의 아버지 얼굴에 구푸려 울며 입맞추고 **2.**그 수종 드는 의원에게 명하여 아버지의 몸을 향으로 처리하게 하매 의원이 이스라엘에게 그대로 하되 **3.**사십 일이 걸렸으니 향으로 처리하는 데는 이 날수가 걸림이며 애굽 사람들은 칠십 일 동안 그를 위하여 곡하였더라 **4.**곡하는 기한이 지나매 요셉이 바로의 궁에 말하여 이르되 내가 너희에게 은혜를 입었으면 원하건대 바로의 귀에 아뢰기를 **5.**우리 아버지가 나로 맹세하게 하여 이르되 내가 죽거든 가나안 땅에 내가 파 놓은 묘실에 나를 장사하라 하였나니 나로 올라가서 아버지를 장사하게 하소서 내가 다시 오리이다 하라 하였더니 **6.**바로가 이르되 그가 네게 시킨 맹세대로 올라가서 네 아버지를 장사하라 **7.**요셉이 자기 아버지를 장사하러 올라가니 바로의 모든 신하와 바로 궁의 원로들과 애굽 땅의 모든 원로와 **8.**요셉의 온 집과 그의 형제들과 그의 아버지의 집이 그와 함께 올라가고 그들의 어린 아이들과 양 떼와 소 떼만 고센 땅에 남겼으며 **9.**병거와 기병이 요셉을 따라 올라가니 그 떼가 심히 컸더라

1. 자녀들에게 후일에 당할 일을 유언하였음 (= 좋은 유산을 남김)

49:33= "야곱이 아들에게 명하기를 마치고 그 발을 침상에 모으고 숨을 거두니 그의 백성에게로 돌아갔더라"

2. 야곱의 장례에 애굽인들이 70일 동안 곡하였음 (= 처음보다 끝이 좋음)

2-3절= "그 수종 드는 의원에게 명하여 아버지의 몸을 향으로 처리하게 하매 의원이 이스라엘에게 그대로 하되 사십 일이 걸렸으니 향으로 처리하는 데는 이 날수가 걸림이며 애굽 사람들은 칠십 일 동안 그를 위하여 곡하였더라"

3. 가나안 땅에 자신을 장사하라 유언함 (= 우리 고향은 이 세상이 아니라 천국임)

5절= "… 내가 죽거든 가나안 땅에 내가 파 놓은 묘실에 나를 장사하라…"

◈◈◈

【대지 유형】 주제 설명형 - 본문 묶음형 - 대지 진전형

【주제】 (석의) 야곱은 자녀들에게 신앙의 좋은 유산을 남겼고 온 백성이 애곡하는 가운데 더 나은 본향을 향하여 떠났다.

【FCF】 많은 신앙의 선배들이 처음보다 나중이 더 좋지 않는 길을 가고 있음.

【서론】 인간은 누구나 최후를 맞는다. 본문은 야곱이라는 한 인간의 최후 모습. 죽어서 장사 지내는 말씀. 우리 각자의 최후 모습이 어떠해야 할지를 생각해 보자.
【우산질문】 본문에 나타난 야곱의 최후 모습에 대하여 살펴보자.

【1대지】 야곱은 죽기 전에 자식들을 모두 모아놓고 유언하고 있음. 48:22, "나는 죽으나 하나님이 너희와 함께 계시사…" 신앙의 유산. 그는 많은 가족들을 하나님께 부탁하고 떠났다. 그리고 모세는 여호수아에게 민족을 이끄는 리더십을, 다윗은 솔로몬에게 나라를 다스리는 kingship을, 엘리야는 엘리사에게 자신의 영감의 옷인 겉옷을 물려주고 갔다. 예) 링컨의 어머니는 링컨에게 성경을 물려줌. 당신은 무엇을 물려줄 것인가?
【2대지】 야곱의 일생은 다른 족장들에 비해 피눈물 나는 고생의 삶이었다. 형과 아버지를 속임. 아람에서 20년간 고생함. 딸 디나의 성폭행 사건. 그로 인해 야곱 일가는 하나님의 도움이 없었다면 살아남지 못했을 것. 그러나 최후에는 왕후장상이 부럽지 않음. 야곱 일생의 영적 의미를 생각하자. 참 훌륭한 사람은 어떻게 사느냐도 중요하지만 어떤 죽음을 죽느냐, 무엇을 위해 사느냐도 중요하지만 무엇을 위해 죽느냐 하는 것은 더 중요하다. 신앙의 사람은 처음보다 나중이 더 좋아야 한다.
【3대지】 가나안 땅은 천국을 상징한다. 47:29, "내 나그네 생활이 130년" 야곱의 시신은 애굽에서 멀리 떨어진 가나안 땅에 돌아왔다. 애굽의 총리가 아들인데도 야곱의 돌아갈 곳은 가나안이었다. 요셉도 자신의 시신을 가나안 땅에 묻으라고 유언했다. 바울 사도, "우리의 시민권은 하늘에 있다."
【결론】 우리의 시민권은 하늘에 있다. "죽어 열조에게로 돌아간다." 더 나은 본향(the better country)이 기다리고 있다. 당신은 지금 준비되어 있나?

- 절기, 용도, 장르, 특징: 상징주의 해석.
- Key Word: 유언.
- Remarks:

본문 : **창 50:15-21**
제목 : **도단 사건에 대한 요셉의 해석 (Am I in the Place of God?)**

15.요셉의 형제들이 그들의 아버지가 죽었음을 보고 말하되 요셉이 혹시 우리를 미워하여 우리가 그
에게 행한 모든 악을 다 갚지나 아니할까 하고 **16.**요셉에게 말을 전하여 이르되 당신의 아버지가 돌
아가시기 전에 명령하여 이르시기를 **17.**너희는 이같이 요셉에게 이르라 네 형들이 네게 악을 행하
였을지라도 이제 바라건대 그들의 허물과 죄를 용서하라 하셨나니 당신 아버지의 하나님의 종들인
우리 죄를 이제 용서하소서 하매 요셉이 그들이 그에게 하는 말을 들을 때에 울었더라 **18.**그의 형들
이 또 친히 와서 요셉의 앞에 엎드려 이르되 우리는 당신의 종들이니이다 **19.**요셉이 그들에게 이르
되 두려워하지 마소서 내가 하나님을 대신하리이까 **20.**당신들은 나를 해하려 하였으나 하나님은 그
것을 선으로 바꾸사 오늘과 같이 많은 백성의 생명을 구원하게 하시려 하셨나니 **21.**당신들은 두려
워하지 마소서 내가 당신들과 당신들의 자녀를 기르리이다 하고 그들을 간곡한 말로 위로하였더라

1. 생명을 살리기 위함이라고 함 (= 어려운 사건을 좋게 해석함, 인류 구원을 위한 십자가 고난)
20절= "당신들은 나를 해하려 하였으나 하나님은 그것을 선으로 바꾸사 오늘과 같이 많은 백성의 생명을 구원하게 하시려 하셨나니"

2. 하나님께서 하신 일이라고 함 (= 하나님은 합력하여 선을 이루심)
20절= "당신들은 나를 해하려 하였으나 하나님은 그것을 선으로 바꾸사…"

3. '내가 하나님을 대신하리이까'라고 함 (= 모두를 평안하도록 해석함, 하나님 중심 신앙)
19절= "두려워하지 마소서 내가 하나님을 대신하리이까"

◈◈◈

【대지 유형】 주제 설명형 - 본문 분석형 - 대지 연결형
【주제】 (석의) 요셉은 도단 사건을 하나님이 모두를 구원하시려고 섭리하신 것으로 좋게 해석하였다.
【FCF】 많은 교인들이 하나님 중심으로 좋게 해석하지 못하고 미워하기 일쑤임.

【서론】 요셉만큼 예수님을 잘 예표하는 분은 없다. 억울한 고난, 그 속에서 끝까지 하나님을 신뢰하는 요셉의 인내, 온 세상을 사망의 그늘에서 건져낸 구원자 요셉의 승리—이 모든 것은 장차 세상을 구원하시기 위해 육신을 입고 이 땅에 오실 예수 그리스도를 예표하기 위해 마련하신 하나님의 섭리이다. 우리는 요셉을 통하여 예수님을 보아야 한다. 성경을 이해하는 데 있어 사건 자체보다 더 중요한 것은 그 사건을 보는 시각이다. 형들이 요셉을 팔아버린

'도단 사건' 을 두고 형들의 해석과 요셉의 해석 사이에 큰 차이가 있음이 확연하다.

【우산질문】 자신에게 잊을 수 없는 고통을 안겨 준 '도단 사건'을 요셉은 어떻게 보고 있나? 애굽의 노예생활, 억울한 감옥생활을 요셉은 어떻게 해석하나? 주님은 우리에게 닥쳐오는 수많은 사건들을 우리가 어떤 눈으로 해석하기를 원하시는가?

【1대지】 형들이 요셉을 해(害)하려 하였지만 하나님께서는 그것을 선(善)으로 바꾸셨다는 것이 요셉의 해석이다. 하나님께서 형들의 악행을 오히려 많은 백성의 생명을 구원하는 방향으로 섭리하셨다는 것이 요셉의 믿음이요 신앙고백이다. 동일한 사건을 보는 형들의 눈은 요셉과는 판이하다. 하나님이 우리 가정을 살리고 많은 사람들을 살리려고 그렇게 인도하셨다고 해석하는 것이 하나님 나라의 해석법이다. 요셉은 형들의 악한 행동까지 긍정적인 각도에서 해석하려 했다. 사건보다 꿈이 더 중요하다. 요셉처럼 좋게 해석하여야 밝은 세상을 만들어갈 수 있다. 도단에서 형들이 자기를 애굽의 노예로 팔아버린 사건을 '많은 백성의 생명을 구원하시려는' 하나님의 섭리로 보았다. 하나님은 실제로 온 세상을 구원하시기 위해 독생자를 우리 가운데 보내셨다.

【2대지】 사건 속에 하나님의 손길을 보는 것이 깊은 해석, 영적인 해석이다. 요셉은 사건을 깊게 보았다. 과거에 일어난 모든 일이 우연한 일이 아니라 하나님의 오묘한 구원 계획과 섭리 속에서 이루어진 일임을 고백한 것. 요셉이 형들을 진심으로 용서할 수 있었던 것은 바로 이러한 하나님의 섭리에 대한 이해 때문이었다. 요셉에게 있어서 형들은 더 이상 미워할 대상이 아니라 하나님의 뜻을 이루는 데 사용된 도구들이었던 것이다.

【3대지】 요셉의 자세는 화평케 하는 자의 모습이다. 요셉의 해석을 들은 사람들은 모두 평안해졌을 것. 이것이 좋은 해석이다. 형제들에 대한 요셉의 진정한 용서와 위로는 이웃의 잘못을 정죄하고 비판하기에 빠른 오늘 우리에게 신선한 감동을 전해준다.

【결론】 모든 사건을 좋게 보는 눈을 가져야겠다. 비록 그 사건이 아픔을 주고 눈물을 주고 희생을 요구하더라도 그 속에서 하나님의 섭리의 손길을 발견하는 깊은 안목을 가져야겠다. 모든 사물과 사건을 좋게 해석하자. 항상 하나님 중심의 해석, 영적으로 깊은 해석을 찾아 나서자. 항상 남을 평안하게 하는 안목을 키우자.

- 절기, 용도, 장르, 특징:
- Key Word: 요셉, 해석.
- Remarks:

본문 : **출 1:8-14**
제목 : **이스라엘 원수의 모습 (A New King Not Knowing about Joseph)**

8.요셉을 알지 못하는 새 왕이 일어나 애굽을 다스리더니 **9.**그가 그 백성에게 이르되 이 백성 이스라엘 자손이 우리보다 많고 강하도다 **10.**자, 우리가 그들에게 대하여 지혜롭게 하자 두렵건대 그들이 더 많게 되면 전쟁이 일어날 때에 우리 대적과 합하여 우리와 싸우고 이 땅에서 나갈까 하노라 하고 **11.**감독들을 그들 위에 세우고 그들에게 무거운 짐을 지워 괴롭게 하여 그들에게 바로를 위하여 국고성 비돔과 라암셋을 건축하게 하니라 **12.**그러나 학대를 받을수록 더욱 번성하여 퍼져나가니 애굽 사람이 이스라엘 자손으로 말미암아 근심하여 **13.**이스라엘 자손에게 일을 엄하게 시켜 **14.**어려운 노동으로 그들의 생활을 괴롭게 하니 곧 흙 이기기와 벽돌 굽기와 농사의 여러 가지 일이라 그 시키는 일이 모두 엄하였더라

1. '이스라엘 자손이 우리보다 많고 강하다' 함 (= 교회 부흥을 싫어함)

9절= "그가 그 백성에게 이르되 이 백성 이스라엘 자손이 우리보다 많고 강하도다"

2. '우리가 그들에 대해 지혜롭게 하자' 함 (= 매우 교활함)

10절= "자, 우리가 그들에게 대하여 지혜롭게 하자 두렵건대 그들이 더 많게 되면 전쟁이 일어날 때에 우리 대적과 합하여 우리와 싸우고 이 땅에서 나갈까 하노라"

3. 감독들을 세워 이스라엘 자손을 고역(苦役)으로 괴롭게 함 (= 교회를 핍박함)

11절= "감독들을 그들 위에 세우고 그들에게 무거운 짐을 지워 괴롭게 하여 그들에게 바로를 위하여 국고성 비돔과 라암셋을 건축하게 하니라"

◈◈◈

【대지 유형】 주제 설명형 - 본문 분석형 - 대지 심화형
【주제】 (적용) 우리의 원수들은 교회 부흥을 싫어하고 교활하게 교회를 핍박한다.
【FCF】 사탄의 교활한 궤계에 대해 무지하거나 무신경한 현대 교회의 안일함.

【서론】 모세오경은 민족의 지도자였던 모세(B.C. 1527-1406)가 광야 40년 생활을 마감할 시점에 기록한 책이다. 모세오경의 양대 핵심내용은 태초로부터 출애굽시대까지의 하나님의 선민의 역사(the History)와 하나님이 선민 이스라엘에게 주신 율법(the Law)으로 축약된다. 8절, "요셉을 알지 못하는 새 왕"이 일어났다. 기존의 셈족 계통의 힉소스 왕조를 무너뜨리고 새롭게 세워진 애굽 제 18왕조의 제 3대왕 투트모스 1세. 이스라엘 민족을 매우 핍박하였고,

적그리스도의 모형이다.
【우산질문】 요셉을 알지 못하는 새 왕은 어떤 자이었나?

【1대지】 실제로 수적인 면에서 볼 때 이스라엘 자손들은 애굽인들보다 많거나 강한 것이 아니었다. 바로왕은 그의 백성들에게 특별한 경계심을 일으킬 목적으로 과장법을 사용하고 있는 것. 왕은 하나님 백성의 세력이 커짐을 매우 싫어했다. 마귀의 세력들이 교회의 부흥을 싫어하고, 교회의 번성을 매우 경계한다는 사실을 잊지말자.
【2대지】 '지혜롭게 하자'= '기민하게 대하자(Let us deal shrewdly)', 또는 '교활하게 다루자(Let us deal craftily)'라는 뜻. 새 왕은 매우 교활함. 우리의 원수는 결코 만만한 상대가 아니다. 애굽왕 바로가 꾸민 간계는 이스라엘 자손들에게 중노동을 시키는 것이었다. 바로는 이스라엘을 멸절하려는 계교를 가지고 있었지만 하나님은 오히려 이스라엘 자손으로 하여금 학대를 받으면 받을수록 더욱 번성하게 하셨다(12절).
【3대지】 세상과 마귀는 오늘도 동일한 방법으로 성도들을 괴롭히며 교회의 부흥을 방해한다. 마지막 때 적그리스도의 세력은 막강한 조직력을 가지고 선민을 고통스럽게 핍박할 것이라고 성경은 예언한다. 하나님은 애굽인들을 사용하셔서 이스라엘 백성들을 숫자적으로 많게 하시고 기질적으로 강한 백성으로 만들어 가셨다. 교회는 고난의 피를 먹으며 자란다. 역사적으로 볼 때 교회는 박해를 받지 아니하고 평안할 때 그 성장이 정체되고 부패해지기까지 하였다. 바로의 막강한 권력이 하나님이 함께하시는 이스라엘의 번성을 막지 못한 것처럼, 오늘 공중 권세를 잡고 있는 사탄도 하나님이 함께하시는 교회의 성장을 결코 막을 수는 없다.
【결론】 오늘도 '요셉을 알지 못하는 새 왕'은 우리 주위에서 끊임없이 우리의 번성과 강해짐을 시기 질투하며 가로막고 있다. 사탄은 하나님의 뜻을 정면으로 거역하며, 하나님 나라의 성장을 막고 하나님 백성들을 무너뜨리기 위해 수단방법을 가리지 않는다. 어둠의 세력은 막강한 조직력을 가지고 교회를 세속화시키며 교회를 핍박하려 한다. 넓은 안목으로 보면 성도들이 당하는 고난은 우리에게 복 주시기를 원하시는 하나님의 축복의 한 방편이다.

- 절기, 용도, 장르, 특징: 상징주의 해석.
- Key Word: 적그리스도, 박해, 교회부흥.
- Remarks:

본문 : **출 2:1-10**

제목 : **모세 출생의 의미 (The Birth of Moses)**

1.레위 가족 중 한 사람이 가서 레위 여자에게 장가 들어 **2.**그 여자가 임신하여 아들을 낳으니 그가
잘 생긴 것을 보고 석 달 동안 그를 숨겼으나 **3.**더 숨길 수 없게 되매 그를 위하여 갈대 상자를 가져
다가 역청과 나무 진을 칠하고 아기를 거기 담아 나일 강 가 갈대 사이에 두고 **4.**그의 누이가 어떻게
되는지를 알려고 멀리 섰더니 **5.**바로의 딸이 목욕하러 나일 강으로 내려오고 시녀들은 나일 강 가를
거닐 때에 그가 갈대 사이의 상자를 보고 시녀를 보내어 가져다가 **6.**열고 그 아기를 보니 아기가 우
는지라 그가 그를 불쌍히 여겨 이르되 이는 히브리 사람의 아기로다 **7.**그의 누이가 바로의 딸에게
이르되 내가 가서 당신을 위하여 히브리 여인 중에서 유모를 불러다가 이 아기에게 젖을 먹이게 하리
이까 **8.**바로의 딸이 그에게 이르되 가라 하매 그 소녀가 가서 그 아기의 어머니를 불러오니 **9.**바로
의 딸이 그에게 이르되 이 아기를 데려다가 나를 위하여 젖을 먹이라 내가 그 삯을 주리라 여인이 아
기를 데려다가 젖을 먹이더니 **10.**그 아기가 자라매 바로의 딸에게로 데려가니 그가 그의 아들이 되
니라 그가 그의 이름을 모세라 하여 이르되 이는 내가 그를 물에서 건져내었음이라 하였더라

1. 레위 가족 부모에게서 출생함 (= 신앙의 좋은 가문)

1절= "레위 가족 중 한 사람이 가서 레위 여자에게 장가 들어"

2. 석달 동안 숨김 받음 (= 사탄의 세력으로부터 보호)

2절= "그 여자가 임신하여 아들을 낳으니 그가 잘 생긴 것을 보고 석 달 동안 그를 숨겼으나"

3. 갈대상자에 담김 받음 (= 교회 통한 구원)

3절= "더 숨길 수 없게 되매 그를 위하여 갈대 상자를 가져다가 역청과 나무 진을 칠하고 아기를 거기 담아 나일 강 가 갈대 사이에 두고"

4. 히브리인 생모에게 양육 받음 (= 절묘한 인도, 유아교육의 중요성)

8절= "바로의 딸이 그에게 이르되 가라 하매 그 소녀가 가서 그 아기의 어머니를 불러오니"

9절= "바로의 딸이 그에게 이르되 이 아기를 데려다가 나를 위하여 젖을 먹이라 내가 그 삯을 주리라 여인이 아기를 데려다가 젖을 먹이더니"

5. 그 이름을 모세라 함 (= 민족 구원 사명)

10절= "그 아기가 자라매 바로의 딸에게로 데려가니 그가 그의 아들이 되니라 그가 그의 이름을 모세라 하여 이르되 이는 내가 그를 물에서 건져내었음이라 하였더라"

◈◈◈

【대지 유형】 주제 설명형 – 본문 수집형 – 대지 연결형
【주제】 (석의) 모세는 신앙의 가문에서 태어나 하나님의 보호하심과 부모의 신앙교육에 힘입어 민족을 구한 인물이 되었다.
【FCF】 교회 교육의 중요성을 깨닫지 못하는 교인들의 무지.

【서론】 (석의) 하나님은 이스라엘을 구원하는 사역을 위하여 모세를 준비하시고, 그의 출생부터 성장 과정, 그리고 소명을 주시는 전 과정에 깊이 개입하셨다.
【우산질문】 하나님께서 당신의 종을 예비하시는 기본 패턴을 발견하자.

【1대지】 신앙의 가문에서 태어난 사람. 모세의 부모는 모세가 태어났을 때에 당시의 어려운 상황을 믿음으로 이겨내었다. 우리의 가정을 주님께서 인정하는 신앙의 가문으로 만들자.
【2대지】 모세가 태어났을 때 그 어머니는 "그가 잘 생긴 것을 보고 석 달 동안" 숨겼다. 이것은 매우 위험한 행동이다. 모세가 바로의 손에서 보호받았던 것처럼, 하나님은 사명자를 사탄의 세력으로부터 지켜 보호하신다.
【3대지】 '상자'의 히브리어 '테바'는 노아가 홍수 준비를 위해 만들었던 '방주'를 가리킬 때 쓰인 단어이다. 하나님은 '교회'라는 구원의 방주를 마련하시고 이를 통해 언약의 백성들을 구원해 내신다. 아기 모세가 담긴 상자에 강물이 스며들지 못하도록 역청을 칠했던 것처럼, 우리의 교회에 세속의 물결이 들어오지 못하도록 그리스도의 보혈로 철저히 칠해야겠다.
【4대지】 하나님의 절묘한 인도와 섭리. 애굽의 궁중 생활에서 히브리인으로서의 민족 의식을 잃지 않았던 것도 유아시절 어머니 요게벳으로부터 받은 히브리식 교육의 덕택이었다.
【5대지】 애굽에서 물에 빠져 죽을 수밖에 없는 처지로 태어났던 모세. 그는 이제 애굽에서 자기 백성을 '건져내는 자'가 되었다.
【결론】 하나님의 일은 인간이 결코 방해하지 못한다. 사명자가 가는 길에는 천사의 보호하심이 있다.

- 절기, 용도, 장르, 특징: 상징주의 해석.
- Key Word: 모세, 출생.
- Remarks:

출애굽기

본문 : **출 3:1-12**
제목 : **네 발에서 신을 벗으라**

1.모세가 그의 장인 미디안 제사장 이드로의 양 떼를 치더니 그 떼를 광야 서쪽으로 인도하여 하나
님의 산 호렙에 이르매 **2.**여호와의 사자가 떨기나무 가운데로부터 나오는 불꽃 안에서 그에게 나타
나시니라 그가 보니 떨기나무에 불이 붙었으나 그 떨기나무가 사라지지 아니하는지라 **3.**이에 모세
가 이르되 내가 돌이켜 가서 이 큰 광경을 보리라 떨기나무가 어찌하여 타지 아니하는고 하니 그 때
에 **4.**여호와께서 그가 보려고 돌이켜 오는 것을 보신지라 하나님이 떨기나무 가운데서 그를 불러 이
르시되 모세야 모세야 하시매 그가 이르되 내가 여기 있나이다 **5.**하나님이 이르시되 이리로 가까이
오지 말라 네가 선 곳은 거룩한 땅이니 네 발에서 신을 벗으라 **6.**또 이르시되 나는 네 조상의 하나님
이니 아브라함의 하나님, 이삭의 하나님, 야곱의 하나님이니라 모세가 하나님 뵈옵기를 두려워하여
얼굴을 가리매 **7.**여호와께서 이르시되 내가 애굽에 있는 내 백성의 고통을 분명히 보고 그들이 그들
의 감독자로 말미암아 부르짖음을 듣고 그 근심을 알고 **8.**내가 내려가서 그들을 애굽인의 손에서 건
져내고 그들을 그 땅에서 인도하여 아름답고 광대한 땅, 젖과 꿀이 흐르는 땅 곧 가나안 족속, 헷 족
속, 아모리 족속, 브리스 족속, 히위 족속, 여부스 족속의 지방에 데려가려 하노라 **9.**이제 가라 이스
라엘 자손의 부르짖음이 내게 달하고 애굽 사람이 그들을 괴롭히는 학대도 내가 보았으니 **10.**이제
내가 너를 바로에게 보내어 너에게 내 백성 이스라엘 자손을 애굽에서 인도하여 내게 하리라 **11.**모
세가 하나님께 아뢰되 내가 누구이기에 바로에게 가며 이스라엘 자손을 애굽에서 인도하여 내리이
까 **12.**하나님이 이르시되 내가 반드시 너와 함께 있으리라 네가 그 백성을 애굽에서 인도하여 낸 후
에 너희가 이 산에서 하나님을 섬기리니 이것이 내가 너를 보낸 증거니라

1. 하나님이 모세의 이름을 부르심 (= 개인을 부르시는 하나님)

4절= "… 하나님이 떨기나무 가운데서 그를 불러 이르시되 모세야 모세야 하시매…"

2. "네 발에서 신을 벗으라" 하심 (= 신자의 성화를 원하시는 하나님)

5절= "하나님이 이르시되 이리로 가까이 오지 말라 네가 선 곳은 거룩한 땅이니 네 발에서 신을 벗으라"

3. "내 백성을 인도하여 나오게 하리라" 하심 (= 할 일을 주시는 하나님)

10절= "이제 내가 너를 바로에게 보내어 너에게 내 백성 이스라엘 자손을 애굽에서 인도하여 내게 하리라"

◈◈◈

【대지 유형】 주제 설명형 - 본문 묶음형 - 대지 진전형

【주제】 (적용) 하나님은 우리를 불러 거룩케 하셔서 하나님 나라 사역을 맡기신다.

【FCF】 많은 신앙인들이 성화의 중요성과 요청에 주의를 기울이지 않고 있음.

【서론】 하나님의 계시를 중심으로 시대를 구분하면, ①신현(족장-모세) ②예언자들 ③신언의 시대(신약시대)로 나눌 수 있다. 본문은 한 시대의 마지막이자 새 시대의 출발점. 모세의 생애는 하나님에 의해 계획된 생애(40+40+40년). 본문의 불붙는 떨기나무는 애굽의 수난 중에도 살아남는 이스라엘을 상징한다.
【우산질문】 본문에서 모세를 부르시는 사건이 주는 교훈을 살펴보자.

【1대지】 떨기나무= 아카시아 덤불= 이스라엘 죄인들을 상징함. 불꽃은 애굽의 수난 가운데서도 백성이 사라지지 않음을 표시한다. 하나님의 은혜로운 부르심, "모세야, 모세야." 개인을 부르시는 하나님, 사무엘 엘리야 바울...을 부르셨다. 사 40:26, "너희는 눈을 높이 들어 누가 이 모든 것을 창조하였나 보라 주께서는 수효대로 만상을 이끌어내시고 그들의 모든 이름을 부르시나니 그의 권세가 크고 그의 능력이 강하므로 하나도 빠짐이 없느니라". 주님의 말씀이 내게 부딪혀 나를 사로잡을 때= 그가 내 이름 부르시는 것. 오늘날은 성령님이 역사하신다. 요 5:25, "진실로 진실로 너희에게 이르노니 죽은 자들이 하나님의 아들의 음성을 들을 때가 오나니 곧 이때라. 듣는 자는 살아나리라."
【2대지】 여긴 하나님이 거하시는 거룩한 땅이다. 모세의 더러워진 신= 광야의 먼지=벗어라! 세상 따라다니던 생활을 벗어던지라. 신을 벗으라= 교회의 성결. 떨기나무 불붙는 곳= 교회. 이곳의 멤버가 되려면 신을 벗어야! 구약시대 하나님의 거룩을 범한 자들(예: 나답과 아비후, 벧세메스의 언약궤 사건). 신약시대(아나니아와 삽비라). 이 명령은 신자에게 주시는 것= 축복의 명령이요 은혜의 명령이다.
【3대지】 이 말씀을 하시는 분은 살아계신 하나님, 역사에 활동하시는 언약의 하나님. 공의와 사랑이 명확하고 복과 저주를 설정하신 하나님. 각 직분자들에게 할 일을 주시는 하나님이시다.
【결론】 우리 모두 결단하자, 신발을 벗기로. 하나님의 능력과 은사는 얼마나 신발을 벗었느냐에 달려 있다. 하나님 말씀 앞에서 벌거벗은 마음으로 서라. 모세와 바울을 성화시키신 그 하나님은 지금 우리를 거룩하게 하신다.

- 절기, 용도, 장르, 특징: 헌신예배.
- Key Word: 신을 벗으라, 성화.
- Remarks:

본문 : **출 3:1-12**

제목 : **모세의 소명 7단계 (Moses and the Burning Bush)**

1.모세가 그의 장인 미디안 제사장 이드로의 양 떼를 치더니 그 떼를 광야 서쪽으로 인도하여 하나님
의 산 호렙에 이르매 **2.**여호와의 사자가 떨기나무 가운데로부터 나오는 불꽃 안에서 그에게 나타나
시니라 그가 보니 떨기나무에 불이 붙었으나 그 떨기나무가 사라지지 아니하는지라 …… **5.**하나님
이 이르시되 이리로 가까이 오지 말라 네가 선 곳은 거룩한 땅이니 네 발에서 신을 벗으라 **6.**또 이르
시되 나는 네 조상의 하나님이니 아브라함의 하나님, 이삭의 하나님, 야곱의 하나님이니라 모세가 하
나님 뵈옵기를 두려워하여 얼굴을 가리매 **7.**여호와께서 이르시되 내가 애굽에 있는 내 백성의 고통
을 분명히 보고 그들이 그들의 감독자로 말미암아 부르짖음을 듣고 그 근심을 알고 **8.**내가 내려가서
그들을 애굽인의 손에서 건져내고 그들을 그 땅에서 인도하여 아름답고 광대한 땅, 젖과 꿀이 흐르는
땅 곧 가나안 족속, 헷 족속, 아모리 족속, 브리스 족속, 히위 족속, 여부스 족속의 지방에 데려가려
하노라 **9.**이제 가라 이스라엘 자손의 부르짖음이 내게 달하고 애굽 사람이 그들을 괴롭히는 학대도
내가 보았으니 **10.**이제 내가 너를 바로에게 보내어 너에게 내 백성 이스라엘 자손을 애굽에서 인도
하여 내게 하리라 **11.**모세가 하나님께 아뢰되 내가 누구이기에 바로에게 가며 이스라엘 자손을 애
굽에서 인도하여 내리이까 **12.**하나님이 이르시되 내가 반드시 너와 함께 있으리라 네가 그 백성을
애굽에서 인도하여 낸 후에 너희가 이 산에서 하나님을 섬기리니 이것이 내가 너를 보낸 증거니라

1. 소명의 시기 : 양떼를 칠 때 (= 사명 감당)

1절= "모세가 그의 장인 미디안 제사장 이드로의 양 떼를 치더니"

2. 소명의 장소 : 하나님의 산 호렙 (= 교회)

1절= "모세가 그의 장인 미디안 제사장 이드로의 양 떼를 치더니 그 떼를 광야 서쪽으로 인도하여 하나님의 산 호렙에 이르매"

3. 소명의 광경 : 불붙는 떨기나무 (= 고통 속에서의 구원)

2절= "여호와의 사자가 떨기나무 가운데로부터 나오는 불꽃 안에서 그에게 나타나시니라…"

4. 소명의 주체 : 조상의 하나님 (= 여호와 하나님)

6절= "나는 네 조상의 하나님이니 아브라함의 하나님, 이삭의 하나님, 야곱의 하나님이니라"

5. 소명의 이유 : 백성의 고통을 보심 (= 사탄에게 결박당한 사람들)

7절= "여호와께서 이르시되 내가 애굽에 있는 내 백성의 고통을 분명히 보고 그들이 그들의 감독자로 말미암아 부르짖음을 듣고 그 근심을 알고"

6. 소명의 목적 : 이스라엘을 출애굽시킴 (= 증인의 삶)

10절= "이제 내가 너를 바로에게 보내어 너에게 내 백성 이스라엘 자손을 애굽에서 인도하여 내게 하리라"

7. 소명의 증거 : 호렙산에서 하나님 섬김 (= 임마누엘의 하나님)

12절= "…네가 그 백성을 애굽에서 인도하여 낸 후에 너희가 이 산에서 하나님을 섬기리니 이것이 내가 너를 보낸 증거니라"

◈◈◈

【대지 유형】 주제 함축형 – 본문 묶음형 – 대지 연결형
【주제】 (석의) 떨기나무에서 모세를 부르시는 장면에서 고통 가운데 있는 자기 백성을 구원하시는 임마누엘의 하나님을 발견한다.
【FCF】 자신의 소명에 대한 놀라운 은혜를 깨닫지 못하는 교인들의 무지.

【서론】 모세의 소명 장면= 하나님께서 직접 현현(顯現), 친히 음성으로 말씀하심, 그 신비함과 장엄함. 세 가지 중요한 기본 사실: ①연약하고 비천한 자를 들어 크게 쓰시는 하나님의 섭리. ②강권적으로 소명을 맡기심. ③처음 완전하지 못했지만 하나님의 종으로서 꾸준히 성장해 갔다는 점.
【우산질문】 본문을 통하여 모세의 소명을 단계별로 살펴보자.

【1대지】 모세의 소명은 맡겨진 사명에 최선을 다하고 있을 때 주어졌다.
【2대지】 하나님의 산 호렙=교회를 의미. 모세가 하나님의 산 호렙에 이른 것은 '교회를 통해서 하나님께서 우리를 부르시는 모습'과 비교된다.
【3대지】 '떨기나무'에 '여호와의 사자'가 임했던 것은 '하나님이 자기 백성의 고통을 들으시고 그들을 구원하시겠다'는 하나님의 계시.
【4대지】 주님은 아브라함과 이삭과 야곱의 하나님. 그는 성실히 언약을 지키신다.
【5대지】 하나님은 자기 백성들이 뼈아픈 고통 속에서 울부짖는 소리를 들으셨다.
【6대지】 모세에게 주신 명령은 목숨을 걸어야 하는 특별한 사명이었다. 종말시대를 사는 우리에게 주신 증인의 사명 또한 생명을 걸어야 하는 문제이다.
【7대지】 모세의 소명 마지막 단계는 하나님께서 확실한 증거를 주신 것. 하나님은 떨기나무 앞에서 무력감에 젖어 있던 모세에게 임마누엘의 약속을 주셨다.
【결론】 여러분은 언제 어디서 부르심을 받았나? 그때 여러분은 무슨 일을 어떻게 하고 있었나? 주님을 만나던 때의 모습을 기억하는가? 여러분은 성령을 받았나? 성령께서는 우리에게 임재하시며 임마누엘의 약속을 지켜주신다.

- 절기, 용도, 장르, 특징: 상징주의 해석.
- Key Word: 소명.
- Remarks:

본문 : **출 4:1-9**

제목 : **모세에게 주신 3대 표적 (Three Signs Given to the Moses)**

1.모세가 대답하여 이르되 그러나 그들이 나를 믿지 아니하며 내 말을 듣지 아니하고 이르기를 여호와께서 네게 나타나지 아니하셨다 하리이다 **2.**여호와께서 그에게 이르시되 네 손에 있는 것이 무엇이냐 그가 이르되 지팡이니이다 **3.**여호와께서 이르시되 그것을 땅에 던지라 하시매 곧 땅에 던지니 그것이 뱀이 된지라 모세가 뱀 앞에서 피하매 **4.**여호와께서 모세에게 이르시되 네 손을 내밀어 그 꼬리를 잡으라 그가 손을 내밀어 그것을 잡으니 그의 손에서 지팡이가 된지라 **5.**이는 그들에게 그들의 조상의 하나님 곧 아브라함의 하나님, 이삭의 하나님, 야곱의 하나님 여호와가 네게 나타난 줄을 믿게 하려 함이라 하시고 **6.**여호와께서 또 그에게 이르시되 네 손을 품에 넣으라 하시매 그가 손을 품에 넣었다가 내어보니 그의 손에 나병이 생겨 눈 같이 된지라 **7.**이르시되 네 손을 다시 품에 넣으라 하시매 그가 다시 손을 품에 넣었다가 내어보니 그의 손이 본래의 살로 되돌아왔더라 **8.**여호와께서 이르시되 만일 그들이 너를 믿지 아니하며 그 처음 표적의 표징을 받지 아니하여도 나중 표적의 표징은 믿으리라 **9.**그들이 이 두 이적을 믿지 아니하며 네 말을 듣지 아니하거든 너는 나일 강 물을 조금 떠다가 땅에 부으라 네가 떠온 나일 강 물이 땅에서 피가 되리라

1. 지팡이가 뱀이 되는 표적 (= 택한 백성 인도)

3절= "여호와께서 이르시되 그것을 땅에 던지라 하시매 곧 땅에 던지니 그것이 뱀이 된지라"
4절= "여호와께서 모세에게 이르시되 네 손을 내밀어 그 꼬리를 잡으라 그가 손을 내밀어 그것을 잡으니 그의 손에서 지팡이가 된지라"

2. 손에 나병이 생기는 표적 (= 죄악에서 구원해 내심)

6절= "여호와께서 또 그에게 이르시되 네 손을 품에 넣으라 하시매 그가 손을 품에 넣었다가 내어보니 그의 손에 나병이 생겨 눈 같이 된지라"
7절= "이르시되 네 손을 다시 품에 넣으라 하시매 그가 다시 손을 품에 넣었다가 내어보니 그의 손이 본래의 살로 되돌아왔더라"

3. 나일강 물이 피 되는 표적 (= 악인을 심판하심)

9절= "너는 나일 강 물을 조금 떠다가 땅에 부으라 네가 떠온 나일 강 물이 땅에서 피가 되리라"

◈◈◈

【대지 유형】 주제 설명형 - 본문 묶음형 - 대지 심화형
【주제】 (석의) 하나님은 모세에게 주신 표적을 통하여 자기 백성의 죄악을 용서하시고 인도하시며 악인을 심판하실 것을 천명하신다.
【FCF】 하나님의 인도와 구속, 심판의 모습을 심각하게 생각하지 않는 교인

들의 안일함.

【서론】 모세는 자기의 인간적인 한계를 이유로 거듭 하나님의 소명을 거부한다. 하나님은 이런 모세에게 세 가지 표적을 주셔서 모세의 약한 믿음을 키워주셨다. 본문의 표적은 단순히 모세 한 사람의 믿음을 위해 주신 것이 아니다. 출애굽의 역사를 읽는 모든 사람에게 하나님의 능력이 어떠한지, 하나님의 의도가 무엇인지를 보여준다.
【우산질문】 모세에게 주신 3대 표적을 생각하며 우리를 구원하시며 인도하시는 주님께 더욱 가까이 다가가자.

【1대지】 지팡이는 목자가 양을 인도하는 도구. '뱀(나하쉬)'은 악인(사 58:4)이나 이스라엘의 적들(신 32:33)을 가리키는 등, 대체로 하나님을 대적하는 사탄이나 그 세력을 상징(계 12:9)한다. 본문에서는 일차적으로 이스라엘을 괴롭히는 애굽을 상징. 그러므로 지팡이를 뱀이 되게 하고 다시 지팡이로 변하게 하는 이 표적은 애굽의 압제에서 택한 백성 이스라엘을 인도해내실 것을 의미한다. 왜 하필이면 지팡이 이적을? 그것은 하나님께서 바로의 권세를 주장하고 계심을 모세에게 상징적으로 보여주시기 위함이다.
【2대지】 이 병은 불치의 병으로서 천형병(天刑病)으로 간주됨. 나병이 생겼다가 다시 본래의 살로 돌아온 것은 하나님께서 이스라엘을 나병같이 무서운 죄악으로부터 구원해 내실 것을 의미함. 이스라엘을 애굽에서 인도하여 낸 모세는 인류를 죄악의 올무에서 구원하신 예수 그리스도를 예표한다. 나병 이적은 세상에서 영혼이 부패하여 냄새나는 죄인들이 예수님을 믿고 의지하면 깨끗이 치유되고 회복되는 것을 보여준다.
【3대지】 애굽의 신들을 심판하시는 하나님의 모습. 물이 피가 되는 표적을 말씀하신 것은 악인들을 반드시 심판하신다는 사실을 보여준다. 세 번째 표적은 앞의 두 이적을 보여주었는데도 믿지 않고 순종하지 않는 자들을 위한 표적이다.
【결론】 우리 교회에도 지팡이가 뱀이 되고 다시 지팡이가 되는 것과 같은 표적, 눈처럼 희게 된 중증 나병이 깨끗이 낫게 되는 표적, 나일강 물이 피가 되는 표적을 보고 하나님 앞에 경배하는 영혼들이 계속 일어나야겠다.

- 절기, 용도, 장르, 특징: 상징주의 해석.
- Key Word: 표적.
- Remarks:

본문 : **출 4:18-26**
제목 : **출애굽 사역자의 선행 조건**

18.모세가 그의 장인 이드로에게로 돌아가서 그에게 이르되 내가 애굽에 있는 내 형제들에게로 돌아
가서 그들이 아직 살아 있는지 알아보려 하오니 나로 가게 하소서 이드로가 모세에게 평안히 가라 하
니라 **19.**여호와께서 미디안에서 모세에게 이르시되 애굽으로 돌아가라 네 목숨을 노리던 자가 다
죽었느니라 **20.**모세가 그의 아내와 아들들을 나귀에 태우고 애굽으로 돌아가는데 모세가 하나님의
지팡이를 손에 잡았더라 **21.**여호와께서 모세에게 이르시되 네가 애굽으로 돌아가거든 내가 네 손에
준 이적을 바로 앞에서 다 행하라 그러나 내가 그의 마음을 완악하게 한즉 그가 백성을 보내 주지 아
니하리니 **22.**너는 바로에게 이르기를 여호와의 말씀에 이스라엘은 내 아들 내 장자라 **23.**내가 네게
이르기를 내 아들을 보내 주어 나를 섬기게 하라 하여도 네가 보내 주기를 거절하니 내가 네 아들 네
장자를 죽이리라 하셨다 하라 하시니라 **24.**모세가 길을 가다가 숙소에 있을 때에 여호와께서 그를
만나사 그를 죽이려 하신지라 **25.**십보라가 돌칼을 가져다가 그의 아들의 포피를 베어 그의 발에 갖
다 대며 이르되 당신은 참으로 내게 피 남편이로다 하니 **26.**여호와께서 그를 놓아 주시니라 그 때에
십보라가 피 남편이라 함은 할례 때문이었더라

1. 모세는 애굽으로 가기 전에 아들에게 할례받게 해야 했음 (= 언약의 조건을 지켜야 함)

26절= "여호와께서 그를 놓아 주시니라 그때에 십보라가 피 남편이라 함은 할례 때문이었더라"

2. 십보라가 돌칼로 아들에게 할례를 행하였음 (= 전적 헌신의 자세)

25절= "십보라가 돌칼을 가져다가 그의 아들의 포피를 베어 그의 발에 갖다 대며"

3. 십보라가 모세에게 "당신은 참으로 내게 피 남편이로다"라고 함 (= 피흘려 받은 남편, 그리스도의 보혈)

25절= "… 당신은 참으로 내게 피 남편이로다 하니"

◈◈◈

【대지 유형】 주제 설명형 - 본문 분석형 - 대지 심화형
【주제】 (적용) 하나님 나라 일꾼이 먼저 해야 할 일은 언약의 조건들을 지키는 일이다.
【FCF】 교회 직분자들 중 계명에 순종하지 않는 자들이 적지 않음.

【서론】 하나님은 세상으로부터 자기 백성을 불러내어 교회로 모으시고 말씀과 성령으로 무장시키시고 봉사케(ministry) 하신다. 위대한 부르심을 받은 모세, 부르심을 받아 애굽으로 가는 도중 엄청난 재난이 찾아 왔다. 하나님의 일

을 하는 데 선행되어야 할 것이 있다.
【우산질문】 출애굽이라는 엄청난 사명을 감당하기 전에 갖추어야 할 것은 무엇이었나?

【1대지】 떨기나무에서 모세를 부르심. 엄청난 사명을 주심. 그런데 24절의 상황은? 급성 질병? 발작? 열병? 그러나 여기 분명한 이유가 있다. 두 아들 중 할례받지 아니한 아들 문제. 창 17:14, "할례를 받지 아니한 남자 곧 그 포피를 베지 아니한 자는 백성 중에서 끊어지리니 그가 내 언약을 배반하였음이니라." 아무리 중요한 사명이라도 말씀을 어긴 상태에서는 큰 일 할 수 없다. 언약의 실현을 위해 그 조건 이행이 필요하다. 받은 직분의 고귀함이나 급함에 관계없이 반드시 할례받아야! 거룩한 하나님의 백성으로 성별되어야! 하나님의 심정을 읽자. 이스라엘을 구하러 가는 너, 나의 계명을 등한시하는가? 청지기 직분을 가진 너, 하나님의 뜻을 무시하는가?
【2대지】 25절의 her son= 엄마 품에 있는 아들=둘째 아들. 하나님은 아마도 그 이유를 알려주지 않았을 것이다. 십보라는 남편의 재난 가운데서 생각했다. "모세의 발 앞에"= 생식기의 euphemism. '피 남편'= 아들의 피를 흘리고 대신 받은 남편= 피 값으로 새로 맺은 새 남편= '피신랑'. 당시 미디안 여자는 할례를 기피하는 경향 – 하나님은 여자 손으로 할례 행하도록 – 여자의 결단 – 남편 죽이느냐 할례 행하느냐 – 드디어 결단하는 십보라.
【3대지】 십보라의 고백= '당신은 아들의 피 값으로 살아난 내 남편'. 우리는 피 속에 흐르는 중요한 뜻을 알아야 한다. 제단에서 흘려진 수많은 피들. 피흘림 없이는 구원도 없고 하나님께 나아가는 길도 없다= 예수 그리스도의 보혈을 상징. 주님과 더불어 죽음에 동참. 이에 모세는 출애굽 사건의 중대성을 자각하고 가족들을 장인 집으로 보냄,
【결론】 하나님의 온 집에 충성된 하인이 된 모세. 지금까지는 반쪽 헌신이었다. 사역자의 선행 조건= 말씀에 순종하는 삶과 철저한 헌신. 우리를 불러 주신 하나님= 우리에게 하나님 나라의 사역을 맡겨주신 하나님= 내 삶 전체는 하나님 나라 봉사에 사용되어진다. 십보라에게 모세가 피 남편이라면 우리에게 예수 그리스도는 자신의 피로 우리를 사서 신부 삼아주신 '피 신랑'이다.

- 절기, 용도, 장르, 특징:
- Key Word: 피남편.
- Remarks:

본문 : **출 6:1-8**
제목 : **모든 위로의 하나님 (The God of All Comfort)**

1.여호와께서 모세에게 이르시되 이제 내가 바로에게 하는 일을 네가 보리라 강한 손으로 말미암아 바로가 그들을 보내리라 강한 손으로 말미암아 바로가 그들을 그의 땅에서 쫓아내리라 **2.**하나님이 모세에게 말씀하여 이르시되 나는 여호와이니라 **3.**내가 아브라함과 이삭과 야곱에게 전능의 하나님으로 나타났으나 나의 이름을 여호와로는 그들에게 알리지 아니하였고 **4.**가나안 땅 곧 그들이 거류하는 땅을 그들에게 주기로 그들과 언약하였더니 **5.**이제 애굽 사람이 종으로 삼은 이스라엘 자손의 신음 소리를 내가 듣고 나의 언약을 기억하노라 **6.**그러므로 이스라엘 자손에게 말하기를 나는 여호와라 내가 애굽 사람의 무거운 짐 밑에서 너희를 빼내며 그들의 노역에서 너희를 건지며 편 팔과 여러 큰 심판들로써 너희를 속량하여 **7.**너희를 내 백성으로 삼고 나는 너희의 하나님이 되리니 나는 애굽 사람의 무거운 짐 밑에서 너희를 빼낸 너희의 하나님 여호와인 줄 너희가 알지라 **8.**내가 아브라함과 이삭과 야곱에게 주기로 맹세한 땅으로 너희를 인도하고 그 땅을 너희에게 주어 기업을 삼게 하리라 나는 여호와라 하셨다 하라

1. 모세에게 "나는 여호와라" 하심 (= 전능하신 언약의 하나님)

2절= "하나님이 모세에게 말씀하여 이르시되 나는 여호와이니라"

2. "언약을 기억한다" 하심 (= 언약에 신실하신 하나님)

5절= "이제 애굽 사람이 종으로 삼은 이스라엘 자손의 신음 소리를 내가 듣고 나의 언약을 기억하노라"

3. "애굽에서 건져내겠다" 하심 (= 구속의 하나님)

6절= "내가 애굽 사람의 무거운 짐 밑에서 너희를 빼내며 그들의 노역에서 너희를 건지며 편 팔과 여러 큰 심판들로써 너희를 속량하여"

4. "맹세한 땅으로 인도하리라" 하심 (= 천국 인도 약속)

8절= "내가 아브라함과 이삭과 야곱에게 주기로 맹세한 땅으로 너희를 인도하고 그 땅을 너희에게 주어 기업을 삼게 하리라"

◈◈◈

【대지 유형】 주제 증명형 - 본문 묶음형 - 대지 심화형

【주제】 (적용) 위로의 하나님은 자기 백성과 맺은 언약을 성실히 지키시고 백성을 천국으로 인도하신다.

【FCF】 많은 교인들이 여전히 하나님이 좋으신 하나님임을 확신하지 못하고 있음.

【서론】 이스라엘 백성들이 애굽의 바로 밑에서 고통을 당하고 있을 때 하나님

의 위로는 더욱 두드러지게 나타났다. 당시 이스라엘 백성들은 믿음이 연약한 상태에 있었다. 그들은 오히려 자신들을 위해 목숨을 걸고 바로와 맞서는 모세와 아론을 원망했다. 하나님께서는 당신을 원망하며 주의 종을 거부하는 그들을 오히려 간곡한 말로 위로하시고 그들을 반드시 구원해 주시겠다고 거듭 약속하셨다.

【우산질문】 말씀을 통하여 사면초가에 빠진 모세를 위로하시는 하나님의 모습을 살펴보자. 과연 하나님은 위로의 하나님이라고 할 수 있는지 찾아보자.

【1대지】 오늘도 하나님은 고통 가운데 신음하는 자기 백성들을 찾아오셔서 말씀으로 위로하신다. "나는 여호와이니라." 우리 모두 전능하신 언약의 하나님을 굳게 믿고, 하나님께 나아가 우리의 소원을 아뢰는 일에 주저하지 않는 성도가 되자.

【2대지】 전능하신 하나님은 족장들에게 약속하신 언약을 기억하셨다. 그리고 능력의 손을 펴서 그 언약의 약속을 이제 이루실 것이었다. 언약을 기억하시는 하나님의 모습이야말로 모세에게는 가장 큰 위로가 되었다.

【3대지】 본 절의 세 동사(빼내다, 건지다, 속량하다)는 모두 출애굽 과정을 묘사하는 데 자주 쓰인 동사들이다. 이스라엘이 애굽에서 구속받은 것은 오늘날 성도들이 사탄의 왕국에서 하나님의 나라로 옮겨온 것을 상징한다. 하나님은 예수 그리스도를 통하여 우리를 죄(엡 1:7)와 세상(갈 1:4)에서 건지시고 구원해 주셨다.

【4대지】 이스라엘 백성이 하나님의 인도와 보호 아래 광야의 성막 생활을 거쳐 가나안 땅으로 들어간 것은 신약의 성도들이 예수 그리스도의 보혈의 공로로 구원받고 성령님의 인도하심으로 믿음을 잃지 않고 마침내 천국까지 들어가는 것을 예표한다. 그리스도인에게 있어 천국 인도의 약속보다 더 큰 위로가 어디 있겠는가?

【결론】 언약에 신실하신 여호와 하나님은 약속대로 아들을 보내셨고, 아들의 희생의 죽으심을 통하여 우리를 사탄의 사슬에서 풀어 살리셨다. 하나님은 우리를 교회로 모으시고 하나님 나라 백성으로 삼으셨고, 우리의 하나님이 되셨다. 그리고 믿는 우리에게 천국을 유업으로 주셨다.

- 절기, 용도, 장르, 특징:
- Key Word: 위로, 언약.
- Remarks:

본문 : **출 7:1-7**
제목 : **긴 준비 짧은 사역 (Eighty Years Old)**

1.여호와께서 모세에게 이르시되 볼지어다 내가 너를 바로에게 신 같이 되게 하였은즉 네 형 아론은 네 대언자가 되리니 **2.**내가 네게 명령한 바를 너는 네 형 아론에게 말하고 그는 바로에게 말하여 그에게 이스라엘 자손을 그 땅에서 내보내게 할지니라 **3.**내가 바로의 마음을 완악하게 하고 내 표징과 내 이적을 애굽 땅에서 많이 행할 것이나 **4.**바로가 너희의 말을 듣지 아니할 터인즉 내가 내 손을 애굽에 뻗쳐 여러 큰 심판을 내리고 내 군대, 내 백성 이스라엘 자손을 그 땅에서 인도하여 낼지라 **5.**내가 내 손을 애굽 위에 펴서 이스라엘 자손을 그 땅에서 인도하여 낼 때에야 애굽 사람이 나를 여호와인 줄 알리라 하시매 **6.**모세와 아론이 여호와께서 자기들에게 명령하신 대로 행하였더라 **7.**그들이 바로에게 말할 때에 모세는 팔십 세였고 아론은 팔십삼 세였더라

1. 모세는 오랜 준비 후 80세에 사역을 시작함 (= 항상 더 준비하는 자세)
7절= "그들이 바로에게 말할 때에 모세는 팔십 세였고 아론은 팔십삼 세였더라"

2. 40세에 미디안으로 도망친 후 40년 만에 다시 시작함 (= 다시 시작하겠다는 마음)
7절= "그들이 바로에게 말할 때에 모세는 팔십 세였고 아론은 팔십삼 세였더라."

3. 80세 된 광야의 실패자를 강권적으로 불러주심 (= 하나님의 은총을 바라보는 믿음)
7절= "그들이 바로에게 말할 때에 모세는 팔십 세였고 아론은 팔십삼 세였더라"

◈◈◈

【대지 유형】 주제 설명형 – 본문 묵상형 – 대지 연결형
【주제】 (적용) 모세가 80세에 부름받은 것처럼 우리도 다시 시작하겠다는 마음으로 하나님의 은총을 구하며 준비해야 한다.
【FCF】 많은 신앙인들이 나이가 좀 많다고 하여 쉽게 모든 것을 포기해버림.

【서론】 우주 만물의 주인이신 하나님은 인류 구원을 위하여 일하실 때는 주로 하나님의 사람들을 택하시고 그들에게 소명을 주셔서 일하게 하신다. 사람을 사용하시는 하나님의 방법은 준비는 길게 시키시고 사역은 짧게 하게 하시는 것. 예수님은 30년 준비하셔서 3년간 일하셨다. 모세의 준비기간은 80년이었고 40년 동안 사역했다. "그들이 바로에게 말할 때에 모세는 팔십 세였고 아

론은 팔십삼 세였더라"(7절). 이 말씀을 계속 읽고 또 읽고 음미하고 생각해 보라. 묵상하고 마음에 새겨 여러분의 말씀으로 삼으라. 준비가 길수록 큰 사역을 할 수 있다. 하나님은 오랜 준비 기간 동안 훈련받은 모세와 아론을 하나님의 구원 계획의 대역사에 크게 사용하셨다.

【우산질문】 말씀을 통하여 하나님께서 우리에게 주시는 교훈이 무엇인지, 주님이 우리에게 원하시는 것이 어떤 것인지 살펴보자

【1대지】 수백만 명을 애굽에서 가나안까지 그것도 험난한 광야 40년 동안 인도해야 할 사람은 웬만한 일에는 흥분하지 않고 인내할 수 있는 사람이어야 했다. 40세에 큰 실패를 경험하고 기약할 길 없는 도망자의 길을 떠나는 모세, 그리고 40년 후에 다시 돌아와 바로의 앞에 당당히 맞서는 모세를 통하여 우리는 항상 준비하는 자세로 살아야 함을 깨닫는다. 큰일을 할 사람은 작은 일에 혈기를 부리면 안 된다. 대기만성(大器晩成)이란 말이 있다. 작은 집은 한 달이면 완성된다. 큰 건물은 수년, 수십 년이 걸린다. 독버섯은 6시간이면 자라난다. 그러나 대들보감인 참나무는 30년을 자라야 사용될 수 있다.

【2대지】 모세는 40세에 미디안으로 도망하였다. 다시 애굽으로 돌아갈 수 없는 형편이 되었다. 그러나 하나님은 모세가 80세 되던 해에 다시 부르셨다. 우리 모두는 아직도 기회가 있음을 알아야 한다. 실패의 쓴 잔을 마시는 순간 다시 시작하겠다는 마음을 가져야 한다. 하나님은 이런 사람을 쓰신다. 우리에게 필요한 것은 다시 시작하겠다는 마음. 아직 기회가 있다. 하나님은 어떤 경우에든 우리를 다시 사용하실 수 있다.

【3대지】 모세에게 임한 하나님의 은총을 생각해 보라. 모세의 마지막 40년은 하나님이 함께 살아주신 인생 토막이었다. 그 40년은 이스라엘 역사에서 가장 중요한 시기로 기록되고 있다. 준비는 길고 사역은 짧았다. 그리고 처음부터 끝까지 모든 것이 하나님의 은총이었다.

【결론】 성경은 모세의 믿음의 삶을 이렇게 요약하고 있다: 히 11:24-26= "믿음으로 모세는 장성하여 바로의 공주의 아들이라 칭함 받기를 거절하고 도리어 하나님의 백성과 함께 고난받기를 잠시 죄악의 낙을 누리는 것보다 더 좋아하고 그리스도를 위하여 받는 수모를 애굽의 모든 보화보다 더 큰 재물로 여겼으니 이는 상 주심을 바라봄이라"

- 절기, 용도, 장르, 특징: 제자도.
- Key Word: 80세, 모세.
- Remarks:

본문 : **출 8:25-28; 10:10-11, 24-26**

제목 : **열 재앙과 바로왕의 타협안**

(Artifices of the Pharaoh in the Plagues)

8:25.바로가 모세와 아론을 불러 이르되 너희는 가서 이 땅에서 너희 하나님께 제사를 드리라 **26.**모세가 이르되 그리함은 부당하니이다 우리가 우리 하나님 여호와께 제사를 드리는 것은 애굽 사람이 싫어하는 바인즉 우리가 만일 애굽 사람의 목전에서 제사를 드리면 그들이 그것을 미워하여 우리를 돌로 치지 아니하리이까 **27.**우리가 사흘길쯤 광야로 들어가서 우리 하나님 여호와께 제사를 드리되 우리에게 명령하시는 대로 하려 하나이다 **28.**바로가 이르되 내가 너희를 보내리니 너희가 너희의 하나님 여호와께 광야에서 제사를 드릴 것이나 너무 멀리 가지는 말라 그런즉 너희는 나를 위하여 간구하라 …… **10:10.**바로가 그들에게 이르되 내가 너희와 너희의 어린 아이들을 보내면 여호와가 너희와 함께 함과 같으니라 보라 그것이 너희에게는 나쁜 것이니라 **11.**그렇게 하지 말고 너희 장정만 가서 여호와를 섬기라 이것이 너희가 구하는 바니라 이에 그들이 바로 앞에서 쫓겨나니라 ……
24.바로가 모세를 불러서 이르되 너희는 가서 여호와를 섬기되 너희의 양과 소는 머물러 두고 너희 어린 것들은 너희와 함께 갈지니라 **25.**모세가 이르되 왕이라도 우리 하나님 여호와께 드릴 제사와 번제물을 우리에게 주어야 하겠고 **26.**우리의 가축도 우리와 함께 가고 한 마리도 남길 수 없으니 이는 우리가 그 중에서 가져다가 우리 하나님 여호와를 섬길 것임이며 또 우리가 거기에 이르기까지는 어떤 것으로 여호와를 섬길는지 알지 못함이니이다 하나

1. 애굽 땅에서 하나님께 제사를 드리라 함 (= 혼합주의)

8:25= "바로가 모세와 아론을 불러 이르되 너희는 가서 이 땅에서 너희 하나님께 제사를 드리라"

2. 너무 멀리는 가지 말라 함 (= 세속주의)

8:28= "바로가 이르되 내가 너희를 보내리니 너희가 너희의 하나님 여호와께 광야에서 제사를 드릴 것이나 너무 멀리 가지는 말라 그런즉 너희는 나를 위하여 간구하라"

3. 어린이는 남고 장정만 가라 함 (= 인본주의)

10:11= "… 그렇게 하지 말고 너희 장정만 가서 여호와를 섬기라…"

4. 양과 소는 남겨두고 너희 사람만 가라 함 (= 물질주의)

10:24= "바로가 모세를 불러서 이르되 너희는 가서 여호와를 섬기되 너희의 양과 소는 머물러 두고 너희 어린 것들은 너희와 함께 갈지니라"

◈◈◈

【대지 유형】 주제 설명형 - 본문 수집형 - 대지 심화형

【주제】 (적용) 열 재앙을 당한 바로가 제시한 타협안은 오늘의 혼합주의, 세속

주의, 인본주의, 물질주의의 유혹과 같다.
【FCF】 교회와 성도를 타협케 하는 사탄의 계교에 무방비로 노출되어 있는 현대 교인들의 위험성.

【서론】 이 세상은 영적 전투의 현장이다. 사탄 왕국과 하나님 나라와의 무서운 싸움이 시작되었고, 이 싸움은 그리스도의 재림 때까지 계속될 것이고, 마침내 하나님 나라의 찬란한 승리로 끝나게 될 것이다. 애굽의 열 재앙은 하나님의 백성을 핍박하는 세력에 대한 하나님의 심판. 여기 바로는 마귀 사탄의 모형이고, 애굽은 사탄의 세력이 창궐한 세상의 모형이다. 그리고 하나님의 백성 이스라엘은 주님의 몸된 교회를 상징한다.
【우산질문】 이 시대, 교회에 침투해 들어오는 사탄의 계략은 무엇? 애굽왕 바로는 모세에게 어떤 것을 타협안으로 내어놓았나?

【1대지】 "이 땅에서" 즉, 외부로 나가지 말고 애굽 땅에서 희생제사를 드리라는 것. 바로의 속셈은 이스라엘 백성들을 내보내지 않고 계속 노예로 부려먹는 데 있다. 애굽을 벗어나게 할 수 없다. 이것은 오늘의 표현으로 말하자면 '혼합주의(syncretism)'를 의미한다.
【2대지】 '너희는 절대 멀리 가지 말라'. 여차하면 군사를 풀어 이스라엘 백성들을 다시 끌고 올 수 있다는 인간적인 계산이 있었다. 사흘 길을 가야한다는 하나님의 명령을 인간적인 속셈으로 할인하는 것은 하나님을 섬기되 너무 열심을 내어 믿지 말라는 의미. 이것은 신앙생활에 '세속주의'를 허용하는 것과 같다.
【3대지】 남자들의 마음을 애굽에 묶어두어서, 제사를 드린 후 처자식과 가축이 있는 애굽으로 다시 돌아오게 하겠다는 계산이다. 사탄은 많은 경우 인간의 인정과 애정과 감정을 이용하여 우리를 세상으로 되돌아가게 유혹한다. '인본주의'는 사탄이 자주 이용하는 무기이다.
【4대지】 바로가 이같은 타협안을 낸 것은 이스라엘 민족이 가축이 없이는 광야에서 생활할 수 없을 것이며 결국 애굽으로 돌아오고야 말 것이라는 얄팍한 계산 때문이었다. 이것은 사탄이 주는 '물질주의'의 시험을 의미한다.
【결론】 혼합주의, 세속주의, 인본주의, 물질주의를 경계하라.

- 절기, 용도, 장르, 특징:
- Key Word: 타협.
- Remarks:

본문 : **출 12:1-11**
제목 : **유월절 어린 양에 대한 교훈**

1.여호와께서 애굽 땅에서 모세와 아론에게 일러 말씀하시되 **2.**이 달을 너희에게 달의 시작 곧 해의 첫 달이 되게 하고 **3.**너희는 이스라엘 온 회중에게 말하여 이르라 이 달 열흘에 너희 각자가 어린 양을 잡을지니 각 가족대로 그 식구를 위하여 어린 양을 취하되 **4.**그 어린 양에 대하여 식구가 너무 적으면 그 집의 이웃과 함께 사람 수를 따라서 하나를 잡고 각 사람이 먹을 수 있는 분량에 따라서 너희 어린 양을 계산할 것이며 **5.**너희 어린 양은 흠 없고 일 년 된 수컷으로 하되 양이나 염소 중에서 취하고 **6.**이 달 열나흗날까지 간직하였다가 해 질 때에 이스라엘 회중이 그 양을 잡고 **7.**그 피를 양을 먹을 집 좌우 문설주와 인방에 바르고 **8.**그 밤에 그 고기를 불에 구워 무교병과 쓴 나물과 아울러 먹되 **9.**날것으로나 물에 삶아서 먹지 말고 머리와 다리와 내장을 다 불에 구워 먹고 **10.**아침까지 남겨두지 말며 아침까지 남은 것은 곧 불사르라 **11.**너희는 그것을 이렇게 먹을지니 허리에 띠를 띠고 발에 신을 신고 손에 지팡이를 잡고 급히 먹으라 이것이 여호와의 유월절이니라

1. "각 사람이 먹을 분량대로 어린 양을 준비하라" 하심 (= 각자에게 그리스도가 필요)
3절= "… 이 달 열흘에 너희 각자가 어린 양을 잡을지니…"

2. "모든 가족이 함께 양 고기를 먹으라" 하심 (= 가족 단위 구원 강조)
3절= "… 각 가족대로 그 식구를 위하여 어린 양을 취하되"

3. "그 어린 양에 대하여 식구가 적으면 이웃을 초청하라" 하심 (= 이웃 초청 강조, 전도 명령)
4절= "그 어린 양에 대하여 식구가 너무 적으면 그 집의 이웃과 함께 사람 수를 따라서 하나를 잡고 각 사람이 먹을 수 있는 분량에 따라서 너희 어린 양을 계산할 것이며"

◆◆◆

【대지 유형】 주제 설명형 - 본문 분석형 - 대지 진전형
【주제】 (적용) 그리스도는 개인, 가족 그리고 이웃의 구원을 위하여 반드시 필요하다.
【FCF】 많은 신앙인들이 가족의 영혼 구원의 중요성에 소홀히 하는 경향이 있음.

【서론】 출애굽의 의의= 천지창조에 비견할 만한 새 창조. 인간이 타락한 후 구속사의 첫 단계. 출 20장과 신 5장의 안식일 계명의 차이를 보라. 여호와의 유월절. 넘어간다(유월한다)는 것은 무엇을 의미하는가? 히브리인들은 이것의 의미를 잘 모른다. 하지만 신약성경에 의해 수없이 증명되고 주장된 진리이다. 고전 5:7, "우리의 유월절 양 그리스도." 벧전 1:19, "흠 없고 점 없는 어린 양 같은 그리스도."

【우산질문】 유월절 어린 양 준비에 관한 하나님의 가르침에 대해 살펴보자

【1대지】 이스라엘인들은 자신을 위해 유월절을 지킴= 본질적인 특권 있음. "너희 매인이…" "각 사람의 식량을 따라서…" 그 양의 피를 문설주와 인방에 바르라 하심 (= 그리스도는 유월절 어린 양 되심). "너희 어린 양은 흠 없고 일 년 된 수컷으로 하되…"(5절). "그 피를 양을 먹을 집 좌우 문설주와 인방에 바르고"(7절). 우리는 각 사람의 식욕, 능력, 식량이 허락하는 한 예수 그리스도의 살과 피를 먹고 마셔야!

【2대지】 모든 가족(all the family)이 함께 즐겨 먹어야. 우리는 자기 가족의 구원에 관심을 두어야 한다. 가족은 신령한 의미에서 각 집단으로 확대 해석 가능하다.

【3대지】 하나님의 세심한 의도: "그 어린 양에 대하여 식구가 적으면…"= 예수님을 섬기는 일에 숫자가 너무 적으면, 진리를 고수하는 일에 숫자가 너무 적으면, 교회를 섬기는 일에 숫자가 너무 적으면… 세상을 이기기에 너무 적으면= 이 때에는 이웃을 초청해야. 초대해도 오지 않았을 땐 우리의 책임을 면할 수 있다.

【결론】 우리 사회의 중심이 어린양 예수 그리스도라면 큰 축복이다. 우리 존재 자체가 통째로 하나님 안에서의 삶일진대 모든 세상적인 것을 이것을 위한 수단으로 여기는 사도 바울의 자세를 배워야 한다. 어린 양에 대해 숫자가 적으면= 이 문제에 대한 하나님의 처방은, "이웃을 데려와서 채워라."

- 절기, 용도, 장르, 특징: 전도회 헌신예배.
- Key Word: 어린양, 전도.
- Remarks:

본문 : **출 12:37-42**
제목 : **진정한 해방 (The Exodus and the Liberation)**

37.이스라엘 자손이 라암셋을 떠나서 숙곳에 이르니 유아 외에 보행하는 장정이 육십만 가량이요 **38.**수많은 잡족과 양과 소와 심히 많은 가축이 그들과 함께 하였으며 **39.**그들이 애굽으로부터 가지고 나온 발교되지 못한 반죽으로 무교병을 구웠으니 이는 그들이 애굽에서 쫓겨나므로 지체할 수 없었음이며 아무 양식도 준비하지 못하였음이었더라 **40.**이스라엘 자손이 애굽에 거주한 지 사백삼십 년이라 **41.**사백삼십 년이 끝나는 그 날에 여호와의 군대가 다 애굽 땅에서 나왔은즉 **42.**이 밤은 그들을 애굽 땅에서 인도하여 내심으로 말미암아 여호와 앞에 지킬 것이니 이는 여호와의 밤이라 이스라엘 자손이 다 대대로 지킬 것이니라

1. 출애굽은 라암셋을 떠나는 데서 시작함 (= 죄악의 도성을 떠남)
37절= "이스라엘 자손이 라암셋을 떠나서 숙곳에 이르니 유아 외에 보행하는 장정이 육십만 가량이요"

2. 출애굽은 급하게 진행되었음 (= 예기치 못한 구원)
39절= "그들이 애굽으로부터 가지고 나온 발교되지 못한 반죽으로 무교병을 구웠으니 이는 그들이 애굽에서 쫓겨나므로 지체할 수 없었음이며 아무 양식도 준비하지 못하였음이었더라"

3. 출애굽은 대대로 기념되어야 함 (= 영원히 잊지 말아야 할 구원)
42절= "이 밤은 그들을 애굽 땅에서 인도하여 내심으로 말미암아 여호와 앞에 지킬 것이니 이는 여호와의 밤이라 이스라엘 자손이 다 대대로 지킬 것이니라"

◈◈◈

【대지 유형】 주제 설명형 - 본문 묶음형 - 대지 심화형
【주제】 (적용) 죄악의 도성을 떠나는 진정한 해방은 영원히 기념되어야 할 구원이다.
【FCF】 많은 신앙인들이 죄악의 자리를 떠나는 데 주저주저하고 있음.

【서론】 우리 민족이 36년간 자유를 빼앗기고 일제의 종살이를 했던 것처럼 이스라엘도 430년간 애굽의 노예로 살았고, 그 후 애굽 땅을 벗어나 자유를 얻게 되었다. 후일 바벨론의 침략으로 나라가 망하고 70년간이나 포로생활을 하기까지 했다. 출애굽은 이스라엘이 노예생활의 고역(苦役)을 하나님께 부르짖었을 때 하늘에서 들으시고 초자연적인 역사로 응답하신 사건이다. 출애굽은 이스라엘 역사의 진정한 출발점: 애굽에서의 억압과 착취로부터의 구출과 해방, 시내산 언약 체결을 통한 선민(選民) 역사의 본격적인 개시, 신정국가의

수립을 위한 건국의 첫걸음.
【우산질문】 말씀을 통하여 우리는 이스라엘 백성이 누렸던 출애굽의 해방 사건에서 우리 민족의 해방의 의미를 비추어보자.

【1대지】 모세의 명을 따라 주저함 없이 떠나 나왔기 때문에 출애굽은 시작된 것. 라암셋을 발행하여 숙곳에 도착한 이스라엘은 엘림으로 갔고, 그곳을 '출발하여'(나싸) 신광야로 '여행했으며'(나싸, 16:1), 르비딤을 떠나 시내 광야를 향해 '출발했다'(나싸, 19:2). 하나님의 백성 이스라엘은 라암셋을 떠나야 했다. 이것은 영적으로는 성도들이 죄악의 자리를 떠나야 함을 의미한다. 진정한 해방은 죄악의 도성을 떠나는 데서 시작된다. 우리의 가는 길에 어떠한 시련이 온다 할지라도 지난날 십자가의 은혜로 박차고 나왔던(= 나싸) 죄악의 땅으로 다시는 되돌아갈 수 없다. 자신의 삶의 터전이었던 천막의 말뚝도 뽑아가지고 떠나야 한다.
【2대지】 출애굽은 매우 급하게 진행되었다. 그들의 구원은 예기치 못한 구원이었음. 그들은 아무 양식도 준비하지 못한 채 길을 나서야 했다. '발교되지 못한 반죽으로'= 누룩 없이 빚은 무교병을 의미= 애굽에서 경황없이 나오느라 누룩으로 떡을 부풀릴 시간적 여유가 없었음을 반영. 우리도 죄에서 떠날 때는 머뭇거리지 말고 단호하게, 뒤돌아볼 겨를도 없이 단번에 떠나야. 하던 일을 그만두고 천막 말뚝을 뽑고 떠나야. 예수님의 제자들을 보라. 그들은 처음 예수님의 부르심을 받을 때 하나같이 신속히 따랐다.
【3대지】 이스라엘이 애굽에서 나오던 그 날 밤은 애굽 백성에게는 '심판의 밤'이었고, 이스라엘 백성에게는 '구원의 밤'이었다. 이 밤에 이스라엘의 조상에게 주셨던 하나님의 언약이 이루어지게 된 것. 우리 속 사람을 거듭나게 하신 것도 순전히 하나님의 역사이고, 우리에게 믿음을 심어 주신 분도 성령 하나님이다. 우리를 의롭다 하시고, 우리를 양자 삼아 주신 분도 성령 하나님이시다. 말씀으로 우리를 거룩하게 하시고 성령의 능력으로 우리를 인도하셔서 마침내 하나님의 나라에까지 우리를 인도하실 분은 하나님 한 분밖에 없다.
【결론】 우리 민족이 해방을 받은 것은 오직 하나님의 능력으로 되어진 일이다. 이 사실을 잊지 않고 기억하여 대대로 하나님께 영광을 돌리며 늘 감사하고 충성하여야 한다.

- 절기, 용도, 장르, 특징: 광복절 기념예배.
- Key Word: 출애굽, 해방.
- Remarks:

본문 : **출 13:17-22**
제목 : **가나안으로 가는 길 (The Way to Canaan)**

17.바로가 백성을 보낸 후에 블레셋 사람의 땅의 길은 가까울지라도 하나님이 그들을 그 길로 인도
하지 아니하셨으니 이는 하나님이 말씀하시기를 이 백성이 전쟁을 하게 되면 마음을 돌이켜 애굽으
로 돌아갈까 하셨음이라 **18.**그러므로 하나님이 홍해의 광야 길로 돌려 백성을 인도하시매 이스라
엘 자손이 애굽 땅에서 대열을 지어 나올 때에 **19.**모세가 요셉의 유골을 가졌으니 이는 요셉이 이
스라엘 자손으로 단단히 맹세하게 하여 이르기를 하나님이 반드시 너희를 찾아오시리니 너희는 내
유골을 여기서 가지고 나가라 하였음이더라 **20.**그들이 숙곳을 떠나서 광야 끝 에담에 장막을 치니
21.여호와께서 그들 앞에서 가시며 낮에는 구름 기둥으로 그들의 길을 인도하시고 밤에는 불 기둥을
그들에게 비추사 낮이나 밤이나 진행하게 하시니 **22.**낮에는 구름 기둥, 밤에는 불 기둥이 백성 앞에
서 떠나지 아니하니라

1. 이 길은 지나놓고 보아야 아는 길임 (= 훈련의 길)

17절= "… 블레셋 사람의 땅의 길은 가까울지라도 하나님이 그들을 그 길로 인도하지 아니하셨으니…"

2. 이 길은 하나님이 친히 인도하시는 길임 (= 동행의 길)

21절= "여호와께서 그들 앞에서 가시며 낮에는 구름 기둥으로 그들의 길을 인도하시고 밤에는 불 기둥을 그들에게 비추사 낮이나 밤이나 진행하게 하시니"

3. 이 길은 약속의 땅으로 나아가는 길임 (= 축복의 길)

18절= "하나님이 홍해의 광야 길로 돌려 백성을 인도하시매 이스라엘 자손이 애굽 땅에서 대열을 지어 나올 때에"

◈◈◈

【대지 유형】 주제 설명형 - 본문 수집형 - 대지 심화형
【주제】 (적용) 천로역정의 길은 훈련의 길이고 동행의 길이며 축복의 길이다.
【FCF】 천국 가는 신앙의 길에 연단을 견디지 못하는 현대교인들의 얄팍함.

【서론】 이스라엘이 애굽을 탈출하여 가나안 땅을 향하여 행진하는 모습은 하나님의 백성이 천국을 향하여 나아가는 삶을 상징한다. 홍해의 승리가 보여주는 것이 무엇인가? 그것은 이스라엘의 출애굽은 보잘 것 없던 노예 민족이 그동안 자신들을 짓누르던 종주국의 허락을 겨우 받아 이루어진 초라한 방면이 아니라, 오히려 그들을 완패시키고 획득한 진정한 영광의 해방, 영광의 탈출이 되었다는 점이다. 홍해 사건은 이제 이스라엘이 430년간의 애굽 체류 시대를 과거사로 완전히 청산하고 오직 새 시대, 새로운 미래를 향하여 전진할 수 있는 결정적 계기로서 보다 더 큰 의의를 갖는다.

【우산질문】 본문을 통하여, 그리고 이스라엘의 역사를 살피며 '가나안으로 가는 길'의 신령한 의미를 살펴보자.

【1대지】 이스라엘 백성들은 하나님께서 왜 자신들을 가까운 길로 인도하지 않으시고 홍해의 광야길로 이끄셨는지 알지 못했다. 당시 애굽에서 가나안 땅으로 가는 데는 세 가지 방법이 있었다. 첫째 방법은 애굽의 델타 지역에서 지중해 해변을 따라 북상하여 블레셋인들이 차지하고 있던 가나안 해안 평야 지대에 이르게 되는 '바닷길'을 따라가는 것, 두 번째 방법은 바란 광야를 가로질러 네게브 지역을 거쳐 요단 고원 남부 지방으로 해서 가나안으로 들어가는 '술 길'. 마지막으로는 수에즈만을 통과하여 시내 반도 중앙부를 가로질러 '왕의 대로(King's Highway)'를 통하는 방법이 있었다. 하지만 하나님은 전혀 다른 길, 홍해 길을 택하셨다. 이스라엘은 광야 길로 들어가서 홍해의 기적을 체험할 수 있었고, 하나님은 홍해 사건을 통해 애굽이 다시는 이스라엘 백성을 괴롭히지 못하도록 애굽의 강한 군사들을 몰살시키셨다. 가나안으로 가는 길은 지나놓고 보아야만 알 수 있는 길이요, 하나님께서 자기 백성을 연단시키시는 '훈련의 길'이다.

【2대지】 가나안으로 가는 믿음의 길은 하나님께서 친히 인도하신다. 지도상으로 보면 곧장 난 길이 아니었고, 이스라엘이 행진한 흔적을 그려보면 방황하는 것처럼 보이는 길이었다. 그러나 그 길은 순간마다 곳마다 하나님이 인도해 주시는 길이었다. "여호와께서 그들 앞에서 가시며"에서 '가시며(홀레크)'는 '걷다'의 뜻인 '할라크'의 분사형이다. 이는 여호와께서 이스라엘 앞에서 그들을 인도하며 계속 걷고 있는(walking) 상태를 회화적(繪畫的)으로 보여준다. 구름 기둥과 불 기둥으로 동행하는 하나님의 모습은 상상하는 것만으로도 황홀하다. 우리에게 주신 구름 기둥과 불 기둥은 말씀과 성령으로 대표된다.

【3대지】 하나님께서 가라는 길로만 가면 주님의 축복이 예비되어 있다. 목적지가 복된 곳이면 가는 길은 축복의 길이다. 우리의 천로역정 또한 축복의 길이다. 우리가 도달하게 될 천국은 모든 좋은 것들로 충만한 곳이다. 그곳은 젖과 꿀이 흐르는 땅이요 꿈에도 그리던 곳이다.

【결론】 가나안 길에 동행하게 된 여러분을 충심으로 환영한다. 우리는 약속된 축복의 땅, 젖과 꿀이 흐르는 아름다운 천국으로 가고 있는 복된 하나님의 백성이다.

- 절기, 용도, 장르, 특징:
- Key Word: 가나안, 천국.
- Remarks:

본문 : **출 14:1-4, 10-14**
제목 : **자기 백성을 홍해로 인도하시는 하나님**
(Stand by and see the salvation of the LORD)

1.여호와께서 모세에게 말씀하여 이르시되 **2.**이스라엘 자손에게 명령하여 돌이켜 바다와 믹돌 사이
의 비하히롯 앞 곧 바알스본 맞은편 바닷가에 장막을 치게 하라 **3.**바로가 이스라엘 자손에 대하여
말하기를 그들이 그 땅에서 멀리 떠나 광야에 갇힌 바 되었다 하리라 **4.**내가 바로의 마음을 완악하
게 한즉 바로가 그들의 뒤를 따르리니 내가 그와 그의 온 군대로 말미암아 영광을 얻어 애굽 사람들
이 나를 여호와인 줄 알게 하리라 하시매 무리가 그대로 행하니라 …… **10.**바로가 가까이 올 때에 이
스라엘 자손이 눈을 들어 본즉 애굽 사람들이 자기들 뒤에 이른지라 이스라엘 자손이 심히 두려워하
여 여호와께 부르짖고 **11.**그들이 또 모세에게 이르되 애굽에 매장지가 없어서 당신이 우리를 이끌
어 내어 이 광야에서 죽게 하느냐 어찌하여 당신이 우리를 애굽에서 이끌어 내어 우리에게 이같이 하
느냐 **12.**우리가 애굽에서 당신에게 이른 말이 이것이 아니냐 이르기를 우리를 내버려 두라 우리가
애굽 사람을 섬길 것이라 하지 아니하더냐 애굽 사람을 섬기는 것이 광야에서 죽는 것보다 낫겠노라
13.모세가 백성에게 이르되 너희는 두려워하지 말고 가만히 서서 여호와께서 오늘 너희를 위하여 행
하시는 구원을 보라 너희가 오늘 본 애굽 사람을 영원히 다시 보지 아니하리라 **14.**여호와께서 너희
를 위하여 싸우시리니 너희는 가만히 있을지니라

1. 애굽 군대로 말미암아 영광을 얻으심 (= 하나님의 계획, 백성 사용)

4절= "내가 바로의 마음을 완악하게 한즉 바로가 그들의 뒤를 따르리니 내가 그와 그의 온 군대로 말미암아 영광을 얻어 애굽 사람들이 나를 여호와인 줄 알게 하리라"

18절= "내가 바로와 그의 병거와 마병으로 말미암아 영광을 얻을 때에야 애굽 사람들이 나를 여호와인 줄 알리라 하시더니"

2. 자기 백성을 위해 싸우심 (= 여호와 닛시의 하나님)

13절= "너희는 두려워하지 말고 가만히 서서 여호와께서 오늘 너희를 위하여 행하시는 구원을 보라 너희가 오늘 본 애굽 사람을 영원히 다시 보지 아니하리라"

3. 자기 백성에게서 애굽의 잔재를 씻어버리기 원하심 (= 애굽 콤플렉스 벗어버림)

◈◈◈

【대지 유형】 주제 설명형 - 본문 수집형 - 대지 심화형

【주제】 (석의) 이스라엘을 홍해로 인도하신 하나님의 계획은 자기 백성을 위해 싸우시는 모습을 보이고 이스라엘에게서 애굽의 잔재를 씻어버리는 것이다.

【FCF】 많은 신앙인들이 세속의 잔재를 씻어내지 못하고 있음.

【서론】 본문을 통해서 이스라엘을 인도하시는 하나님의 모습을 살펴보자. 홍해 앞에서 그토록 절망하던 이스라엘을 기적적으로 구원해내신 하나님의 역사를 돌아보며, 지난 한 해 동안 우리를 인도해 오신 하나님의 손길을 더욱 세밀하게 살펴보자.
【우산질문】 이스라엘을 홍해로 인도하신 하나님! 본문을 통해 하나님께서 자기 백성을 위하여 어떤 계획을 갖고 계시며 고난에 처한 자기 백성을 어떻게 도우시며 자기 백성에게 무엇을 원하시는가를 살펴보자.

【1대지】 하나님이 이스라엘 백성을 홍해 바닷가로 인도하신 것은 애굽 왕 바로와 애굽 군대로 말미암아 하나님께서 친히 영광을 얻기 위함이었다. 하나님의 계획은 온 세상에 하나님 자신이 세상의 주관자요 자기 백성의 구원자 되심을 알게 하기 위함이었다. 홍해 사건은 사전에 치밀하게 계획된 하나님의 작전에 의해 수행된 사건이었다. '바닷가에 장막을 치게 하라'고 명령하신 이유는? 바로와 그의 군대를 유인(誘引)하기 위함(3절). 여러분의 지난해는 어떤 모습이었나? 혹시 앞에는 홍해가 막혀 있고 뒤에는 애굽의 군대가 쫓아오는 상황 속에 있지는 않았나? 우리에게 필요한 것은 믿음의 눈과 담력이다.
【2대지】 이스라엘에게 주신 명령은 '가만히' 있는 것. 주님은 전쟁에 능한 신이시고 여호와 닛시의 하나님이다. 우리는 여기서 하나님의 은혜도 모르고 모세의 수고도 외면하는 배은망덕한 이스라엘 자손들의 모습을 보는 동시에, 그와는 반대로 그들의 완악함을 오래 참으시고 구원의 은혜를 베푸시는 하나님의 신실한 사랑을 느낀다.
【3대지】 출애굽하여 숙곳을 떠나 광야 끝으로 나온 이스라엘은(출 13:20) 비록 몸은 애굽을 벗어났지만 마음은 여전히 애굽 속에 머물러 있었기 때문이다. 애굽의 잔재를 씻어내는 것은 쉬운 일은 아니다. 왜 하나님께서 우리를 지난 한 해 그토록 많은 고통과 번민 가운데 두셨나? 바로 우리의 과거 못된 습관에서 스스로 벗어나도록 하기 위해서이다. 또한 우리 속에 아직 남아 있는 '애굽 콤플렉스'를 말끔히 씻어버리기 위함이다.
【결론】 새해에는 그동안 우리 속에서 끊임없이 우리의 영적 성장을 가로막아 오던 '애굽 콤플렉스'를 십자가와 성령의 능력으로 말끔히 청산하자.

- 절기, 용도, 장르, 특징: 송구영신.
- Key Word: 홍해.
- Remarks:

출애굽기

본문 : **출 15:22-16:1**

제목 : **마라에서 엘림으로 (Marah, Elim, and Canaan)**

22.모세가 홍해에서 이스라엘을 인도하매 그들이 나와서 수르 광야로 들어가서 거기서 사흘길을 걸
었으나 물을 얻지 못하고 **23.**마라에 이르렀더니 그 곳 물이 써서 마시지 못하겠으므로 그 이름을 마
라라 하였더라 **24.**백성이 모세에게 원망하여 이르되 우리가 무엇을 마실까 하매 **25.**모세가 여호와
께 부르짖었더니 여호와께서 그에게 한 나무를 가리키시니 그가 물에 던지니 물이 달게 되었더라 거
기서 여호와께서 그들을 위하여 법도와 율례를 정하시고 그들을 시험하실새 **26.**이르시되 너희가 너
희 하나님 나 여호와의 말을 들어 순종하고 내가 보기에 의를 행하며 내 계명에 귀를 기울이며 내 모
든 규례를 지키면 내가 애굽 사람에게 내린 모든 질병 중 하나도 너희에게 내리지 아니하리니 나는
너희를 치료하는 여호와임이라 **27.**그들이 엘림에 이르니 거기에 물 샘 열둘과 종려나무 일흔 그루
가 있는지라 거기서 그들이 그 물 곁에 장막을 치니라 **16:1.**이스라엘 자손의 온 회중이 엘림에서 떠
나 엘림과 시내 산 사이에 있는 신 광야에 이르니 애굽에서 나온 후 둘째 달 십오일이라

1. 마라의 쓴 물을 만남 (= 성도의 시련)

22절= "모세가 홍해에서 이스라엘을 인도하매 그들이 나와서 수르 광야로 들어가서 거기서 사흘 길을 걸었으나 물을 얻지 못하고"

23절= "마라에 이르렀더니 그 곳 물이 써서 마시지 못하겠으므로 그 이름을 마라라 하였더라"

2. 쓴 물을 달게 하심 (= 승리의 비결)

25절= "모세가 여호와께 부르짖었더니 여호와께서 그에게 한 나무를 가리키시니 그가 물에 던지니 물이 달게 되었더라"

3. 엘림의 오아시스를 준비하심 (= 시련 후의 위로)

27절= "그들이 엘림에 이르니 거기에 물 샘 열둘과 종려나무 일흔 그루가 있는지라 거기서 그들이 그 물 곁에 장막을 치니라"

◆◆◆

【대지 유형】 주제 설명형 - 본문 묶음형 - 대지 반전형

【주제】 (적용) 성도는 시련을 만나 기도하여 하나님의 위로를 경험한다.

【FCF】 시련을 만났을 때 하나님께 간절히 기도하고 의지하여 승리한 경험들이 부족한 현대 교인들의 나약한 모습.

【서론】 성도는 이 세상의 나그네요 순례자이다. 성경에서 성도의 삶의 과정을 실감나게 보여주는 장면은 출애굽한 이스라엘이 40년간의 광야생활을 거쳐 가나안으로 들어가는 여정일 것. 광야에서 시련을 당하고 울부짖고 하나님의 구원의 손길을 경험하고 함께 찬양하는 여러 가지 모습은 오늘 우리의 모습이기도 하다. 이스라엘 백성은 지금 가나안으로 가는 중. 가나안은 하나님께서 아브라함에게 약속하신 언약의 땅. 하나님은 이스라엘이 가나안에 들어가기 전에 여러 가지 시련을 통하여 자기 백성을 단련시키셨다.
【우산질문】 마라에서 엘림으로! 본문의 말씀을 통하여 우리에게 주시는 주님의 교훈의 말씀, 위로의 말씀을 받자.

【1대지】 가지고 있던 물은 모두 고갈되었는데, 겨우 도착한 곳에는 너무 써서 마실 수 없는 물밖에 없었다. 이것은 천국을 향해 가고 있는 성도들의 삶에 시련이 찾아온다는 것을 보여준다. 성도는 구원받은 자신에게는 시련과 어려움이 없을 것이란 안일한 생각을 버려야 한다. 오히려 닥치는 시련을 통해서 더욱더 온전한 자로 성숙될 수 있음을 기뻐해야 할 것이다.
【2대지】 우리의 지혜나 능력으로 감당할 수 없는 일들을 만날 때 문제의 해결 방법은 모세처럼 먼저 여호와께 아뢰고 기도하는 것. 기도는 문제 해결의 열쇠이다. 여기 나무가지는 그리스도의 십자가 복음을 상징한다.
【3대지】 이스라엘 백성은 마라의 쓴 물을 만나 하나님의 이적을 경험했고, 하나님의 인도하심으로 오아시스인 엘림에 당도했다. 엘림에는 물샘 12개와 종려나무 70그루가 있었다. 성도들이 살아가는 세상은 이스라엘이 여행하던 광야와 같이 거칠고 험하다. 하나님은 영적 이스라엘인 성도들을 위해 많은 것을 예비해 두셨다.
【결론】 이스라엘 백성은 엘림이 좋았지만 거기 오래 머물지 않았다. 그들에게는 영원한 약속의 땅 가나안이 있었기 때문이다. 엘림을 떠나자마자 신광야로 나왔는데, 그곳은 그들의 입에서 또 불평불만이 터져 나올 만큼 거칠고 험한 곳이었다. 그럼에도 그들은 엘림을 떠나야 했다. 비록 우리 앞에 험한 신광야가 가로놓여 있더라도 우리는 지금 이곳, 엘림을 떠나야 한다. 그래야 가나안까지 갈 수 있다.

- 절기, 용도, 장르, 특징: 상징주의 해석.
- Key Word: 마라에서 엘림으로.
- Remarks:

본문 : **출 17:1-7**

제목 : **광야 백성의 세 가지 고질(痼疾) (Sick People in the Wilderness)**

1.이스라엘 자손의 온 회중이 여호와의 명령대로 신 광야에서 떠나 그 노정대로 행하여 르비딤에 장막을 쳤으나 백성이 마실 물이 없는지라 **2.**백성이 모세와 다투어 이르되 우리에게 물을 주어 마시게 하라 모세가 그들에게 이르되 너희가 어찌하여 나와 다투느냐 너희가 어찌하여 여호와를 시험하느냐 **3.**거기서 백성이 목이 말라 물을 찾으매 그들이 모세에게 대하여 원망하여 이르되 당신이 어찌하여 우리를 애굽에서 인도해 내어서 우리와 우리 자녀와 우리 가축이 목말라 죽게 하느냐 **4.**모세가 여호와께 부르짖어 이르되 내가 이 백성에게 어떻게 하리이까 그들이 조금 있으면 내게 돌을 던지겠나이다 **5.**여호와께서 모세에게 이르시되 백성 앞을 지나서 이스라엘 장로들을 데리고 나일 강을 치던 네 지팡이를 손에 잡고 가라 **6.**내가 호렙 산에 있는 그 반석 위 거기서 네 앞에 서리니 너는 그 반석을 치라 그것에서 물이 나오리니 백성이 마시리라 모세가 이스라엘 장로들의 목전에서 그대로 행하니라 **7.**그가 그 곳 이름을 맛사 또는 므리바라 불렀으니 이는 이스라엘 자손이 다투었음이요 또는 그들이 여호와를 시험하여 이르기를 여호와께서 우리 중에 계신가 안 계신가 하였음이더라

1. 모세와 하나님에 대해 원망함 (= 원망병)

3절= "그들이 모세에게 대하여 원망하여 이르되…"

2. 애굽의 기억에 잡혀있음 (= 과거병)

3절= "… 당신이 어찌하여 우리를 애굽에서 인도해 내어서 우리와 우리 자녀와 우리 가축이 목말라 죽게 하느냐?"

3. 하나님의 은혜를 쉽게 잊어버림 (= 은혜 망각병)

7절= "그들이 여호와를 시험하여 이르기를 여호와께서 우리 중에 계신가 안 계신가 하였음이더라"

◈◈◈

【대지 유형】 주제 설명형 - 본문 수집형 - 대지 병렬형

【주제】 (석의) 광야의 이스라엘은 원망하기 일쑤요 애굽의 기억에 잡혀 하나님이 베푸신 은혜를 쉽게 망각해버리는 고질이 있었다.

【FCF】 원망병, 은혜 망각병에 사로잡힌 교인들의 모습.

【서론】 이스라엘 백성이 애굽을 벗어나 광야생활을 하던 모습은 오늘 성도가 광야 같은 이 세상을 살아가는 것과 같다. 그런데 광야의 이스라엘은 하나님의 은혜를 계속 받으면서도 어려운 문제를 만날 때마다 불평을 일삼았고, 하나님의 선민(選民)으로서 한참 모자란 모습을 보였다. 그들은 실패자들

이었다. 그들에게는 고치기 힘든 몇 가지 병이 있었다. 본문의 이스라엘 백성은 출애굽한 이스라엘의 장정이 60만 명, 중다한 잡족이 따라 나와 전체 인구는 200-300만 명에 이르고, 양과 소와 심히 많은 생축들이 따르고 있었다. 그들에게 가장 필요한 것은 먹을 양식과 마실 물이었다. 그런데 르비딤에는 마실 물이 없었다. 백성들은 모세를 원망하며 다투기 시작했다. 목이 갈한 군중은 모세에게 돌을 던질 상태에까지 이르렀다. 위기에 직면한 모세는 하나님께 부르짖었고, 기적이 뒤따랐다.

【우산질문】 광야의 실패자들이 걸린 병은 어떤 증상이었나?

【1대지】 이스라엘 백성들의 원망병은 하나님께서 이스라엘을 인도하신다는 사실에 대한 부인이라고 할 수 있다. 이것은 참으로 어리석고도 패역한 배신 행위였다. 이스라엘의 원망병은 한두 번으로 그친 것이 아니다. 홍해 앞에서 두려워 떨던 그들은 마라의 쓴물을 만나자 모세를 원망했고, 이제 르비딤에서는 모세에게 돌을 던질 태세였다. 그들의 원망병은 갈수록 깊어졌다.

【2대지】 이스라엘 백성들은 광야에서 걸핏하면 애굽으로 돌아가고 싶어 하였다. 그들은 과거병, 향수병에 걸려 있었다. 미래 지향적이 아니라 과거 지향적이었다. 솔직히 그들의 과거가 무에 그리 자랑스럽나? 애굽인들의 노예로, 혹심한 부역에 시달려 부르짖었던 고통스런 기억밖에 더 있는가? 그런데도 그들은 현재와 과거를 비교하면서, 애굽에서의 삶에 대한 향수병을 버리지 못했다. 실패자는 자꾸만 과거를 돌아보지만, 성공자는 미래를 본다. 큰일을 하는 사람은 항상 미래 지향적인 눈을 가지고 있다.

【3대지】 그들이 제대로 된 하나님의 백성이라면 문제가 생길 때마다 이렇게 외쳐야 했다. "어제 하나님이 기적을 주셨으니 오늘도 기적을 주시리라!" 광야의 이스라엘은 그렇지 못했다. 문제가 생기면 베풀어 주신 은혜를 망각해버리고 모세에게 대들거나 하나님을 원망했다. 그들은 망각병에 단단히 잡혀 있었다.

【결론】 여러분 중에 혹시 세상사에 억눌려 걱정과 근심에 사로잡혀 있다면, 그래서 불평과 원망이 마음속에서 일어난다면 지금 주님께 무릎 꿇고 간구하자. 지나간 과거는 잊어버리고 앞에 있는 푯대를 향하여 달려가자. 은혜 위에 은혜를 쌓아가는 성도가 되자.

- 절기, 용도, 장르, 특징:
- Key Word: 고질병.
- Remarks:

본문 : **출 17:8-16**
제목 : **아말렉과 더불어 대대로 싸우리라**
(War against Amalek from Generation to Generation)

8.그 때에 아말렉이 와서 이스라엘과 르비딤에서 싸우니라 **9.**모세가 여호수아에게 이르되 우리를
위하여 사람들을 택하여 나가서 아말렉과 싸우라 내일 내가 하나님의 지팡이를 손에 잡고 산 꼭대기
에 서리라 **10.**여호수아가 모세의 말대로 행하여 아말렉과 싸우고 모세와 아론과 훌은 산 꼭대기에
올라가서 **11.**모세가 손을 들면 이스라엘이 이기고 손을 내리면 아말렉이 이기더니 **12.**모세의 팔이
피곤하매 그들이 돌을 가져다가 모세의 아래에 놓아 그가 그 위에 앉게 하고 아론과 훌이 한 사람은
이쪽에서, 한 사람은 저쪽에서 모세의 손을 붙들어 올렸더니 그 손이 해가 지도록 내려오지 아니한지
라 **13.**여호수아가 칼날로 아말렉과 그 백성을 쳐서 무찌르니라 **14.**여호와께서 모세에게 이르시되
이것을 책에 기록하여 기념하게 하고 여호수아의 귀에 외워 들리라 내가 아말렉을 없이하여 천하에
서 기억도 못 하게 하리라 **15.**모세가 제단을 쌓고 그 이름을 여호와 닛시라 하고 **16.**이르되 여호와
께서 맹세하시기를 여호와가 아말렉과 더불어 대대로 싸우리라 하셨다 하였더라

1. 아말렉 전투는 여호와의 전투임 (= 영적 전투, 마귀와의 싸움)

9절= "모세가 여호수아에게 이르되 우리를 위하여 사람들을 택하여 나가서 아말렉과 싸우라. 내일 내가 하나님의 지팡이를 손에 잡고 산 꼭대기에 서리라"
16절= "여호와가 아말렉과 더불어 대대로 싸우리라"

2. 모세의 손을 아론과 훌이 해가 지도록 들어 올렸음 (= 말씀을 붙잡은 손과 돕는 손들, 지도자들의 합력과 기도)

12절= "모세의 팔이 피곤하매 그들이 돌을 가져다가 모세의 아래에 놓아 그가 그 위에 앉게 하고 아론과 훌이 한 사람은 이쪽에서, 한 사람은 저쪽에서 모세의 손을 붙들어 올렸더니 그 손이 해가 지도록 내려오지 아니한지라"

3. 여호수아가 칼날로 아말렉을 쳐서 무찔렀음 (= 순종과 봉사의 손, 승리의 손)

13절= "여호수아가 칼날로 아말렉과 그 백성을 쳐서 무찌르니라"

◈◈◈

【대지 유형】 주제 설명형 - 본문 수집형 - 대지 심화형
【주제】 (적용) 영적 전투는 지도자들이 합심하여 기도하며 싸울 때 승리할 수 있다.
【FCF】 아론과 훌 같은 조력자들이 부족한 현대교회의 모습.

【서론】 성경 속에는 영적 전투에 대한 이야기가 수없이 기록되어 있다. 그중에서 본문의 '아말렉과의 전투 사건'은 영적 전투에 참여하는 그리스도인들에게

중요한 교훈을 주고 있다. 본문은 이스라엘 최초의 전투에 대한 기록으로, 르비딤으로 갑자기 쳐들어온 아말렉 군대를 오합지졸과 같은 이스라엘의 군사들이 하나님의 능력으로 물리친 신비한 이야기다. 이 전투에서 이스라엘의 최고 지도자 모세는 칼을 들고 전장(戰場)으로 나가지 않았다. 그는 오히려 뒤로 물러나 산꼭대기로 올라갔다. 그곳에서 전투의 현장을 바라보며 기도하기 위해서였다.

【우산질문】 본문을 자세히 살펴보며 하나님께서 주시는 영적 전투에 대한 교훈을 받자.

【1대지】 아말렉과의 전투는 단순히 이스라엘 백성이 자신의 진로(進路)를 막고 있는 아말렉 사람들과 싸운 것이 아니라 여호와께서 싸우시는 '여호와의 전투'이다. 아말렉 족속은 에서의 핏줄이요 더 나아가 이스라엘의 친족. 그런데도 아말렉은 친족인 이스라엘을 향해 칼을 들이대고 있다. 본문에서 아말렉은 소극적으로는 하나님을 두려워하지 않을 뿐 아니라 적극적으로는 하나님을 대적하고 있다. 그러므로 아말렉 전투는 영적 전투요 마귀와의 싸움을 상징한다. 그들은 이스라엘의 피곤함을 틈타 뒤에 처진 약한 자들을 비겁하게 공격했다. 이것은 마귀의 공격 방법이다. 마귀는 지금도 하나님의 군대 중 처져 있는 군사, 피곤한 군사, 약한 군사를 집중적으로 공격한다. 왜 그런가? 이런 사람들은 싸울 의욕이 없기 때문이다.

【2대지】 주의 종이 성도들을 위해 말씀을 붙잡고 기도할 때 교회는 영적 전투에서 이길 수 있다. 기도야말로 영적 싸움에서 가장 중요한 무기이며 하나님의 은혜와 능력을 나타내는 가장 중요한 방편이다. 모세와 아론과 훌의 아름다운 모습= 말씀을 붙잡은 손과 돕는 손들의 모범. 본문은 어떤 교회가 하나님의 능력을 체험할 수 있는지, 그리고 어떤 단체가 영적 전투에서 승리할 수 있는지 분명히 보여준다.

【3대지】 이 전투에서 중요한 것은 말씀을 붙잡은 손과 돕는 손들이다. 거기에 또한 없어서는 안 될 것이 순종과 봉사의 손이다. 하나님 나라의 중요한 원리가 있다. 사람이 수고할지라도 일을 이루시는 분은 하나님이시다.

【결론】 이 세상은 하나님 나라와 사탄 왕국 간에 격렬한 싸움이 상존(常存)하는 곳이다. 세상 속에는 진리와 비진리, 의와 불의, 선과 악이 끊임없이 싸움을 벌이고 있다. 그리스도인은 이 영적 전투에 부름 받은 그리스도의 군사이다. 우리는 대장 되신 그리스도와 함께 이 전투에 성실하게 임해야 한다.

- 절기, 용도, 장르, 특징: 상징주의 해석.
- Key Word: 영적 전투.
- Remarks:

본문 : **출 17:8-16**
제목 : **여호와 닛시 제단의 교훈**

8.그 때에 아말렉이 와서 이스라엘과 르비딤에서 싸우니라 **9.**모세가 여호수아에게 이르되 우리를 위하여 사람들을 택하여 나가서 아말렉과 싸우라 내일 내가 하나님의 지팡이를 손에 잡고 산 꼭대기에 서리라 **10.**여호수아가 모세의 말대로 행하여 아말렉과 싸우고 모세와 아론과 훌은 산 꼭대기에 올라가서 **11.**모세가 손을 들면 이스라엘이 이기고 손을 내리면 아말렉이 이기더니 **12.**모세의 팔이 피곤하매 그들이 돌을 가져다가 모세의 아래에 놓아 그가 그 위에 앉게 하고 아론과 훌이 한 사람은 이쪽에서, 한 사람은 저쪽에서 모세의 손을 붙들어 올렸더니 그 손이 해가 지도록 내려오지 아니한지라 **13.**여호수아가 칼날로 아말렉과 그 백성을 쳐서 무찌르니라 **14.**여호와께서 모세에게 이르시되 이것을 책에 기록하여 기념하게 하고 여호수아의 귀에 외워 들리라 내가 아말렉을 없이하여 천하에서 기억도 못 하게 하리라 **15.**모세가 제단을 쌓고 그 이름을 여호와 닛시라 하고 **16.**이르되 여호와께서 맹세하시기를 여호와가 아말렉과 더불어 대대로 싸우리라 하셨다 하였더라

1. 모세는 전투가 끝날 때까지 손을 내리지 않았음 (= 기도는 자기와의 싸움)

11-12절= "모세가 손을 들면 이스라엘이 이기고 손을 내리면 아말렉이 이기더니 모세의 팔이 피곤하매…"

2. 아론과 훌이 모세의 양 팔을 해가 지도록 붙들어 올렸음 (= 기도에는 협력하는 동역자 필요)

12절= "모세의 팔이 피곤하매 그들이 돌을 가져다가 모세의 아래에 놓아 그가 그 위에 앉게 하고 아론과 훌이 한 사람은 이쪽에서, 한 사람은 저쪽에서 모세의 손을 붙들어 올렸더니 그 손이 해가 지도록 내려오지 아니한지라"

3. 산 위에서는 기도자들이, 산 아래에서는 군사들이 아말렉과 싸웠음 (= 역할 분담, 기도와 노력 병행)

10절= "여호수아가 모세의 말대로 행하여 아말렉과 싸우고 모세와 아론과 훌은 산꼭대기에 올라가서"

13절= "여호수아가 칼날로 아말렉과 그 백성을 쳐서 무찌르니라"

◈◈◈

【대지 유형】 주제 설명형 - 본문 수집형 - 대지 진전형

【주제】 (석의) 아말렉 전투에서 모세와 두 동역자와 여호수아는 각자 기도와 동역, 그리고 전투에서 합력하여 여호와 닛시의 하나님께 영광을 돌렸다.

【FCF】 기도에 대한 깊은 성찰이 부족한 현대교회의 모습.
【서론】 모세= 기적을 행하는 사람의 모습. 모세의 지팡이는 이적을 행하는 지팡이. 본문에서는 모세의 지팡이가 무력하게 느껴질 정도임. 여기에는 이 싸움이 왜 일어났으며 왜 이토록 힘들었는가를 살펴볼 필요가 있다. 이 싸움으로 이스라엘의 불평을 잠재우고, 단합하게 하시려는 하나님의 의도. 15, 16절 = "모세가 제단을 쌓고 그 이름을 여호와 닛시라 하고 이르되, 여호와께서 맹세하시기를 여호와가 아말렉과 더불어 대대로 싸우리라 하셨다 하였더라"
【우산질문】 아말렉 전투에서 나타난 모세와 동역자들의 모습을 통해 기도에 관한 교훈을 받자.

【1대지】 르비딤 전쟁은 기도의 전쟁이었다. 엄청난 싸움. 이 싸움은 원수와의 싸움이기 전에 자기 자신과의 싸움이었다. 하루 종일 팔을 들고 기도하는 모세, 내릴 수도 없다. 광야의 뜨거운 햇볕 아래서 지팡이까지 들고… 인내 필요. 이를 통해 모세의 지도력을 세우고, 백성들의 불평을 잠재웠다. 기도는 자신과의 싸움이기 때문에 인내가 필요하다. 예) 얍복 강가의 기도, 겟세마네의 기도. 두 손을 드는 것은 자기 포기를 의미한다. 자신의 정욕을 죽이고 육신을 쳐 복종시키자.
【2대지】 전쟁의 승리 요인은 중보기도에 있었다. 르비딤 전쟁에는 팀으로 이루어진 중보기도가 있었다. 기도는 후원자가 필요하고 동지가 필요하다. 큰 일을 하는 사람일수록, 영적인 사람일수록 동지가 필요하다. 영적인 사람은 항상 고독하다. 지도자는 고독에 빠지지 말아야 한다. 이때 동역자가 필요하다. 마 18:19, "너희 중에 두 사람이 땅에서 합심하여 무엇이든지 구하면 하늘에 계신 내 아버지께서 저희를 위하여 이루게 하시리라." 주의 종을 위한 기도의 후원자. 지도자들의 헌신의 모습! 우리 교회의 아론과 훌은 누구인가?
【3대지】 모세의 일과 여호수아의 일이 분명히 구분된다. 주의 종의 분야와 평신도의 분야. 이스라엘 군대는 무기도 없고 훈련된 병사들도 없었지만 싸우러 나갔다. 기도하는 것도 중요하지만 믿고 행하는 것도 못지않게 중요하다. 모세가 일선에서 싸워서도 안 되고, 여호수아가 싸우지 않고 기도만 해서도 안 된다. 역할 분담이 있다. 주의 종의 분야와 평신도의 분야가 다르다.
【결론】 이렇게 하여 우리는 여호와 닛시의 하나님을 만난다.

- 절기, 용도, 장르, 특징:
- Key Word: 여호와 닛시, 동역자, 기도.
- Remarks:

본문 : **출 19:3-6**
제목 : **독수리 날개 인도법 (On Eagles' Wings)**

3.모세가 하나님 앞에 올라가니 여호와께서 산에서 그를 불러 말씀하시되 너는 이같이 야곱의 집에 말하고 이스라엘 자손들에게 말하라 **4.**내가 애굽 사람에게 어떻게 행하였음과 내가 어떻게 독수리 날개로 너희를 업어 내게로 인도하였음을 너희가 보았느니라 **5.**세계가 다 내게 속하였나니 너희가 내 말을 잘 듣고 내 언약을 지키면 너희는 모든 민족 중에서 내 소유가 되겠고 **6.**너희가 내게 대하여 제사장 나라가 되며 거룩한 백성이 되리라 너는 이 말을 이스라엘 자손에게 전할지니라

1. 신속한 인도 : "독수리 날개로…"
4절= "내가… 독수리 날개로 너희를 업어…"

2. 강력한 인도 : "독수리 날개로 너희를 업어…"
4절= "내가 어떻게 독수리 날개로 너희를 업어 내게로 인도하였음을 너희가 보았느니라"

3. 안전한 인도 : "독수리 날개로 너희를 업어 내게로 인도하였음을…"
4절= "내가 어떻게 독수리 날개로 너희를 업어 내게로 인도하였음을 너희가 보았느니라"

◈◈◈

【대지 유형】 주제 함축형 - 본문 묵상형 - 대지 연결형
【주제】 (석의) 독수리 날개로 업어 인도하듯 하나님의 인도는 신속, 강력, 안전한 인도이다.
【FCF】 많은 신앙인들이 하나님의 인도하심을 믿지 못한 채 세상적인 방법을 찾고 있음.

【서론】 "내가 어떻게 독수리 날개로 너희를 업어 내게로 인도하였음을 너희가 보았느니라"(4절). '내가… 업어'라는 말은 소중한 물건을 품에 안고 조심해서 옮기듯이 그렇게 이동시켰음을 암시한다. '독수리 날개'란 성경 문학적인 표현으로서 주변을 압도하는 권위와 능력 등을 상징하는 말이다. 본문은 이스라엘을 안전히 보존하시고 인도하시는 하나님의 초월적 능력과 권위, 그리고 그 어떤 세력도 감히 넘볼 수 없는 이스라엘의 절대 안전에 대한 확신을 담고 있는 은유적 표현이다.
【우산질문】 말씀을 통해 하나님께서 독수리 날개로 우리를 업어 인도하시는 모습을 생각해보자. 하나님의 독수리 날개 인도법은 어떤 인도인가?

【1대지】 하나님은 우리를 인도하시되 독수리가 빠른 속도로 날아가듯이 신속히 인도하신다. 이스라엘 백성들은 출애굽의 과정에서 보여주신 하나님의 신속한 인도의 모습을 직접 보아왔다. 하나님의 인도가 '신속한 인도'라고 하는 것은 하나님께서 적기(適期)라고 생각하신 때, 곧 하나님께서 보시기에 도와주셔야 할 가장 적절한 시간이 되면 주저하지 않으시고 놀랄만큼 빠르게 역사하신다는 뜻. 우리가 하나님의 말씀을 지키고 순종하면 주님은 우리를 당신의 보물로 여겨주신다. 그리고 주님은 당신의 보물을 잃기 전에 신속하게 옮겨 놓으신다.

【2대지】 하나님의 인도는 강력한 인도이다. 어미 독수리의 날개에 업힌 새끼는 불안해하거나 두려워하지 않는다. 왜냐하면 어미 독수리의 날개는 강력한 힘을 지닌 보호처이기 때문이다. 우린 주님의 능력을 믿고 의뢰하며, 잠잠히 기다릴 줄 알아야 한다. 하나님은 "세계가 다 내게 속하였나니"(5절)라고 말씀하신다. 하나님이 우리를 이끄시면 그 누구도 우리의 행보를 방해하거나 가로막을 수 없다. 예수님은 우리를 고아와 같이 버려두지 않으시고 우리와 함께하시겠다고 약속해 주셨다(요 14:18). 그러므로 성도는 어떠한 위험 앞에서도 전혀 두려워할 필요가 없다. 하늘과 땅의 모든 권세를 가지신 그리스도께서 우리와 함께하시며 모든 위험에서 능히 건져주실 것이다. 그리고 우리는 평강 가운데 광야와 같은 이 세상을 지나 영원한 하늘나라에 이르게 될 것이다.

【3대지】 독수리 날개로 업어 인도하시는 주님의 인도하심의 세 번째 특징은 '안전'이다. 주님의 인도는 안전한 인도이다. 여기 '안전'이란 온전한 것, 탈이 없는 것, 위험이 없는 것을 일컫는 말이다. 광야의 이스라엘에게 무엇보다 중요한 것은 '안전'에 대한 보장이었다. 독수리의 날개에 업혀 공중을 날아가는 새끼 독수리는 차라리 떨어질 수도 있겠지만, 하나님의 날개는 우리를 떨어뜨리는 법이 없다.

【결론】 "하나님의 사랑은 끊을 수 없는 방어선이요 하나님의 능력은 무너뜨릴 수 없는 방어벽이다"(매튜 헨리). 그러므로 인간은 하나님께서 부르실 때 대답하고, 주실 때 받고, 명하실 때 순종해야 한다. 등에 업혀라 할 때 업히고, 감사하며 기뻐하고 영광 돌리며 살아야 한다.

- 절기, 용도, 장르, 특징:
- Key Word: 독수리 날개, 인도.
- Remarks:

본문 : **출 21:1-6**

제목 : **귀 뚫은 종의 의미 (Piercing One's Own Ear)**

1.네가 백성 앞에 세울 법규는 이러하니라 **2.**네가 히브리 종을 사면 그는 여섯 해 동안 섬길 것이요 일곱째 해에는 몸값을 물지 않고 나가 자유인이 될 것이며 **3.**만일 그가 단신으로 왔으면 단신으로 나갈 것이요 장가 들었으면 그의 아내도 그와 함께 나가려니와 **4.**만일 상전이 그에게 아내를 주어 그의 아내가 아들이나 딸을 낳았으면 그의 아내와 그의 자식들은 상전에게 속할 것이요 그는 단신으로 나갈 것이로되 **5.**만일 종이 분명히 말하기를 내가 상전과 내 처자를 사랑하니 나가서 자유인이 되지 않겠노라 하면 **6.**상전이 그를 데리고 재판장에게로 갈 것이요 또 그를 문이나 문설주 앞으로 데리고 가서 그것에다가 송곳으로 그의 귀를 뚫을 것이라 그는 종신토록 그 상전을 섬기리라

1. 종신토록 상전을 섬기기로 자원함 (= 영원한 하나님의 종)

6절= "… 그를 문이나 문설주 앞으로 데리고 가서 그것에다가 송곳으로 그의 귀를 뚫을 것이라 그는 종신토록 그 상전을 섬기리라"

2. 상전을 사랑하니 자유인이 되지 않겠노라 함 (= 자유를 포기한 종)

5절= "… 내가 상전과 내 처자를 사랑하니 나가서 자유인이 되지 않겠노라…"

3. 구멍 뚫은 귀를 부끄러워하지 않음 (= 종의 직분을 자랑스러워하는 종)

5절= "종이 분명히 말하기를 내가 상전과 내 처자를 사랑하니 나가서 자유인이 되지 않겠노라…"

◈◈◈

【대지 유형】 주제 설명형 - 본문 분석형 - 대지 심화형

【주제】 (석의) 자원하여 귀 뚫은 종은 영원한 하나님의 종으로 스스로 자유를 포기한 종이면서 종의 직분을 자랑스럽게 여기는 종이다.

【FCF】 많은 신앙인들이 자원하여 귀 뚫은 종의 수준에 한참 미치지 못하고 있음.

【서론】 하나님은 일찍이 모세를 통하여 이스라엘에 십계명을 주셨고, 613가지 율법을 주셨다. 하나님의 법 가운데 '종에 대한 법'을 살펴보자. 본문은 남종을 향한 5조이고, 7-11절은 여종을 향한 5조이다. 종들은 6년간은 의무적으로 종살이하여야 한다. 그러나 7년째 되는 해에는 무조건 해방되었다. 그런데 주인과 살다보니 주인이 너무나 좋고, 나가서 자유인으로 사는 것보다 차라리 주인의 종으로 사는 것이 더 좋다는 결심이 설 때가 있다. 그럴 때에 처리

하는 법이 규정되어 있다.

【우산질문】 송곳으로 귀를 뚫은 종은 어떤 종인가? 이 시대 스스로 자진하여 귀에 구멍 뚫은 종은 어떤 그리스도인인가?

【1대지】 하나님의 법에는 종이 되는 경우를 몇 가지로 상정하고 있다. 빚을 갚지 못해서(레 25:39), 도적질한 것을 배상할 능력이 없을 때(출 22:3) 등. 그런데 이런저런 이유로 종이 되었다고 할지라도 6년만 참고 종살이 하면 7년째 되는 해에는 자유함을 받았다. 자원하여 귀를 뚫은 종은 어떤 종인가? 그는 종신토록 상전을 섬기기로 자원한 종인데, 이것은 영원히 하나님의 종으로 살기를 자원하는 그리스도인의 모습을 상징한다. 여러분은 귀에 구멍 뚫은 종인가? 주님의 나라를 위하여 자신의 가장 귀한 자유까지 포기하고 자원하여 영원한 주님의 종이 되기로 헌신하셨나?

【2대지】 6년 종은 임시 종이요 귀 뚫은 종은 영원한 종이다. 이 사람은 말하기를 "내가 상전과 내 처자를 사랑하니 나가서 자유인이 되지 않겠노라"라고 한다. 이것은 그가 자유를 스스로 포기한 것을 가리킨다. 귀에 구멍 뚫은 것은 자신에게 당연히 주어지는 자유를 자신이 그토록 사랑하는 주님을 위하여 아낌없이 포기하는 것을 상징한다. 귀에 구멍 뚫은 종, 상전을 사랑하여 자유인이 되기를 포기한 종 - 하나님은 이런 사람에게 하나님 나라의 중요한 사역을 맡기신다.

【3대지】 귀에 구멍을 뚫으면 평생 종이라는 표시가 사라지지 않는다. 종은 자원하여 귀에 구멍을 뚫은 것이라 이 흔적을 부끄러워하지 아니하고 오히려 자랑스럽게 생각한다. 성경 인물 중 종의 직분을 그리도 자랑스럽게 생각했던 사람으로 사도 바울을 빼놓을 수 없다. 바울은 그가 쓴 서신서의 초두에 자신을 그리스도의 종이라고 말하면서 자신의 종 됨을 자랑스러워 했다. 여러분의 몸에는 바울처럼 예수님의 흔적이 있는가? 그리고 그 흔적을 부끄러워하지 아니하고 자랑스럽게 생각하고 있는가?

【결론】 이제 어떻게 살겠는가? 자기 마음대로, 자기 뜻대로 자기가 가기 원하는 곳으로 마음껏 달려가겠는가? 아니면 힘들고 어렵지만 주님이 걸어가신 그 길로 기도하며 걸어가겠는가?

- 절기, 용도, 장르, 특징: 직분자 임직예배.
- Key Word: 자원, 귀 구멍 뚫은 종.
- Remarks:

본문 : **출 32:1-14**

제목 : **호렙산 우상 숭배 사건의 교훈**

1.백성이 모세가 산에서 내려옴이 더딤을 보고 모여 백성이 아론에게 이르러 말하되 일어나라 우리를 위하여 우리를 인도할 신을 만들라 이 모세 곧 우리를 애굽 땅에서 인도하여 낸 사람은 어찌 되었는지 알지 못함이니라 **2.**아론이 그들에게 이르되 너희의 아내와 자녀의 귀에서 금 고리를 빼어 내게로 가져오라 **3.**모든 백성이 그 귀에서 금 고리를 빼어 아론에게로 가져가매 **4.**아론이 그들의 손에서 금 고리를 받아 부어서 조각칼로 새겨 송아지 형상을 만드니 그들이 말하되 이스라엘아 이는 너희를 애굽 땅에서 인도하여 낸 너희의 신이로다 하는지라 **5.**아론이 보고 그 앞에 제단을 쌓고 이에 아론이 공포하여 이르되 내일은 여호와의 절일이니라 하니 **6.**이튿날에 그들이 일찍이 일어나 번제를 드리며 화목제를 드리고 백성이 앉아서 먹고 마시며 일어나서 뛰놀더라 **7.**여호와께서 모세에게 이르시되 너는 내려가라 네가 애굽 땅에서 인도하여 낸 네 백성이 부패하였도다 **8.**그들이 내가 그들에게 명령한 길을 속히 떠나 자기를 위하여 송아지를 부어 만들고 그것을 예배하며 그것에게 제물을 드리며 말하기를 이스라엘아 이는 너희를 애굽 땅에서 인도하여 낸 너희 신이라 하였도다 **9.**여호와께서 또 모세에게 이르시되 내가 이 백성을 보니 목이 뻣뻣한 백성이로다 **10.**그런즉 내가 하는 대로 두라 내가 그들에게 진노하여 그들을 진멸하고 너를 큰 나라가 되게 하리라 **11.**모세가 그의 하나님 여호와께 구하여 이르되 여호와여 어찌하여 그 큰 권능과 강한 손으로 애굽 땅에서 인도하여 내신 주의 백성에게 진노하시나이까 **12.**어찌하여 애굽 사람들이 이르기를 여호와가 자기의 백성을 산에서 죽이고 지면에서 진멸하려는 악한 의도로 인도해 내었다고 말하게 하시려 하나이까 주의 맹렬한 노를 그치시고 뜻을 돌이키사 주의 백성에게 이 화를 내리지 마옵소서 **13.**주의 종 아브라함과 이삭과 이스라엘을 기억하소서 주께서 그들을 위하여 주를 가리켜 맹세하여 이르시기를 내가 너희의 자손을 하늘의 별처럼 많게 하고 내가 허락한 이 온 땅을 너희의 자손에게 주어 영원한 기업이 되게 하리라 하셨나이다 **14.**여호와께서 뜻을 돌이키사 말씀하신 화를 그 백성에게 내리지 아니하시니라

1. 백성이 자신들을 위해 우상을 만듦 (= 백성의 범죄)

1절= "백성이 모세가 산에서 내려옴이 더딤을 보고 모여 백성이 아론에게 이르러 말하되 일어나라 우리를 위하여 우리를 인도할 신을 만들라…"

2. "네 백성이 부패하였으니 너는 내려가라" 하심 (= 하나님의 섭섭함과 분노)

7절= "여호와께서 모세에게 이르시되 너는 내려가라 네가 애굽 땅에서 인도하여 낸 네 백성이 부패하였도다"

3. 모세가 백성을 위해 중보기도함 (= 그리스도의 구속 사역)

11절= "모세가 그의 하나님 여호와께 구하여 이르되 여호와여 어찌하여 그 큰 권능과 강한 손으로 애굽 땅에서 인도하여 내신 주의 백성에게 진노하시나이까"

【대지 유형】주제 설명형 - 본문 묶음형 - 대지 반전형
【주제】(적용) 범죄한 백성들에게 진노하는 하나님 앞에 중보자가 계시다.
【FCF】많은 신앙인들이 우상숭배(하나님보다 다른 것을 더 사랑함)의 위험성에 대해 알지 못하고 있음.

【서론】출애굽한 이스라엘= 광야로 나옴= 하나님은 호렙산에서 언약의 법을 주시려고 모세를 부르심. 한편 백성은 기다리지 못하고, 아론을 시켜 금송아지를 만들게 함. 제사—먹고 마시며—뛰놀더라. 엄청난 대조: 산 위의 거룩한 장면(하나님과 모세와의 대화)과 산 밑의 더러운 장면(우상, 술, 노래, 음란)의 대조가 기막히다.
【우산질문】호렙산 우상 숭배 사건의 교훈이 무엇인지 살펴보자.

【1대지】백성의 범죄에 대하여 좀 더 깊은 관찰이 필요하다. 그들은 속히 하나님으로부터 떠났다. 불과 40일도 못되어. 이스라엘은 목이 곧은 백성이었다.
【2대지】하나님의 격분에 찬 목소리= "너는 내려가라." 하나님의 섭섭함과 분노는 그들이 속히 하나님에게서 떠났기 때문. '네 백성', 이전에는 '내 백성', 하나님의 분노= 그런즉 '내가 하는 대로 두라'고 하심= 나를 막지 말라. 신 9:14, "나대로 하게 하라!"= 그들에게 진노하겠다, 그들을 진멸하겠다. 사실 하나님은 주권자이시기 때문에 이런 말이 필요 없다. 모세의 등에 식은땀이 흐르는, 엄청난 하나님의 노여움을 본다.
【3대지】모세의 탄원: 열조와의 언약을 기억하소서! 모세는 위대한 중보자로서 예수 그리스도의 예표임. 예수님은 완전하신 분, 죄를 향한 하나님의 무서운 진노를 온몸으로 막아내신 분. 갈보리 십자가상의 6시간, 하나님과의 피맺힌 대화. 주님은 피를 뿌리시면서 엄청난 고통 속에서 간청하셨고, 하나님의 공의를 만족시키셨다. 누구를 위하여? 바로 송아지 앞에서 취하여 춤추던 우리를 위하여.
【결론】14절, "여호와께서 뜻을 돌이키사 말씀하신 화를 그 백성에게 내리지 아니하시니라." 이제 예수 그리스도는 우리에게 명령하신다. 일어나 여기서 속히 내려가라. 누구에게? 말씀을 속히 떠난 자들, 부패한 자들, 불신자들에게로. 이제 네가 일할 때다. 우린 이 명령을 받아야 한다.

- 절기, 용도, 장르, 특징:
- Key Word: 우상숭배.
- Remarks:

본문 : **출 35:1-10, 20-29**
제목 : **성막 건립의 메카니즘 (Making the Tabernacle)**

1.모세가 이스라엘 자손의 온 회중을 모으고 그들에게 이르되 여호와께서 너희에게 명령하사 행하게
하신 말씀이 이러하니라 **2.**엿새 동안은 일하고 일곱째 날은 너희를 위한 거룩한 날이니 여호와께 엄
숙한 안식일이라 누구든지 이 날에 일하는 자는 죽일지니 **3.**안식일에는 너희의 모든 처소에서 불도
피우지 말지니라 **4.**모세가 이스라엘 자손의 온 회중에게 말하여 이르되 여호와께서 명령하신 일이
이러하니라 이르시기를 **5.**너희의 소유 중에서 너희는 여호와께 드릴 것을 택하되 마음에 원하는 자
는 누구든지 그것을 가져다가 여호와께 드릴지니 곧 금과 은과 놋과 **6.**청색 자색 홍색 실과 가는 베
실과 염소 털과 **7.**붉은 물 들인 숫양의 가죽과 해달의 가죽과 조각목과 **8.**등유와 및 관유에 드는 향
품과 분향할 향을 만드는 향품과 **9.**호마노며 에봇과 흉패에 물릴 보석이니라 **10.**무릇 너희 중 마음
이 지혜로운 자는 와서 여호와께서 명령하신 것을 다 만들지니 …… **20.**이스라엘 자손의 온 회중이
모세 앞에서 물러갔더니 **21.**마음이 감동된 모든 자와 자원하는 모든 자가 와서 회막을 짓기 위하여
그 속에서 쓸 모든 것을 위하여, 거룩한 옷을 위하여 예물을 가져다가 여호와께 드렸으니 **22.**곧 마
음에 원하는 남녀가 와서 팔찌와 귀고리와 가락지와 목걸이와 여러 가지 금품을 가져다가 사람마다
여호와께 금 예물을 드렸으며 **23.**무릇 청색 자색 홍색 실과 가는 베 실과 염소 털과 붉은 물 들인 숫
양의 가죽과 해달의 가죽이 있는 자도 가져왔으며 **24.**은과 놋으로 예물을 삼는 모든 자가 가져다가
여호와께 드렸으며 섬기는 일에 소용되는 조각목이 있는 모든 자는 가져왔으며 **25.**마음이 슬기로운
모든 여인은 손수 실을 빼고 그 뺀 청색 자색 홍색 실과 가는 베 실을 가져왔으며 **26.**마음에 감동을
받아 슬기로운 모든 여인은 염소 털로 실을 뽑았으며 **27.**모든 족장은 호마노와 및 에봇과 흉패에 물
릴 보석을 가져왔으며 **28.**등불과 관유와 분향할 향에 소용되는 기름과 향품을 가져왔으니 **29.**마음
에 자원하는 남녀는 누구나 여호와께서 모세의 손을 빌어 명령하신 모든 것을 만들기 위하여 물품을
드렸으니 이것이 이스라엘 자손이 여호와께 자원하여 드린 예물이니라

1. 여호와께서 성막 건립을 명령하심 (= 뜻을 명하심)

4절= "… 여호와께서 명령하신 일이 이러하니…"

2. 모세가 백성에게 성막 건립 명령을 전달함 (= 뜻을 전달함)

4절= "모세가 이스라엘 자손의 온 회중에게 말하여 이르되 여호와께서 명령하신 일이 이러하니라…"

3. 백성이 자원하여 예물을 드림 (= 도구로 사용됨)

21절= "마음이 감동된 모든 자와 자원하는 모든 자가 와서 회막을 짓기 위하여 그 속에서 쓸 모든 것을 위하여, 거룩한 옷을 위하여 예물을 가져다가 여호와께 드렸으니"

◈◈◈

【대지 유형】 주제 설명형 - 본문 수집형 - 대지 연결형
【주제】 (적용) 하나님은 주의 종에게 뜻을 전하시고 종은 그 뜻을 백성에게 전달하며 백성은 말씀에 순종하므로 하나님의 뜻이 이루어진다.
【FCF】 많은 교인들이 주의 종의 설교 말씀에 순종하는 삶을 살지 못하고 있음.

【서론】 구약에서 인류 구원을 위한 주님의 뜻을 가장 잘 나타내는 것으로 '성막(Tabernacle)'을 들 수 있다. 말씀의 핵심은 성막 건립의 과정을 통해 하나님의 뜻이 구현되어가는 메카니즘이 어떻게 나타나고 있는지 살펴보는 데 있다.
【우산질문】 성막이 세워지는 과정 속에 하나님의 뜻이 이루어지는 메카니즘이 어떻게 나타나고 있는가를 살펴보자.

【1대지】 성막의 건립은 성막 건립 자체에 부여된 의미보다 하나님 말씀의 성실한 준수를 통하여 성막을 건립할 때 그것을 통하여 계시하시려는 하나님의 거룩하심과 하나님이 홀로 주관하시는 구원 사역의 진수를 알 수 있게 된다는 데서 비로소 참다운 의미를 찾을 수 있다. 하나님과 인간과의 관계는 수직관계이고 주종관계다. 따라서 하나님의 명령은 순종해도 되고 안 해도 되는 것이 아니라 반드시 순종해야 한다.
【2대지】 하나님께선 각 시대마다 주의 종을 통해 하나님의 뜻을 전달토록 하셨고, 종들은 백성들에게 그 말씀을 전해 왔으며, 지금도 전하고 있다. 말씀의 전달자는 성령님의 감동으로 전해야 하고, 듣는 자도 성령님의 감동으로 받아들여야 한다.
【3대지】 주님은 은혜로 우리를 감동시키셔서 주의 종으로부터 받은 주님의 명령을 즐거이 자원하여 순종하도록 이끄시고, 이를 통해 주님의 뜻을 이루어나가신다. 성도가 하나님의 일을 위하여 드림으로 얻는 즐거움은 세상 사람들이 선한 일을 함으로 느끼는 그것과는 비교될 수 없다.
【결론】 모세와 백성들은 하나님의 뜻을 이루는 도구로서 그 소임을 다했다. 하나님은 이런 그들을 기뻐하셨고, 그들의 손에 의해 만들어진 성막에 영광의 구름으로 임재하셨다. 여러분에게도 주님과 주님의 나라와 주님의 교회를 위한 이러한 헌신이 있나?

- 절기, 용도, 장르, 특징:
- Key Word: 성막, 하나님의 뜻.
- Remarks:

본문 : **출 40:34-38**
제목 : **성막의 세 가지 역할**

34.구름이 회막에 덮이고 여호와의 영광이 성막에 충만하매 **35.**모세가 회막에 들어갈 수 없었으니 이는 구름이 회막 위에 덮이고 여호와의 영광이 성막에 충만함이었으며 **36.**구름이 성막 위에서 떠오를 때에는 이스라엘 자손이 그 모든 행진하는 길에 앞으로 나아갔고 **37.**구름이 떠오르지 않을 때에는 떠오르는 날까지 나아가지 아니하였으며 **38.**낮에는 여호와의 구름이 성막 위에 있고 밤에는 불이 그 구름 가운데에 있음을 이스라엘의 온 족속이 그 모든 행진하는 길에서 그들의 눈으로 보았더라

1. 하나님의 임재 장소임 (= 교회는 하나님이 계신 곳)
34절= "구름이 회막에 덮이고 여호와의 영광이 성막에 충만하매"

2. 낮에는 구름기둥, 밤에는 불기둥을 동반함 (= 교회는 성도들의 삶의 보호처)
38절= "낮에는 여호와의 구름이 성막 위에 있고 밤에는 불이 그 구름 가운데에 있음을 이스라엘의 온 족속이 그 모든 행진하는 길에서 그들의 눈으로 보았더라"

3. 가나안 땅을 향해 가는 데 필수적임 (= 교회 통해 천국 가게 됨)
36-37절= "구름이 성막 위에서 떠오를 때에는 이스라엘 자손이 그 모든 행진하는 길에 앞으로 나아갔고 구름이 떠오르지 않을 때에는 떠오르는 날까지 나아가지 아니하였으며"

◈◈◈

【대지 유형】 주제 설명형 - 본문 묶음형 - 대지 진전형
【주제】 (적용) 성막으로 예표되는 교회는 하나님의 임재 장소로서 성도들을 보호 인도하여 천국으로 이끈다.
【FCF】 많은 교회들이 교회의 귀중성이나 하나님의 임재성에 경각심을 갖지 못하고 세속화되고 있음.

【서론】 에덴동산 이후 하나님은 가정 단위로 관계하시다가, 이제 한 민족의 개념으로 관계하심. 출애굽기의 두 가지 사건: 십계명 받는 사건과 성막을 건축하는 사건. 성막은 가나안 입성 후 성전으로, 다시 신약시대에 교회로 변천됨. 본문은 출애굽기의 마지막 부분. 완성된 성막이 어떤 역할을 하게 되었는가를 시각적으로 보여준다. 성막은 광야 40년간 하나님께 제사 드린 곳. 후일 가나안 땅에 정착해서는 성전으로 바뀌었다. 신약시대에는 교회로 바뀌었다.

【우산질문】 본문에서 성막(교회)의 역할에 대해 알아보자.

【1대지】 본문은 성막이 건립된 후 하나님이 함께하시는 모습이다. 성막= 교회를 가리킴. 성막을 회막이라 한 것도 이곳이 하나님과 이스라엘 백성들이 만나는 처소임을 강조하기 위함. 구름= 하나님 임재의 영광. 성막의 재료는 모두 값진 것. 교회는 이 세상에서 가장 귀한 곳. 교회의 보배성을 가리킨다. 우리 예수님은 일곱 금촛대 사이에 계신다. 선지자 이사야는 기도하러 성전에 들어가 하나님을 뵙게 된다. 교회는 하나님의 거룩을 담을 수 있는 그릇이 되어야 하고 하나님 임재의 장소이다. 우리는 예배를 통해 하나님을 만나고 있다.
【2대지】 본 절은 광야생활의 무서운 것들로부터 항상 이스라엘을 지켜주신 하나님의 보호의 손길이 돋보이는 말씀이다. 낮에는 살인적 더위, 밤엔 기온 급강하로 온기가 필요하다. 구름기둥, 불기둥은 교회를 통해 성도를 보호하시는 하나님의 손길을 의미한다. 교회는 가나안 땅의 도피성과도 같다. 성막, 성전, 그리고 교회는 하나님의 최고의 축복이다. 이스라엘이 성막 중심으로 생활했듯이 성도는 교회를 중심으로 살아야. 교회 중심의 삶을 성도들은 하나님의 임재와 보호의 손길을 날마다 경험하게 될 것이다.
【3대지】 하나님의 표적은 성막 위에 떠오르는 구름으로 나타났다. 성막 없이는 가나안 땅을 들어갈 수가 없었다. 가나안 땅은 천국의 예표임. 교회는 미래의 천국문제를 해결 받는 곳. 우리의 온전한 구원은 교회를 통해서 이루어진다. 이 시대는 교회가 무서운 도전을 받고 있는 마지막 시대이다. 온갖 이단과 사이비들. 특히 종교다원주의가 범람하는 지금이다. 계 17:1-2, "…많은 물 위에 앉은 큰 음녀의 받을 심판…" 살후 2:3, "…먼저 배도하는 일이 있고…"
【결론】 아인슈타인의 결론: "교회는 거인처럼 일어나 지식과 진리와 자유를 수호하였다. 나는 처음 교회를 경멸했다. 그러나 지금은 한없는 존경으로 이를 바라본다." 교회관이 흔들리면 모든 신앙의 체계가 흔들린다. 교회를 통해 하나님을 만날 수 있고, 영적 육적 보호를 받게 되고, 언약의 대열 속에서 천국까지 인도함 받는다. 38절, "낮에는 여호와의 구름이 성막 위에 있고 밤에는 불이 그 구름 가운데에 있음을 이스라엘의 온 족속이 그 모든 행진하는 길에서 그들의 눈으로 보았더라."

- 절기, 용도, 장르, 특징: 상징주의 해석, 교회설립 감사예배.
- Key Word: 성막, 교회.
- Remarks:

본문 : **레 8:22-24**
제목 : **오른쪽 지체에 피를 바르는 의미**
(Putting the Blood on the Right Parts)

22.또 다른 숫양 곧 위임식의 숫양을 드릴새 아론과 그의 아들들이 그 숫양의 머리에 안수하매 **23.**모세가 잡고 그 피를 가져다가 아론의 오른쪽 귓부리와 그의 오른쪽 엄지 손가락과 그의 오른쪽 엄지 발가락에 바르고 **24.**아론의 아들들을 데려다가 모세가 그 오른쪽 귓부리와 그들의 손의 오른쪽 엄지 손가락과 그들의 발의 오른쪽 엄지 발가락에 그 피를 바르고 또 모세가 그 피를 제단 사방에 뿌리고

1. "오른쪽 귓부리에 피를 바르라" 하심 (= 보혈의 능력으로 말씀에 순종하게 됨)
23절= "그 피를 가져다가 아론의 오른쪽 귓부리와… 바르고"

2. "오른쪽 엄지손가락에 피를 바르라" 하심 (= 보혈의 능력으로 직분 감당하게 됨)
23절= "그 피를 가져다가… 그의 오른쪽 엄지 손가락과… 바르고"

3. "오른쪽 엄지발가락에 피를 바르라" 하심 (= 보혈의 능력으로 정도를 걷게 됨)
23절= "그 피를 가져다가… 그의 오른쪽 엄지 발가락에 바르고"

◈◈◈

【대지 유형】 주제 설명형 - 본문 분석형 - 대지 연결형
【주제】 (적용) 오른쪽 귓부리와 엄지손가락, 엄지발가락에 피를 바르게 한 것은 말씀을 듣는 귀, 사역, 정도를 걷는 삶이 오직 그리스도의 보혈의 능력으로 가능함을 보여준다.
【FCF】 교회 일꾼들 중 많은 사람들이 그리스도의 보혈 없이 사역하고 있음.

【서론】 성경은 인류 구원을 위한 하나님의 계시이다. 그러므로 성경 해석의 확실하고도 분명한 목표는 철저하고 온전하게 예수님을 바라보고 이를 확고하게 선포하여 성도들로 하여금 예수님을 닮고 예수님의 영광에 이르게 하는 데 있다. 레 1-9장은 5대 제사가 4번 반복되고 있는데, 이는 예수님의 일생을 4번 반복해서 기록하고 있는 사복음서를 가리킨다. 10-24장은 출애굽 이후 이스라엘의 성결한 삶을 규정하고 있는데, 이는 예수님을 믿어 구원 받은 성도와 교회의 삶을 기록하고 있는 사도행전-유다서를 가리킨다. 그리고 25-27장은 안식과 상벌에 대한 규례를 말하고 있는데, 이는 예수님의 재림과 천국을 보여주는

계시록과 일맥상통한다. 레위기의 수건을 벗기면 신약성경 전체가 선명하게 드러난다.

【우산질문】 제사장의 위임식 때 오른쪽 귓부리, 오른쪽 엄지손가락, 오른쪽 엄지발가락에 피를 바르라고 했다. 이처럼 세 가지 피를 바르는 행위의 의미는 무엇일까?

【1대지】 십자가 보혈을 바르기 전의 우리는 영적 귀가 막힌 옛사람이었다. 그때에 우리는 하나님의 말씀을 들려주어도 들을 수도 없었고 말씀의 의미를 깨달을 수도 없었다. 그러나 보혈을 바른 후의 우리는 영적 귀가 열려 복음의 말씀을 깨닫는 자가 되었다. 우리는 오른쪽 귓부리에 피를 확실히 발라야 한다. 말씀을 듣는 것을 이처럼 강조하는 이유는 기독교 신앙이 계시(啓示), 즉 말씀에 근거를 두고 있기 때문이다. 영구히 하나님의 집에서 섬기게 될 제사장이 임직식 때 귀에 피를 바르는 것이나 주인을 기뻐하는 종의 귀를 뚫고 영원히 그 집에 속하게 하는 것은 같은 의미이다. 예수님의 피로 그 귀가 열리고 예수님의 대속으로 마음이 열려 순종하게 되는 것이다.

【2대지】 성경에서 '오른쪽'은 능력을 의미하고(욥 40:14; 시 16:8; 마 24:33), 축복을 뜻하며(창 48:14; 마 25:33), 위엄과 영광의 자리(시 45:9)를 가리킨다. 또한 엄지손가락은 오른손에서도 가장 중요한 손가락으로서 능력의 중심으로 해석된다. 더러운 손을 씻고 순종의 도구로 사용하려면 그리스도의 피를 죄로 물든 손에 뿌리는 것이다. 예: 가룟유다의 손. 하나님은 거룩한 예수님의 피로 그 손을 깨끗하게 한 자들을 오른손으로 확고하게 붙드신다. 여러분의 엄지손가락은 피 발린 손가락인가? 여러분의 사역에 주님의 십자가 보혈의 능력이 어떻게 나타나고 있나?

【3대지】 여기서 발은 행함과 관련된다. 엄지발가락에 피를 바르는 것은 예수 그리스도의 피를 바를 때 맡은 직분을 바로 행할 수 있는 능력을 받게 된다는 의미이다. 십자가 피를 바르기 전 우리의 발은 죄를 저지르는 더러운 발이었다. 무엇으로 발의 죄악을 정결케 씻을 수 있는가? 오직 그리스도의 십자가 피이다.

【결론】 여러분의 귀와 손과 발에 예수 그리스도의 피를 바름으로 거룩한 삶, 정결한 삶을 살며 바울처럼 위대한 주님의 사역자로 살게 되기를 바란다.

- 절기, 용도, 장르, 특징: 상징주의 해석.
- Key Word: 보혈, 피 바름.
- Remarks:

레위기

본문 : **레 11:1-8**

제목 : **먹을 생물과 먹지 못할 생물 (The Clean and the Unclean)**

1.여호와께서 모세와 아론에게 말씀하여 이르시되 **2.**이스라엘 자손에게 말하여 이르라 육지의 모든 짐승 중 너희가 먹을 만한 생물은 이러하니 **3.**모든 짐승 중 굽이 갈라져 쪽발이 되고 새김질하는 것은 너희가 먹되 **4.**새김질하는 것이나 굽이 갈라진 짐승 중에도 너희가 먹지 못할 것은 이러하니 낙타는 새김질은 하되 굽이 갈라지지 아니하였으므로 너희에게 부정하고 **5.**사반도 새김질은 하되 굽이 갈라지지 아니하였으므로 너희에게 부정하고 **6.**토끼도 새김질은 하되 굽이 갈라지지 아니하였으므로 너희에게 부정하고 **7.**돼지는 굽이 갈라져 쪽발이로되 새김질을 못하므로 너희에게 부정하니 **8.**너희는 이러한 고기를 먹지 말고 그 주검도 만지지 말라 이것들은 너희에게 부정하니라

1. 먹을 생물 : 굽이 갈라진 것 (= 성별의 삶)

3절= "짐승 중 무릇 굽이 갈라져 쪽발이 되고 새김질하는 것은 너희가 먹되"

2. 먹을 생물 : 새김질하는 것 (= 말씀 되새기는 삶)

3절= "짐승 중 무릇 굽이 갈라져 쪽발이 되고 새김질하는 것은 너희가 먹되"

3. 먹지 못할 생물 : 새김질하되 굽이 갈라지지 않은 것 (= 말씀을 늘 받으나 성별의 삶을 살지 못하는 자)

4절= "새김질하는 것이나 굽이 갈라진 짐승 중에도 너희가 먹지 못할 것은 이러하니 약대는 새김질은 하되 굽이 갈라지지 아니하였으므로 너희에게 부정하고"

4. 먹지 못할 생물 : 굽은 갈라졌으나 새김질 못하는 것 (= 말씀 없이 구별된 삶 사는 자, 도덕적인 삶)

7절= "돼지는 굽이 갈라져 쪽발이로되 새김질을 못하므로 너희에게 부정하니"

◈◈◈

【대지 유형】 주제 함축형 - 본문 분석형 - 대지 반전형

【주제】 (적용) 식이법을 통하여 성도는 말씀을 받으나 성별된 삶을 살지 못하거나 말씀 없이 도덕적인 삶만으로는 하나님께 합당하지 못하다는 것을 알아야 한다.

【FCF】 교인 중에 성별된 삶을 살지 못하는 자들이 적지 않음.

【서론】 모든 성경은 예수로 보아야 한다. 요 5:39, "너희가 성경에서 영생을 얻는 줄 생각하고 성경을 상고하거니와 이 성경이 곧 내게 대하여 증거하는 것이로다" 하나님께서 짐승들을 정결한 것과 부정한 것으로 나누신 데에는 영적 목적이 있다. 본문은 정결한 동물과 부정한 동물에 관해 총체적으로 언급하고 있

는 본 장의 서론이자 도입부이다. 본문은 특별히 네 발로 기는 육축의 정, 부정에 관해 언급하고 있다.
【우산질문】 먹을 것과 먹지 못할 것을 이리도 분명히 구분하여 명령하시는 하나님의 뜻이 무엇인가? 정결법을 통해 우리에게 주시는 말씀의 영적 의미는 어떤 것인가?

【1대지】 부정의 두 가지 기준은 굽의 갈라짐과 새김질 여부인 점. 이 두 조건을 모두 만족시키는 짐승으로는 소, 양, 염소, 사슴, 노루 등을 들 수 있다. 그 중 첫 번째 기준인 '굽이 갈라져 쪽발이 된 것'은 영적으로 하면 성도가 세상에서 구별된 삶을 살아야 한다는 사실을 암시한다. 성별의 삶을 말한다. 우리 모두 주님께는 굽이 갈라진 짐승이어야. 거룩하게 구별된 삶이어야 한다.
【2대지】 먹을 만한 생물의 두 번째 기준은 새김질 여부이다. '새김질'은 문자적으로는 한 번 먹은 음식을 다시 토해내어 되씹는 것을 말한다. 일반적으로 초식동물 가운데 새김질하는 동물이 많다. 새김질을 하는 행위는 영적으로 하면 '성도가 주님의 말씀을 늘 묵상함으로써 그것을 영적으로 소화시키는 것'을 의미한다. 말씀을 되새기며 사는 삶을 가리킨다. 중요한 것은 체질적으로 새김질하는 구조가 아니라, 음식을 계속 되씹는 행동이다. 한번 받은 하나님 말씀을 계속하여 되새김하며 묵상하는 것이 무엇보다 중요하다.
【3대지】 되새김질하되 굽이 갈라지지 아니한 것은 말씀을 늘 받으나 성별의 삶을 살지 못하는 자를 의미한다. 수시로 예배에 참여하고 설교 말씀에 감동받기도 하고 성경 읽는 일에 힘을 쏟기도 하지만, 생활 속에서 그리스도인의 구별된 모습을 보이지 못하는 자는 하나님께 합당하지 못하다. 지금 시대는 말씀을 듣기만 하고 행하지 않는 시대이다. 오늘 우리에게 진실로 필요한 것은 생명 있는 말씀이다. 좌우에 날 선 검보다 더 예리한 말씀이다.
【4대지】 하나님께서 먹지 못할 것으로 지정하신 두 번째는 '굽은 갈라졌지만 되새김을 하지 않는 동물'이다. 영적으로 하면 말씀 없이 구별된 삶을 살려고 노력하는 자를 의미하는 표현으로서, 도덕적인 삶을 뜻한다. 도덕적 · 윤리적 삶이 나쁜 것이 아니다. 세상의 철학과 지식이 나쁜 것이 아니다. 그러나 이것들은 우리를 착한 사람, 훌륭한 사람으로 만들 수는 있으나 구원받은 사람이 되게 할 수는 없다.
【결론】 오늘 말씀은 정결한 짐승과 부정한 짐승의 규례이다. 그러나 이 규례의 진정한 의미는 하나님께 정결한 성도의 모습이 어떠함에 있다.

- 절기, 용도, 장르, 특징: 상징주의 해석.
- Key Word: 거룩, 성별.
- Remarks:

본문 : **레 23:4-14, 44**
제목 : **절기 속에 나타난 그리스도 (1)**
(Christ and the Feasts of the LORD)

4.이것이 너희가 그 정한 때에 성회로 공포할 여호와의 절기들이니라 **5.**첫째 달 열나흗날 저녁은 여호와의 유월절이요 **6.**이 달 열닷샛날은 여호와의 무교절이니 이레 동안 너희는 무교병을 먹을 것이요 **7.**그 첫 날에는 너희가 성회로 모이고 아무 노동도 하지 말지며 **8.**너희는 이레 동안 여호와께 화제를 드릴 것이요 일곱째 날에도 성회로 모이고 아무 노동도 하지 말지니라 **9.**여호와께서 모세에게 말씀하여 이르시되 **10.**이스라엘 자손에게 말하여 이르라 너희는 내가 너희에게 주는 땅에 들어가서 너희의 곡물을 거둘 때에 너희의 곡물의 첫 이삭 한 단을 제사장에게로 가져갈 것이요 **11.**제사장은 너희를 위하여 그 단을 여호와 앞에 기쁘게 받으심이 되도록 흔들되 안식일 이튿날에 흔들 것이며 **12.**너희가 그 단을 흔드는 날에 일 년 되고 흠 없는 숫양을 여호와께 번제로 드리고 **13.**그 소제로는 기름 섞은 고운 가루 십분의 이 에바를 여호와께 드려 화제로 삼아 향기로운 냄새가 되게 하고 전제로는 포도주 사분의 일 힌을 쓸 것이며 **14.**너희는 너희 하나님께 예물을 가져오는 그 날까지 떡이든지 볶은 곡식이든지 생 이삭이든지 먹지 말지니 이는 너희가 거주하는 각처에서 대대로 지킬 영원한 규례니라 …… **44.**모세는 이와 같이 여호와의 절기를 이스라엘 자손에게 공포하였더라

1. 유월절 (= 십자가에 달려 죽으신 그리스도)
5절= "첫째 달 열나흗날 저녁은 여호와의 유월절이요"

2. 무교절 (= 무덤에 장사되신 그리스도)
6절= "이 달 열닷샛날은 여호와의 무교절이니 이레 동안 너희는 무교병을 먹을 것이요"

3. 초실절 (= 부활하신 그리스도)
10-11절= "너희는 내가 너희에게 주는 땅에 들어가서 너희의 곡물을 거둘 때에 너희의 곡물의 첫 이삭 한 단을 제사장에게로 가져갈 것이요 제사장은 너희를 위하여 그 단을 여호와 앞에 기쁘게 받으심이 되도록 흔들되 안식일 이튿날에 흔들 것이며"

◈◈◈

【대지 유형】 주제 함축형 - 본문 묶음형 - 대지 진전형
【주제】 (적용) 구약의 절기들은 예수 그리스도의 일생의 사역을 위한 예표로 주어졌다.
【FCF】 많은 신앙인들이 구약을 읽을 때에 수건을 벗지 못하고 있음.

【서론】 고후 3장에서 바울은 우리가 구약을 읽을 때에 예수님으로 수건을 벗기지 않으면 유대인처럼 완고한 자가 된다고 하였다. "그 수건은 그리스도 안에서

없어질 것이라 오늘까지 모세의 글을 읽을 때에 수건이 그 마음을 덮었도다"(고후 3:15). 구약 이스라엘의 절기는 단순한 이스라엘의 풍습이 아니라 예수 그리스도를 그림자로 담고 있다. 레 23장의 절기는 유월절, 무교절, 초실절, 칠칠절, 나팔절, 속죄절, 그리고 초막절이다. 이들은 모두 그리스도의 모습 그대로다.
【우산질문】 말씀을 통하여 구약이 얼마나 정교하게 예수님을 예표하고 있는지, 특히 절기들이 얼마나 놀라운 수준으로 예수님의 일생의 사역을 담고 있는지 살펴보자.

【1대지】 유월절, 그 베일이 벗겨지면 그 속에 예수 그리스도를 통한 하나님의 사랑이 찬란하게 드러난다. 유월절은 예수님이 갈보리 언덕 위의 십자가에서 온 인류를 구원하시려고 피흘려 죽으심으로 그 십자가 피의 능력을 힘입어 죄로부터 해방되는 것을 상징한다. 유월절 절기 속에 그리스도의 대속의 죽으심이 분명히 나타나고 있다. 유월절의 제물은 반드시 어린 양이어야 하고, 소나 비둘기로 대신할 수 없다. 바울도 수건을 벗고 유월절 양을 보니 그것이 바로 그리스도였음을 고백하고 있다(고전 5:7). 애굽에서의 유월절이 모형(type)이라면 그 원형은 그리스도이다.
【2대지】 무교절의 첫날과 마지막 날은 큰 성회로 모였고, 이 성회의 날에는 노동을 금하였다. 무교절은 급히 출애굽했던 이스라엘 백성들의 고생을 기념하는 절기이다. 출 12장에 무교절은 애굽 군대를 홍해에 수장(水葬)한 사건을 기념하는 절기로 나온다. 홍해를 건너는 것은 죽음의 바다를 넘는 것이다. 이스라엘이 유월절 후 홍해를 건넌 것은 그리스도께서 친히 십자가에서 유월절 양이 되시고 무덤 속에 장사지낸 것을 예언적으로 말해준다.
【3대지】 초실절은 약속의 땅 가나안에 들어가서 농사를 지은 후 첫 곡식을 추수한 것을 감사드리며 기념하는 절기. 초실절은 봄에 보리농사를 마친 후 그 첫 열매를 하나님께 봉헌하는 절기인데, 특이한 것은 단을 흔들어 드려야 하고, 하나님께 드리기 전에는 떡이든 볶은 곡식이든 생이삭이든 절대로 먹어서는 안 된다는 점이다. 초실절에는 단을 흔들어서 하나님께 드렸다(요제)= 예수 그리스도의 부활의 예표. 11절에 "안식일 이튿날에 흔들 것이며"= 1월 16일 주일= 이 예언대로 주님은 정확히 안식일 이튿날 곧 주일 아침에 부활하셨다.
【결론】 구약의 모든 절기가 예수님의 공생애를 통하여 예언대로 정확하게 성취된 것을 가슴 가득히 담자.

- 절기, 용도, 장르, 특징: 상징주의 해석, 모형론.
- Key Word: 절기, 유월절, 무교절, 초실절.
- Remarks:

레위기

본문 : **레 23:15-36**
제목 : **절기 속에 나타난 그리스도 (2)**
(Christ and the Feasts of the LORD)

15.안식일 이튿날 곧 너희가 요제로 곡식단을 가져온 날부터 세어서 일곱 안식일의 수효를 채우고
16.일곱 안식일 이튿날까지 합하여 오십 일을 계수하여 새 소제를 여호와께 드리되 **17.**너희의 처소
에서 십분의 이 에바로 만든 떡 두 개를 가져다가 흔들지니 이는 고운 가루에 누룩을 넣어서 구운 것
이요 이는 첫 요제로 여호와께 드리는 것이며 …… **21.**이 날에 너희는 너희 중에 성회를 공포하고 어
떤 노동도 하지 말지니 이는 너희가 그 거주하는 각처에서 대대로 지킬 영원한 규례니라 **22.**너희 땅
의 곡물을 벨 때에 밭 모퉁이까지 다 베지 말며 떨어진 것을 줍지 말고 그것을 가난한 자와 거류민
을 위하여 남겨두라 나는 너희의 하나님 여호와이니라 **23.**여호와께서 모세에게 말씀하여 이르시되
24.이스라엘 자손에게 말하여 이르라 일곱째 달 곧 그 달 첫 날은 너희에게 쉬는 날이 될지니 이는 나
팔을 불어 기념할 날이요 성회라 **25.**어떤 노동도 하지 말고 여호와께 화제를 드릴지니라 **26.**여호와
께서 모세에게 말씀하여 이르시되 **27.**일곱째 달 열흘날은 속죄일이니 너희는 성회를 열고 스스로 괴
롭게 하며 여호와께 화제를 드리고 **28.**이 날에는 어떤 일도 하지 말 것은 너희를 위하여 너희 하나님
여호와 앞에 속죄할 속죄일이 됨이니라 …… **34.**이스라엘 자손에게 말하여 이르라 일곱째 달 열닷샛
날은 초막절이니 여호와를 위하여 이레 동안 지킬 것이라 **35.**첫 날에는 성회로 모일지니 너희는 아
무 노동도 하지 말지며 **36.**이레 동안에 너희는 여호와께 화제를 드릴 것이요 여덟째 날에도 너희는
성회로 모여서 여호와께 화제를 드릴지니 이는 거룩한 대회라 너희는 어떤 노동도 하지 말지니라

4. 칠칠절 (= 보혜사 성령님을 파송하시는 그리스도)

15-16절= "안식일 이튿날 곧 너희가 요제로 곡식단을 가져온 날부터 세어서 일곱 안식일의 수효를 채우고 일곱 안식일 이튿날까지 합하여 오십 일을 계수하여 새 소제를 여호와께 드리되"

5. 나팔절 (= 재림 때 성도를 부르시는 그리스도)

24-25절= "이스라엘 자손에게 말하여 이르라 일곱째 달 곧 그 달 첫 날은 너희에게 쉬는 날이 될지니 이는 나팔을 불어 기념할 날이요 성회라 어떤 노동도 하지 말고 여호와께 화제를 드릴지니라"

6. 속죄일 (= 온 인류의 죄를 사하시는 그리스도)

27절= "일곱째 달 열흘날은 속죄일이니 너희는 성회를 열고 스스로 괴롭게 하며 여호와께 화제를 드리고 이 날에는 어떤 일도 하지 말 것은 너희를 위하여 너희 하나님 여호와 앞에 속죄할 속죄일이 됨이니라"

7. 초막절 (= 천년 왕국의 왕이신 그리스도)

34절= "… 일곱째 달 열닷샛날은 초막절이니 여호와를 위하여 이레 동안 지킬 것이라"

◆◆◆

【대지 유형】 주제 함축형 - 본문 묶음형 - 대지 진전형
【주제】 (적용) 구약의 절기들은 예수 그리스도 일생의 사역을 위한 예표로 주어졌다.
【FCF】 현대교회가 구약을 읽을 때에 수건을 벗지 못하고 있음.

【서론】 지난 시간에 7대 절기 중 유월절, 무교절, 초실절에 대하여 성경적 상징주의의 해석법으로 절기의 의미를 살펴보았다. 이들은 모두 그리스도의 십자가 고난과 무덤에 장사 되심, 그리고 그리스도의 부활을 예표하고 있다.
【우산질문】 말씀을 통하여 구약이 얼마나 정교하게 예수님을 예표하고 있는지, 특히 남은 네 절기들도 얼마나 놀라운 수준으로 예수님의 일생의 사역을 담고 있는지 살펴보자.

【4대지】 예수님 부활하신 후 정확히 50일 만에 120 문도가 모여 있던 곳에 강림하신 것. "출애굽기 19장 1절에 암시된 연대를 추론해 볼 때 율법을 받은 날이 오순절 날임이 분명하다." 율법 받는 날에 이스라엘은 타락하여 3천 명이 죽임을 당했으나 성령님 오신 날에는 신앙과 구원의 역사가 일어나 3천 명이 회개하고 세례를 받았다.
【5대지】 나팔절의 나팔은 하나님의 나팔로 하늘로부터 재림하시는 그리스도를 상징한다. 우리는 재림의 나팔을 전 세계를 향해 불어야 한다.
【6대지】 속죄 제사는 개인적인 죄를 용서받기 위해 수시로 드려진 제사인 반면에 속죄일은 민족적인 제사로서 한 해 한 번 드려지는 전체적인 제사이다. 속죄일의 절정은 두 염소의 이야기이다. 첫 번째 염소는 죽어야 했지만, 나중 염소는 살려서 광야로 보냈는데, 그것은 재림 예수를 상징하는 것이다.
【7대지】 초막은 '덮다'란 뜻에서 유래된 말로서, 광야의 햇빛과 바람과 비 등을 피할 수 있는 임시 처소이다. 천국은 이 땅의 모든 환난과 질고, 사망까지도 덮어버린 곳이다.
【결론】 1,500여 년간 배경이 다른 40여 명의 기자들에 의해 기록된 신구약 66권의 책이 이처럼 통일성을 이루고 있는 것은 이 말씀이 하나님의 말씀이기 때문이다. 7대 절기가 지금도 숨 가쁘게 보여주는 그림은 "오직 예수"이다. 절기는 우리를 때로 가슴 뛰게 하고 때로 소리치게 하고 통곡하게 만드는 살아 있는 현장음이다.

- 절기, 용도, 장르, 특징: 상징주의 해석, 모형론.
- Key Word: 절기, 오순절, 칠칠절, 나팔절, 속죄일, 수장절.
- Remarks:

레위기

본문 : **레 24:1-4**
제목 : **등잔불의 규례**

1.여호와께서 모세에게 말씀하여 이르시되 **2.**이스라엘 자손에게 명령하여 불을 켜기 위하여 감람을 찧어낸 순결한 기름을 네게로 가져오게 하여 계속해서 등잔불을 켜 둘지며 **3.**아론은 회막안 증거궤 휘장 밖에서 저녁부터 아침까지 여호와 앞에 항상 등잔불을 정리할지니 이는 너희 대대로 지킬 영원한 규례라 **4.**그는 여호와 앞에서 순결한 등잔대 위의 등잔들을 항상 정리할지니라

1. "등잔불을 켜는 기름은 순결한 감람유로 하라" 하심 (= 교회 성도의 삶은 순결해야 함)
2절= "이스라엘 자손에게 명령하여 불을 켜기 위하여 감람을 찧어낸 순결한 기름을 네게로 가져오게 하여…"

2. "그 등잔불을 계속해서 켜 두라" 하심 (= 성도의 세상의 빛 역할은 계속 되어야 함)
2절= "… 계속해서 등잔불을 켜 둘지며"

3. "그 등잔불을 항상 정리하라" 하심 (= 속사람을 날마다 다듬고 마무리해야 함)
3절= "아론은 회막안 증거궤 휘장 밖에서 저녁부터 아침까지 여호와 앞에 항상 등잔불을 정리할지니 이는 너희 대대로 지킬 영원한 규례라"
4절= "그는 여호와 앞에서 순결한 등잔대 위의 등잔들을 항상 정리할지니라"

◈◈◈

【대지 유형】 주제 설명형, 적용형 - 본문 분석형 - 대지 심화형
【주제】 (적용) 등잔불의 규례를 통해 하나님은 성도의 순결한 삶을 날마다 다듬어 세상의 빛의 역할을 계속하라 하신다.
【FCF】 세속화된 성도, 세속화된 교회의 모습.

【서론】 성막은 하나님 예배 장소이다. 이스라엘이 하나님을 예배하는 성막 안에는 24시간 등불을 켜 놓아야 했다. 그 불이 꺼지면 안 된다. 불을 켜는 기름은 순결한 감람유로, 등잔은 언제나 깨끗이 정리되어 있어야 했다. 성막은 오

늘의 교회를 의미한다. 본문의 교훈은 한국교회에 주시는 교훈이다.
【우산질문】 본문은 등잔불에 대해 어떤 교훈을 주는가? 본문은 성도와 교회에 대해 어떤 가르침을 주고 있는가?

【1대지】 감람나무는 이스라엘에서 흔한 나무로서 이스라엘을 상징한다. 하나님의 성소를 밝히는 기름은 감람유이다. 등잔불 기름= 바로 성도 당신. 감람 열매를 으깨고 빻아서 기름을 짜는 것처럼 나를 으깨어 기름이 되어야. 여기저기 등잔은 많이 있지만 기름 되어 불타겠다는 사람은 적다. 순결한 기름= 성도의 삶은 순결해야. 교회를 섬기는 자세도 순결해야. 순결한 마음과 동기로 사람을 사귀고 교회를 섬기고 주님을 사랑하자.
【2대지】 등잔불이 꺼지면 안 된다. 저녁부터 아침까지. 내 심령을 밝히는 진리의 빛이 꺼지면 내 영혼은 좌초하고 만다. 역사를 밝히는 진리의 빛이 꺼지면 역사의 어두운 밤이 온다. 마 5:14= "너희는 세상의 빛이라." 예수 믿기 시작하는 날부터 주님 앞에 설 때까지 등불이 되자. 활활 타는 등불이 되자.
【3대지】 날마다 새 등잔으로 교체하는 것이 아니라 그 등잔을 깨끗이 정리하라는 것이다. 새롭게 깨끗하게 된다는 것이 무엇인가를 보여준다. 내가 예수 믿고 새 피조물이 되었다는 것은 내 영혼이 새롭게 변했기 때문에 새로운 존재가 되는 것. 겉모양은 그대로이지만 속사람이 달라지는 것. 우리의 영혼과 삶도 날마다 다듬고 마무리해야 한다.
【결론】 우리의 삶과 신앙을 언제나 깨끗하게 정리하고 마무리하자. 정치인도 마무리를 잘해야 한다. 기업인도 깨끗하게 벌어 깨끗하게 쓰고 깨끗하게 남기고 가야 한다. 여러분의 신앙생활도 마무리를 잘해야 한다. 성막에 켜둔 등잔을 언제나 깨끗하게 정리하고 마무리했던 것처럼 그리스도인의 삶과 신앙을 투명하게 공개할 수 있도록 하자.

- 절기, 용도, 장르, 특징: 상징주의 해석.
- Key Word: 교회론, 등잔불.
- Remarks:

본문 : **레 25:8-17**

제목 : **희년에 울리는 나팔소리 (The Proclamation of Jubilee Year)**

8.너는 일곱 안식년을 계수할지니 이는 칠 년이 일곱 번인즉 안식년 일곱 번 동안 곧 사십구 년이
라 **9.**일곱째 달 열흘날은 속죄일이니 너는 뿔나팔 소리를 내되 전국에서 뿔나팔을 크게 불지며
10.너희는 오십 년째 해를 거룩하게 하여 그 땅에 있는 모든 주민을 위하여 자유를 공포하라 이 해
는 너희에게 희년이니 너희는 각각 자기의 소유지로 돌아가며 각각 자기의 가족에게로 돌아갈지며
11.그 오십 년째 해는 너희의 희년이니 너희는 파종하지 말며 스스로 난 것을 거두지 말며 가꾸지
아니한 포도를 거두지 말라 **12.**이는 희년이니 너희에게 거룩함이니라 너희는 밭의 소출을 먹으리
라 **13.**이 희년에는 너희가 각기 자기의 소유지로 돌아갈지라 **14.**네 이웃에게 팔든지 네 이웃의 손
에서 사거든 너희 각 사람은 그의 형제를 속이지 말라 **15.**그 희년 후의 연수를 따라서 너는 이웃에
게서 살 것이요 그도 소출을 얻을 연수를 따라서 네게 팔 것인즉 **16.**연수가 많으면 너는 그것의 값
을 많이 매기고 연수가 적으면 너는 그것의 값을 적게 매길지니 곧 그가 소출의 다소를 따라서 네게
팔 것이라 **17.**너희 각 사람은 자기 이웃을 속이지 말고 네 하나님을 경외하라 나는 너희의 하나님
여호와이니라

1. 희년 선포의 축복성 면에서

10절= "너희는 오십 년째 해를 거룩하게 하여 그 땅에 있는 모든 주민을 위하여 자유를 공포하라 이 해는 너희에게 희년이니 너희는 각각 자기의 소유지로 돌아가며 각각 자기의 가족에게로 돌아갈지며"

2. 희년 선포의 상황 면에서

1) 희년이 선포되던 날은 그 해의 대속죄일이다.
9절= "일곱째 달 열흘날은 속죄일이니 너는 뿔나팔 소리를 내되 전국에서 뿔나팔을 크게 불지며"

2) 선포되던 수단은 나팔소리이다.
9절= "일곱째 달 열흘날은 속죄일이니 너는 뿔나팔 소리를 내되 전국에서 뿔나팔을 크게 불지며"

3) 누구에게 선포하나? '땅의 모든 주민들'에게이다.
10절= "너희는 오십 년째 해를 거룩하게 하여 그 땅에 있는 모든 주민을 위하여 자유를 공포하라"

◈◈◈

【대지 유형】 주제 함축형 - 본문 수집형 - 대지 병렬형
【주제】 (적용) 하나님은 희년 제도를 통해서 우리에게 내리시는 복을 구체적으로 보여주신다.
【FCF】 많은 그리스도인들이 채무와 속박으로부터 진정한 자유를 누리지 못함.

【서론】 하나님은 자기 백성들에게 희년을 지킬 것을 명령하신다. 안식년이 7회 반복되고 오십 년 되는 해의 속죄일 곧 7월 10일을 기점으로 희년의 시작을 삼아 전국에 나팔을 불어 자유를 공포하라고 명하신다. 한국 사회의 아노미적 증상들은 당장 수술로 고칠 수 있는 급성(急性)이 아니라 지난 수십 년간 나라를 뒤흔든 몇 차례의 대충격이 우리 사회와 가정 · 개인에 시시히 스며들었고, 그렇게 축적된 질환들이 동시에 곪아 터지는 모습이다. 한국교회의 역할이 지금보다 더 중요한 때는 없다.
【우산질문】 본문의 말씀을 통하여 희년 규례에 나타난 하나님의 의도를 살펴보자.

【1대지】 ①빚진 자들의 모든 채무 탕감: 죄 용서해 주시는 주님의 복음의 축복과 놀라운 대조를 보인다. 눅 24:47. 예수님 오시고 죽으시고 부활하신 것=죄 용서를 위함. ②종들이 해방됨: 가난과 채무 때문에 노예된 자들이 희년에 풀려난다. 안식년까지 기간 되기도 전에. 롬 8:1-2. ③잃었던 토지를 회복: 주상으로부터 물려받은 것들을 회복시키심. 벧전 1:3-4. ④모든 수고로부터 자유함. 마 11:28. ⑤풍성한 추수, 우주적인 기쁨. 복음은 우리를 놀라운 축복으로 초청한다.
【2대지】 희년의 선포는 대속죄일에 나팔소리로 모든 백성들에게 행해진다.
【결론】 참으로 놀라운 복음의 축복이다. 예수님께서 이 땅에 이룩하시는 하나님 나라의 축복은 이미 시내산의 이스라엘 백성에게 주신 희년 규례에서 명백히 드러났다. 희년에 울리는 나팔소리에서 우리는 하나님의 강한 뜻, 강한 의지를 읽는다. 희년의 나팔이 전국에서 울려 퍼지듯이 복음의 나팔도 전 세계를 향하여 울려 퍼져야 한다.

- 절기, 용도, 장르, 특징: 모형론.
- Key Word: 희년.
- Remarks:

레위기

본문 : **레 26:1-13**

제목 : **순종하는 사람에게 주시는 복 (If you walk in My statutes and keep My commandments)**

1.너희는 자기를 위하여 우상을 만들지 말지니 조각한 것이나 주상을 세우지 말며 너희 땅에 조각한
석상을 세우고 그에게 경배하지 말라 나는 너희의 하나님 여호와임이니라 **2.**너희는 내 안식일을 지
키며 내 성소를 경외하라 나는 여호와이니라 **3.**너희가 내 규례와 계명을 준행하면 **4.**내가 너희에게
철따라 비를 주리니 땅은 그 산물을 내고 밭의 나무는 열매를 맺으리라 **5.**너희의 타작은 포도 딸 때
까지 미치며 너희의 포도 따는 것은 파종할 때까지 미치리니 너희가 음식을 배불리 먹고 너희의 땅
에 안전하게 거주하리라 **6.**내가 그 땅에 평화를 줄 것인즉 너희가 누울 때 너희를 두렵게 할 자가 없
을 것이며 내가 사나운 짐승을 그 땅에서 제할 것이요 칼이 너희의 땅에 두루 행하지 아니할 것이며
7.너희의 원수들을 쫓으리니 그들이 너희 앞에서 칼에 엎드러질 것이라 **8.**또 너희 다섯이 백을 쫓고
너희 백이 만을 쫓으리니 너희 대적들이 너희 앞에서 칼에 엎드러질 것이며 **9.**내가 너희를 돌보아
너희를 번성하게 하고 너희를 창대하게 할 것이며 내가 너희와 함께 한 내 언약을 이행하리라 **10.**너
희는 오래 두었던 묵은 곡식을 먹다가 새 곡식으로 말미암아 묵은 곡식을 치우게 될 것이며 **11.**내가
내 성막을 너희 중에 세우리니 내 마음이 너희를 싫어하지 아니할 것이며 **12.**나는 너희 중에 행하여
너희의 하나님이 되고 너희는 내 백성이 될 것이니라 **13.**나는 너희를 애굽 땅에서 인도해 내어 그들
에게 종된 것을 면하게 한 너희의 하나님 여호와이니라 내가 너희의 멍에의 빗장을 부수고 너희를 바
로 서서 걷게 하였느니라

1. 땅은 산물을 내고 나무는 열매를 맺음 (= 순종 → 풍요의 복)

4절= "내가 너희에게 철따라 비를 주리니 땅은 그 산물을 내고 밭의 나무는 열매를 맺으리라"

2. 재앙과 재난과 전쟁을 없애주심 (= 순종 → 평화의 복)

6절= "내가 그 땅에 평화를 줄 것인즉 너희가 누울 때 너희를 두렵게 할 자가 없을 것이며 내가 사나운 짐승을 그 땅에서 제할 것이요 칼이 너희의 땅에 두루 행하지 아니할 것이며"

3. 창대와 번성의 약속을 이행하심 (= 순종 → 언약 성취의 복)

9절= "내가 너희를 돌보아 너희를 번성하게 하고 너희를 창대하게 할 것이며 내가 너희와 함께 한 내 언약을 이행하리라"

4. 성막을 세워 주심 (= 순종 → 임재와 인도의 복)

11절= "내가 내 성막을 너희 중에 세우리니 내 마음이 너희를 싫어하지 아니할 것이며"

◈◈◈

【대지 유형】 주제 설명형 - 본문 묶음형 - 대지 심화형
【주제】 (적용) 계명에 순종하는 자에게는 풍요의 복, 평화의 복, 언약성취의 복, 그리고 임재와 인도의 복을 주신다.
【FCF】 많은 성도들이 계명 순종에 적극적이지 못함.

【서론】 순종이란 하나님의 뜻에 자신을 맡기고 따르는 것. 본문에서 율법 순종의 복을 언급하기 전에 율법을 대표하는 것으로 우상숭배 금지와 안식일 성수, 그리고 성소 경외의 계명을 제시하고 있음= 백성들이 하나님 중심적으로 살아가도록 하기 위한 것.
【우산질문】 순종하는 사람들이 받고 누리는 복과 은총은 어떤 것인가?

【1대지】 기독교는 영적인 복은 물론 육신적인 복도 도외시하지 않는다. 성경은 언제나 영적인 복과 육신적인 복을 동일하게 강조하고 있다.
【2대지】 우리가 평안한 가운데 안연히 거하기 위해서는 주님 안에 항상 머물러 있어야 한다. 계명에 순종하는 자는 '누울 때 두렵게 할 자가 없을 것'. 하나님의 나라에서 누리게 되는 평화는 세상과의 타협에 의해서 지켜지는 것이 아니라, 그리스도인들이 하나님 나라를 방해하는 세상의 세력과 계속해서 싸우는 가운데 지켜지는 것이다.
【3대지】 우리의 순종이 곧 하나님의 복을 불러온다. 내가 스스로 만든 창대와 번성이 있고, 하나님이 주신 창대와 번성이 있는데, 하나님이 지켜주셔야만 그 창대와 번성이 유지되고 보존된다.
【4대지】 하나님은 교회 내에만 계시는 것이 아니라 우리의 삶의 모든 처소에 계시므로, 우리는 모든 곳에서 주님을 의지하며 주님이 원하시는 삶을 살아야 한다.
【결론】 하나님은 당신의 백성이 당신의 자녀답게 당당한 모습으로 걷는 것을 보고 싶어 하신다. 순종하는 자에게는 풍요의 복, 평화의 복, 언약성취의 복, 그리고 임재와 인도의 복을 주신다.

- 절기, 용도, 장르, 특징:
- Key Word: 순종, 복.
- Remarks:

본문 : **민 11:1-9**
제목 : **광야 이스라엘의 탐욕 (Lusting People at Kibroth-hattaavah)**

1.여호와께서 들으시기에 백성이 악한 말로 원망하매 여호와께서 들으시고 진노하사 여호와의 불을 그들 중에 붙여서 진영 끝을 사르게 하시매 **2.**백성이 모세에게 부르짖으므로 모세가 여호와께 기도하니 불이 꺼졌더라 **3.**그 곳 이름을 다베라라 불렀으니 이는 여호와의 불이 그들 중에 붙은 까닭이었더라 **4.**그들 중에 섞여 사는 다른 인종들이 탐욕을 품으매 이스라엘 자손도 다시 울며 이르되 누가 우리에게 고기를 주어 먹게 하랴 **5.**우리가 애굽에 있을 때에는 값없이 생선과 오이와 참외와 부추와 파와 마늘들을 먹은 것이 생각나거늘 **6.**이제는 우리의 기력이 다하여 이 만나 외에는 보이는 것이 아무 것도 없도다 하니 **7.**만나는 깟씨와 같고 모양은 진주와 같은 것이라 **8.**백성이 두루 다니며 그것을 거두어 맷돌에 갈기도 하며 절구에 찧기도 하고 가마에 삶기도 하여 과자를 만들었으니 그 맛이 기름 섞은 과자 맛 같았더라 **9.**밤에 이슬이 진영에 내릴 때에 만나도 함께 내렸더라

1. 만나로 만족 못하고 원망함 (= 은혜를 망각한 탐욕)

5절= "우리가 애굽에 있을 때에는 값없이 생선과 오이와 참외와 부추와 파와 마늘들을 먹은 것이 생각나거늘"
6절= "이제는 우리의 기력이 다하여 이 만나 외에는 보이는 것이 아무 것도 없도다"

2. "누가 우리에게 고기를 주어 먹게 하랴"고 함 (= 하나님을 믿지 못한 탐욕)

4절= "… 이스라엘 자손도 다시 울며 이르되 누가 우리에게 고기를 주어 먹게 하랴"

3. 다른 인종들에게 전염되어 고기를 탐함 (= 악인들의 충동을 받은 탐욕)

4절= "그들 중에 섞여 사는 다른 인종들이 탐욕을 품으매 이스라엘 자손도 다시 울며 이르되 누가 우리에게 고기를 주어 먹게 하랴"

◈◈◈

【대지 유형】 주제 설명형 - 본문 분석형 - 대지 연결형
【주제】 (석의) 광야 이스라엘은 만나의 은혜도 잊고 고기를 탐하며 하나님을 원망하다가 징계를 받았다.
【FCF】 많은 신앙인들이 받은바 은혜를 망각하고 하나님을 곧잘 원망함.

【서론】 돈을 우상으로 생각하고 탐(貪)하는 탐욕은 결국 사람과 가정과 나라

를 망친다. 기브롯 핫다아와에서 탐욕으로 가득하여 하나님과 모세를 원망하고 있던 이스라엘 백성들은 사실 얼마 전까지 애굽에서 노예생활을 400년이 넘도록 해 오던 불쌍한 자들이었다. 하나님은 탐욕의 사람들에게 크게 역정을 내셨고, 욕심을 낸 사람들을 그곳에서 죽이셨다.

【우산질문】 말씀을 통하여 이스라엘의 탐욕이 어떤 것이었는지, 그리고 그들이 품었던 탐욕이 내 안에는 없는지 깊이 살펴보자.

【1대지】 그들은 만나를 먹으면서 자신들을 애굽에서 건져내어 가나안으로 인도해가시는 하나님께 감사해야 했고, 자꾸만 과거 애굽의 생활을 회상할 것이 아니라 더욱 간절히 미래의 가나안 땅을 소망해야 했다. 은혜를 망각한 탐욕의 모습은 오늘 우리에게도 나타날 수 있는 것임을 기억하자.

【2대지】 이스라엘 백성들 안에는 거대한 불신의 그림자가 드리워져 있었다. 예수님이 내 생명의 주권자요 내 삶의 유일한 통치자인 것을 믿는다면 우리는 오직 예수님만 의지해야 한다. 다른 곳에 마음을 바치면서 그것이 마치 하나님인 것처럼 기대고 의지하는 것이 바로 탐심이요 우상숭배가 되는 것이다.

【3대지】 하나님의 자녀에게 탐욕을 품도록 충동하는 악인들의 활동은 예나 지금이나 다름이 없다. 이 시대 교회에도 '섞여 사는 무리들'이 있어 이들에 의해 성도들의 영적 성장이 방해받기도 하고 때로는 진리에서 떠나 실족하게 되기도 한다. '섞여 사는 무리'에게 전염되어 고기를 탐해서는 절대 안 된다. 악인들의 충동을 받은 탐욕의 사람이 되어서는 결코 안 된다.

【결론】 이스라엘 백성들 중 탐욕으로 원망하던 사람들은 '기브롯 핫다아와' 곧 탐욕의 무덤에 묻혔다. 우리 또한 '기브롯 핫다아와'에 묻히기 전에 먼저 정신을 차려야 한다.

- 절기, 용도, 장르, 특징:
- Key Word: 탐욕.
- Remarks:

본문 : **민 14:1-12, 33-34**
제목 : **믿음의 시금석**

1.온 회중이 소리를 높여 부르짖으며 백성이 밤새도록 통곡하였더라 **2.**이스라엘 자손이 다 모세와
아론을 원망하며 온 회중이 그들에게 이르되 우리가 애굽 땅에서 죽었거나 이 광야에서 죽었으면 좋
았을 것을 **3.**어찌하여 여호와가 우리를 그 땅으로 인도하여 칼에 쓰러지게 하려 하는가 우리 처자가
사로잡히리니 애굽으로 돌아가는 것이 낫지 아니하랴 **4.**이에 서로 말하되 우리가 한 지휘관을 세우
고 애굽으로 돌아가자 하매 **5.**모세와 아론이 이스라엘 자손의 온 회중 앞에서 엎드린지라 **6.**그 땅을
정탐한 자 중 눈의 아들 여호수아와 여분네의 아들 갈렙이 자기들의 옷을 찢고 **7.**이스라엘 자손의
온 회중에게 말하여 이르되 우리가 두루 다니며 정탐한 땅은 심히 아름다운 땅이라 **8.**여호와께서 우
리를 기뻐하시면 우리를 그 땅으로 인도하여 들이시고 그 땅을 우리에게 주시리라 이는 과연 젖과 꿀
이 흐르는 땅이니라 **9.**다만 여호와를 거역하지는 말라 또 그 땅 백성을 두려워하지 말라 그들은 우
리의 먹이라 그들의 보호자는 그들에게서 떠났고 여호와는 우리와 함께 하시느니라 그들을 두려워
하지 말라 하나 **10.**온 회중이 그들을 돌로 치려 하는데 그 때에 여호와의 영광이 회막에서 이스라엘
모든 자손에게 나타나시니라 **11.**여호와께서 모세에게 이르시되 이 백성이 어느 때까지 나를 멸시하
겠느냐 내가 그들 중에 많은 이적을 행하였으나 어느 때까지 나를 믿지 않겠느냐 **12.**내가 전염병으
로 그들을 쳐서 멸하고 네게 그들보다 크고 강한 나라를 이루게 하리라 …… **33.**너희의 자녀들은 너
희 반역한 죄를 지고 너희의 시체가 광야에서 소멸되기까지 사십 년을 광야에서 방황하는 자가 되리
라 **34.**너희는 그 땅을 정탐한 날 수인 사십 일의 하루를 일 년으로 쳐서 그 사십 년간 너희의 죄악을
담당할지니 너희는 그제서야 내가 싫어하면 어떻게 되는지를 알리라 하셨다 하라

1. 온 회중이 정탐꾼의 보고를 듣고 애굽으로 돌아가자 하였음 (= 선택하는 것으로 믿음을 시험하심)

4절= "이에 서로 말하되 우리가 한 지휘관을 세우고 애굽으로 돌아가자 하매"

2. 여호수아와 갈렙이 회중에게 여호와를 거역하지 말라고 호소함 (= 순종 여부로 믿음을 시험하심)

6-7절= "그 땅을 정탐한 자 중 눈의 아들 여호수아와 여분네의 아들 갈렙이 자기들의 옷을 찢고 이스라엘 자손의 온 회중에게 말하여 이르되…"

9절= "여호와를 거역하지는 말라 또 그 땅 백성을 두려워하지 말라 그들은 우리의 먹이라…"

3. 반역한 이스라엘을 40년간 광야에서 방황하게 하심 (= 인내하는 것으로 믿음을 시험하심)

33절= "너희의 자녀들은 너희 반역한 죄를 지고 너희의 시체가 광야에서 소멸되기까지 사십 년을 광야에서 방황하는 자가 되리라"

◆◆◆

【대지 유형】 주제 설명형 - 본문 묵상형, 수집형 - 대지 진전형
【주제】 (적용) 하나님은 자기 백성들의 선택과 순종, 그리고 인내하는 것으로 믿음을 테스트하신다.
【FCF】 많은 신앙인들이 하나님의 테스트 앞에서 준비되지 않은 채 불합격되고 있음.

【서론】 본문은 저 유명한 가데스 바네아 사건. 광야 이스라엘의 운명을 가른 사건이다. 가나안 땅을 점령하기 전에 먼저 정탐꾼을 보내어 살펴보게 함. 각 지파에서 한 명씩 12명의 정탐꾼의 40일간의 정탐. 돌아온 정탐꾼의 상이한 보고와 회중의 격한 반응. 그에 따라 엄청난 결과가 됨. 광야 40년의 방황의 원인이 됨.
【우산질문】 가데스 바네아에서 이스라엘의 믿음을 시험하시는 하나님의 모습을 살펴보자.

【1대지】 가나안 땅 정복은 이스라엘이 선택할 문제가 아니다. 그것은 이미 결정되어 있는 사실이다. 하나님의 결정에 찬성하고 복종하는 것만이 우리가 선택할 일이다. 하나님은 왜 정탐꾼이 돌아온 후에 선택하도록 했을까? 자신들이 결정한 대로 심판받게 하기 위함이다. 예) 아브라함과 롯의 선택. 바라바와 예수 중 택일하도록 하여 인간의 악함을 증명. 하나님의 결정에 찬성하고 복종하는 것만이 우리가 선택할 일이다. 우리에게는 반대할 권한은 없다.
【2대지】 여호수아와 갈렙은 하나님의 뜻을 정확히 알고 다른 10명과는 전혀 다른 주장을 함. 목숨을 걸고 하나님의 뜻인 가나안 정복을 관철함. 예) 이삭을 바치는 아브라함의 순종, 아말렉 전투에 임한 사울왕의 경우.
【3대지】 광야 40년간의 방황. 예) 홍해 앞에서의 이스라엘. 수로보니게 여인을 테스트하신 예수님.
【결론】 하나님은 우리의 믿음을 시험하신 후에 복도, 기적도 베푸신다. 선택권을 포기하자. 순종으로 믿음을 증명하자. 인내에 성공하자.

- 절기, 용도, 장르, 특징:
- Key Word: 정탐꾼, 믿음.
- Remarks:

본문 : **민 21:4-9**

제목 : **놋뱀이 보여주는 그리스도 (The Bronze Snake on a Pole)**

4.백성이 호르 산에서 출발하여 홍해 길을 따라 에돔 땅을 우회하려 하였다가 길로 말미암아 백성의 마음이 상하니라 **5.**백성이 하나님과 모세를 향하여 원망하되 어찌하여 우리를 애굽에서 인도해 내어 이 광야에서 죽게 하는가 이 곳에는 먹을 것도 없고 물도 없도다 우리 마음이 이 하찮은 음식을 싫어하노라 하매 **6.**여호와께서 불뱀들을 백성 중에 보내어 백성을 물게 하시므로 이스라엘 백성 중에 죽은 자가 많은지라 **7.**백성이 모세에게 이르러 말하되 우리가 여호와와 당신을 향하여 원망함으로 범죄하였사오니 여호와께 기도하여 이 뱀들을 우리에게서 떠나게 하소서 모세가 백성을 위하여 기도하매 **8.**여호와께서 모세에게 이르시되 불뱀을 만들어 장대 위에 매달아라 물린 자마다 그것을 보면 살리라 **9.**모세가 놋뱀을 만들어 장대 위에 다니 뱀에게 물린 자가 놋뱀을 쳐다본즉 모두 살더라

1. 모세가 놋뱀을 만들었음 (= 낮아지신 예수님)

9절= "모세가 놋뱀을 만들어 장대 위에 다니…"

2. 놋뱀을 장대 위에 매달았음 (= 저주받으신 예수님)

8절= "여호와께서 모세에게 이르시되 불뱀을 만들어 장대 위에 매달아라…"

9절= "모세가 놋뱀을 만들어 장대 위에 다니…"

3. 뱀에 물린자가 놋뱀을 쳐다본즉 모두 살았음 (= 회복이신 예수님)

9절= "… 뱀에게 물린 자가 놋뱀을 쳐다본즉 모두 살더라"

◈◈◈

【대지 유형】 주제 설명형 – 본문 분석형 – 대지 진전형

【주제】 (적용) 광야에서 모세가 놋뱀을 들었듯이 예수님은 십자가에 높이 달려 우리의 구원이 되셨다.

【FCF】 많은 교인들이 예수님만이 회복이신 것을 의심하는 다원주의자들을 따라가고 있음.

【서론】 성경은 모두 예수님 이야기다. 특히 본문의 불뱀과 놋뱀 사건은 예수님의 십자가 사건을 명확히 보여준다. 하나님은 원망하는 백성에게 불뱀을 보내심. 왜 불뱀이라고 하나? = ①맹독 ②끓는 열 ③불길 같은 색깔. 불뱀에

물려 죽어가는 백성들 – 백성들의 뉘우침. 민 21:7, "백성이 모세에게 이르러 말하되 우리가 여호와와 당신을 향하여 원망함으로 범죄하였사오니 여호와께 기도하여 이 뱀들을 우리에게서 떠나게 하소서…" 모세의 기도= 해결책은 장대 위에 높이 달린 놋뱀. 뱀에 대한 예수님의 해석= 요 3:14, "모세가 광야에서 뱀을 든 것 같이 인자도 들려야 하리니." 놋뱀 해석에서 요 3:16이 나왔음

【우산질문】 놋뱀에서 발견하는 예수님은 어떤 모습인가?

【1대지】 놋뱀= not 금으로, but 놋으로 만듦= 가장 흔한 금속. 예수님은 가장 비천한 몸으로, 버림받으셨음= 놋으로. 천하게 되신 분. 빌 2:5-11= 예수님의 낮아지심.

【2대지】 장대에 달린 뱀= 저주의 상징. 예수님은 우리의 저주를 담당하신 분. 갈 3:13, "그리스도께서 우리를 위하여 저주를 받은바 되사 율법의 저주에서 우리를 속량하셨으니 기록된바 나무에 달린 자마다 저주 아래에 있는 자라 하였음이라"

【3대지】 "쳐다본즉 모두 살더라." 불뱀은 죽음, 놋뱀은 생명. 믿음으로 보는 이들은 다 고침 받음. 놋뱀의 신비한 능력= 순종하는 믿음, 회복의 역사. 십자가는 회복.

【결론】 광야 이스라엘에게 불뱀과 놋뱀 사건을 주신 하나님. 장차 오실 메시아의 십자가 사건을 완벽하게 예표하는 것. 예수님은 요 3장에서 이 사건을 인용하고 계심. 주님은 낮아지시고 저주를 받으셨고, 회복이 되셨다.

- 절기, 용도, 장르, 특징: 상징주의 해석.
- Key Word: 놋뱀, 십자가.
- Remarks:

본문 : **민 22:1-7, 15-20**
제목 : **발람의 불행**

1.이스라엘 자손이 또 길을 떠나 모압 평지에 진을 쳤으니 요단 건너편 곧 여리고 맞은편이더라 **2.**십
볼의 아들 발락이 이스라엘이 아모리인에게 행한 모든 일을 보았으므로 **3.**모압이 심히 두려워하였
으니 이스라엘 백성이 많음으로 말미암아 모압이 이스라엘 자손 때문에 번민하더라 **4.**미디안 장로
들에게 이르되 이제 이 무리가 소가 밭의 풀을 뜯어먹음 같이 우리 사방에 있는 것을 다 뜯어먹으
리로다 하니 그 때에 십볼의 아들 발락이 모압 왕이었더라 **5.**그가 사신을 브올의 아들 발람의 고향
인 강 가 브돌에 보내어 발람을 부르게 하여 이르되 보라 한 민족이 애굽에서 나왔는데 그들이 지면
에 덮여서 우리 맞은편에 거주하였고 **6.**우리보다 강하니 청하건대 와서 나를 위하여 이 백성을 저주
하라 내가 혹 그들을 쳐서 이겨 이 땅에서 몰아내리라 그대가 복을 비는 자는 복을 받고 저주하는 자
는 저주를 받을 줄을 내가 앎이니라 **7.**모압 장로들과 미디안 장로들이 손에 복채를 가지고 떠나 발
람에게 이르러 발락의 말을 그에게 전하매 **8.**발람이 그들에게 이르되 이 밤에 여기서 유숙하라 여호
와께서 내게 이르시는 대로 너희에게 대답하리라 모압 귀족들이 발람에게서 유숙하니라 …… **15.**발
락이 다시 그들보다 더 높은 고관들을 더 많이 보내매 **16.**그들이 발람에게로 나아가서 그에게 이르
되 십볼의 아들 발락의 말씀에 청하건대 아무것에도 거리끼지 말고 내게로 오라 **17.**내가 그대를 높
여 크게 존귀하게 하고 그대가 내게 말하는 것은 무엇이든지 시행하리니 청하건대 와서 나를 위하여
이 백성을 저주하라 하시더이다 **18.**발람이 발락의 신하들에게 대답하여 이르되 발락이 그 집에 가
득한 은금을 내게 줄지라도 내가 능히 여호와 내 하나님의 말씀을 어겨 덜하거나 더하지 못하겠노라
19.그런즉 이제 너희도 이 밤에 여기서 유숙하라 여호와께서 내게 무슨 말씀을 더하실는지 알아보리
라 **20.**밤에 하나님이 발람에게 임하여 이르시되 그 사람들이 너를 부르러 왔거든 일어나 함께 가라
그러나 내가 네게 이르는 말만 준행할지니라

1. 모압왕 발락으로부터 초청을 받았음 (= 악인으로부터 초청받게 된 것이 불행의 시작임)

5절= "그가 사신을 브올의 아들 발람의 고향인 강 가 브돌에 보내어 발람을 부르게 하여"

2. 초청을 거절하지 않고 기도해 보리라 함 (= 처음부터 거절하지 않은 것이 문제임)

8절= "발람이 그들에게 이르되 이 밤에 여기서 유숙하라 여호와께서 내게 이르시는 대로 너희에게 대답하리라"

3. 하나님의 기쁘신 허락이 아닌 줄 알면서도 갔음 (= 가라고 한다고 간 것이 문제임)

20절= "밤에 하나님이 발람에게 임하여 이르시되 그 사람들이 너를 부르러 왔거든 일어나 함께 가라 그러나 내가 네게 이르는 말만 준행할지니라"

◈◈◈

【대지 유형】 주제 설명형 - 본문 묶음형 - 대지 심화형
【주제】 (석의) 발람은 발락 같은 자에게 초청받은 것부터 시작하여 어그러진 길로 점점 빠져들어간 불행한 삶을 살았던 사람이다.
【FCF】 많은 신앙인들이 하나님의 뜻을 따르기보다 자신의 욕심을 따라 선택하는 삶을 살고 있음.

【서론】 우리의 삶에 불행이 오는 것은 꼭 못나서라기보다 작은 것에서부터 빗나가기 시작하는 것을 바로잡지 않기 때문이다. 선지자 발람은 영적 통찰력이 있는 당대의 유능한 자였다. 그런데 그의 생애는 결국 불행한 사람으로 끝나게 되었고, 바알브올 사건의 책임을 피할 수 없는 오명을 남기는 수치스러운 사람이 되고 말았다.
【우산질문】 발람의 불행은 어떻게 시작되었고 어떻게 진행되었나?

【1대지】 모압왕 발락은 악한 자. 그가 발람을 초청하게 된 데에는 발람의 평소 태도에도 그 원인이 있다. 누구의 초청을 받느냐 하는 것이 대단히 중요한 문제이다. 악한 자의 초청은 수락 여부를 떠나 이미 불행이다. 유유상종. 아마도 발람은 이미 뇌물을 받은 적이 있거나 약점을 보였을 것이다.
【2대지】 모압왕의 사신들을 머물게 한 것이 문제이다. 8절("여호와께서 내게 이르시는 대로 너희에게 대답하리라")은 발람의 변명에 불과한 것. 우리의 문제 중에 기도해야 할 것이 있고, 결단해야 할 문제가 있다. 하나님의 뜻과 배치되는 기도는 그 기도 자체가 죄가 된다.
【3대지】 하나님은 이미 가지 말라고 하셨다. 그런데 20절에는 가라고 하셨다. 이것은 가라고 한 것이 아니다. 가지 말라고 해도 결국 갈 것을 아셨기 때문이다. 하나님은 그가 가다가 깨닫게 하려 하셨다. 22:32("여호와의 사자가 그에게 이르되 너는 어찌하여 네 나귀를 이같이 세 번 때렸느냐 보라 내 앞에서 네 길이 사악하므로 내가 너를 막으려고 나왔더니").
【결론】 발람은 이스라엘에 형식적으로 축복하였다. 속으로는 모압을 살릴 길을 찾고 있었다. 바알브올의 사건을 기억하자. 무엇 때문에 눈이 어두워졌나? 탐욕. 유다서 1:11, "화 있을진저… 삯을 위하여 발람의 어그러진 길로 몰려갔으며…"

- 절기, 용도, 장르, 특징:
- Key Word: 발람.
- Remarks:

민수기

본문 : **민 22:1-12, 20-22**
제목 : **발람 사건이 주는 교훈**

1.이스라엘 자손이 또 길을 떠나 모압 평지에 진을 쳤으니 요단 건너편 곧 여리고 맞은편이더라 **2.**십
볼의 아들 발락이 이스라엘이 아모리인에게 행한 모든 일을 보았으므로 **3.**모압이 심히 두려워하였
으니 이스라엘 백성이 많음으로 말미암아 모압이 이스라엘 자손 때문에 번민하더라 **4.**미디안 장로
들에게 이르되 이제 이 무리가 소가 밭의 풀을 뜯어먹음 같이 우리 사방에 있는 것을 다 뜯어먹으
리로다 하니 그 때에 십볼의 아들 발락이 모압 왕이었더라 **5.**그가 사신을 브올의 아들 발람의 고향
인 강 가 브돌에 보내어 발람을 부르게 하여 이르되 보라 한 민족이 애굽에서 나왔는데 그들이 지면
에 덮여서 우리 맞은편에 거주하였고 **6.**우리보다 강하니 청하건대 와서 나를 위하여 이 백성을 저주
하라 내가 혹 그들을 쳐서 이겨 이 땅에서 몰아내리라 그대가 복을 비는 자는 복을 받고 저주하는 자
는 저주를 받을 줄을 내가 앎이니라 **7.**모압 장로들과 미디안 장로들이 손에 복채를 가지고 떠나 발
람에게 이르러 발락의 말을 그에게 전하매 **8.**발람이 그들에게 이르되 이 밤에 여기서 유숙하라 여호
와께서 내게 이르시는 대로 너희에게 대답하리라 모압 귀족들이 발람에게서 유숙하니라 **9.**하나님
이 발람에게 임하여 말씀하시되 너와 함께 있는 이 사람들이 누구냐 **10.**발람이 하나님께 아뢰되 모
압 왕 십볼의 아들 발락이 내게 보낸 자들이니이다 이르기를 **11.**보라 애굽에서 나온 민족이 지면에
덮였으니 이제 와서 나를 위하여 그들을 저주하라 내가 혹 그들을 쳐서 몰아낼 수 있으리라 하나이
다 **12.**하나님이 발람에게 이르시되 너는 그들과 함께 가지도 말고 그 백성을 저주하지도 말라 그들
은 복을 받은 자들이니라 …… **20.**밤에 하나님이 발람에게 임하여 이르시되 그 사람들이 너를 부르
러 왔거든 일어나 함께 가라 그러나 내가 네게 이르는 말만 준행할지니라 **21.**발람이 아침에 일어나
서 자기 나귀에 안장을 지우고 모압 고관들과 함께 가니 **22.**그가 감으로 말미암아 하나님이 진노하
시므로 여호와의 사자가 그를 막으려고 길에 서니라 발람은 자기 나귀를 탔고 그의 두 종은 그와 함
께 있더니

1. 모압왕 발락이 발람을 초청하였음 (= 악한 자에게서 초청받은 것이 문제)

5절= "그가 사신을 브올의 아들 발람의 고향인 강 가 브돌에 보내어 발람을 부르게 하여 이르되"

2. 발람이 모압 사신들에게 "이 밤에 여기서 유숙하라"고 하였음 (= 악한 자의 초청을 처음부터 거절하지 않은 것이 문제)

8절= "발람이 그들에게 이르되 이 밤에 여기서 유숙하라 여호와께서 내게 이르시는 대로 너희에게 대답하리라"

3. 하나님의 명령을 자신의 소원대로 해석하였음 (= 영안이 어두워진 징조)

20절= "밤에 하나님이 발람에게 임하여 이르시되 그 사람들이 너를 부르러 왔거든 일어나 함께 가라"

◆◆◆

【대지 유형】 주제 설명형 – 본문 수집형 – 대지 진전형
【주제】 (석의) 발람의 불행은 물질에 눈이 어두워 악한 자의 초청을 처음부터 거절하지 않고 영안이 어두워진 데서부터 시작되었다.
【FCF】 많은 신앙인들이 악한 자들과의 관계를 끊지 못하고 있음.

【서론】 발람, 선지자 중 당대의 1인자, 영적 통찰력이 있는 자였음. 하지만 불행한 생애 – 오명을 남김. 영적 통찰력 면에서 당대의 1인자였던 발람에게 무엇이 문제였는가?
【우산질문】 발람 사건이 주는 교훈을 살펴보자.

【1대지】 악한 자의 초청은 수락여부를 떠나 이미 불행이다. 발람의 평소 행태를 짐작케 함. 모압왕 발락이 그를 초청했다? 모든 모임은 끼리끼리 이루어진다. 술친구, 도박친구. 뇌물 좋아하는 친구... 유유상종.
【2대지】 발락의 사신들을 거기 머물게 해서는 안 된다. 갈 것인가 말 것인가는 기도의 대상이 아니다. 거절해야 할 의지와 결단의 문제이다. 우리의 문제 중에 기도해야 할 문제가 있고, 기도 문제가 아닌 결단의 문제가 있다. 하나님의 뜻과 배치되는 것은 그 기도 자체가 죄가 된다. 발람의 불행은 처음부터 모압왕의 요청을 거부하지 않은 데 있다.
【3대지】 12절, "하나님이 발람에게 이르시되 너는 그들과 함께 가지도 말고 그 백성을 저주하지도 말라 그들은 복을 받은 자들이니라" 20절의 "가라"고 하신 것은 발람 자신이 가도 된다고 해석한 것(22절). 아전인수격 해석이다. 하나님은 발람이 가다가 깨닫도록 섭리하심. 발람은 어떤 사람? 겉으로는 하나님 운운하지만 속으로는 자신이 살 길을 찾고 있었다. 영적인 미혹과 타락의 그림자를 벗어나지 못함.
【결론】 결국 이스라엘의 미혹과 타락을 유도하도록 계책을 모압왕에게 가르침. 우리는 왜 눈이 어두워졌는가? 명예욕과 권세욕 때문이 아닌가?

- 절기, 용도, 장르, 특징:
- Key Word: 발람, 불행.
- Remarks:

본문 : **신 1:9-18**
제목 : **부흥과 조직**

9.그 때에 내가 너희에게 말하여 이르기를 나는 홀로 너희의 짐을 질 수 없도다 **10.**너희의 하나님 여
호와께서 너희를 번성하게 하셨으므로 너희가 오늘날 하늘의 별 같이 많거니와 **11.**너희 조상의 하
나님 여호와께서 너희를 현재보다 천 배나 많게 하시며 너희에게 허락하신 것과 같이 너희에게 복 주
시기를 원하노라 **12.**그런즉 나 홀로 어찌 능히 너희의 괴로운 일과 너희의 힘겨운 일과 너희의 다투
는 일을 담당할 수 있으랴 **13.**너희의 각 지파에서 지혜와 지식이 있는 인정 받는 자들을 택하라 내
가 그들을 세워 너희 수령을 삼으리라 한즉 **14.**너희가 내게 대답하여 이르기를 당신의 말씀대로 하
는 것이 좋다 하기에 **15.**내가 너희 지파의 수령으로 지혜가 있고 인정 받는 자들을 취하여 너희의
수령을 삼되 곧 각 지파를 따라 천부장과 백부장과 오십부장과 십부장과 조장을 삼고 **16.**내가 그 때
에 너희의 재판장들에게 명하여 이르기를 너희가 너희의 형제 중에서 송사를 들을 때에 쌍방간에 공
정히 판결할 것이며 그들 중에 있는 타국인에게도 그리 할 것이라 **17.**재판은 하나님께 속한 것인즉
너희는 재판할 때에 외모를 보지 말고 귀천을 차별 없이 듣고 사람의 낯을 두려워하지 말 것이며 스
스로 결단하기 어려운 일이 있거든 내게로 돌리라 내가 들으리라 하였고 **18.**내가 너희의 행할 모든
일을 그 때에 너희에게 다 명령하였느니라

1. 모세는 각 지파를 따라 천부장 백부장 오십부장 십부장을 세웠음 (= 조직은 부흥의 그릇이 됨)

15절= "내가 너희 지파의 수령으로 지혜가 있고 인정 받는 자들을 취하여 너희의 수령을 삼되 곧 각 지파를 따라 천부장과 백부장과 오십부장과 십부장과 조장을 삼고"

2. 지도자들은 백성의 괴로운 일과 힘겨운 일과 다투는 일을 담당함 (= 부흥하는 조직의 목적은 보살핌에 있음)

12-13절= "그런즉 나 홀로 어찌 능히 너희의 괴로운 일과 너희의 힘겨운 일과 너희의 다투는 일을 담당할 수 있으랴 너희의 각 지파에서 지혜와 지식이 있는 인정 받는 자들을 택하라"

3. 지도자들은 재판할 때에 외모를 보지 말고 공정하게 해야 했음 (= 보살핌은 하나님의 눈과 그 음성을 듣는 귀로 이루어져야 함)

16-17절= "… 너희가 너희의 형제 중에서 송사를 들을 때에 쌍방간에 공정히 판결할 것이며 그들 중에 있는 타국인에게도 그리 할 것이라 재판은 하나님께 속한 것인즉 너희는 재판할 때에 외모를 보지 말고 귀천을 차별 없이 듣고 사람의 낯을 두려워하지 말 것이며…"

【대지 유형】 주제 설명형 - 본문 수집형 - 대지 연결형
【주제】 (적용) 교회 조직은 부흥의 그릇이 되며 조직을 통해 교우들을 효과적으로 보살필 수 있다.
【FCF】 많은 교회들이 효과적인 조직의 필요성에 무지함.

【서론】 교회 부흥은 하나님의 뜻이다. 하나님은 교회가 부흥하기를 원하신다. "생육하고 번성하라." 하나님은 이 지구가 하나님을 아는 자녀들로 충만하기를 원하신다. 본문 12절부터 갑자기 이스라엘 민족의 조직인 천부장 백부장 오십부장 십부장에 관한 이야기를 꺼낸다. 번성과 조직은 깊은 관계가 있다.
【우산질문】 본문을 통하여 부흥과 조직에 초점을 맞추어 하나님의 음성을 들어보자.

【1대지】 하나님의 창고에는 우리에게 필요한 영육 간의 모든 축복들이 충분히 준비되어 있다. 중요한 것은 우리에게 받을 그릇이 준비되어 있느냐이다. 부흥을 담을 그릇이 필요하다. 은혜의 조직.
【2대지】 세상의 조직은 주로 경제적인 유익을 위해 존재한다. 그러나 교회의 조직은 보살핌에 그 목적이 있다. 지도자들은 백성들의 부족한 부분을 채워주고 억울한 송사들을 공정하게 풀어주는 데 의무가 있다. 제직들이 보살핌의 사명을 잘 하는 교회는 부흥한다. 보살핌은 보살핌을 받는 대상으로 건강하게 자라게 한다. 이런 보살핌이 넉넉히 이루어지는 교회는 반드시 부흥한다.
【3대지】 보살핌에 있어 주의할 점은 외모를 보지 말아야 한다는 것. 귀천을 따지지 말아야 한다. 지도자가 공정함을 잃을 때 사람도 잃는다. 지도자에게는 또 하나님의 음성을 듣는 귀가 필요하다. 그러므로 기도하면서 주님의 뜻을 늘 순종해야 한다.
【결론】 성도 간에 하나님의 눈으로 서로를 살피고 그 필요를 하나님께 아뢰며 그 음성을 듣고 성도들을 보호하는 믿음의 조직이 있는 교회는 이미 부흥의 그릇을 준비한 교회이다. 우리가 품고 있는 교회 부흥의 꿈은 반드시 이루어진다.

- 절기, 용도, 장르, 특징:
- Key Word: 부흥, 교회조직.
- Remarks:

본문 : **신 3:18-22**
제목 : **선봉신앙(先鋒信仰)**

18.그 때에 내가 너희에게 명령하여 이르기를 너희의 하나님 여호와께서 이 땅을 너희에게 주어 기
업이 되게 하셨은즉 너희의 군인들은 무장하고 너희의 형제 이스라엘 자손의 선봉이 되어 건너가되
19.너희에게 가축이 많은 줄 내가 아노니 너희의 처자와 가축은 내가 너희에게 준 성읍에 머무르게
하라 **20.**여호와께서 너희에게 주신 것 같이 너희의 형제에게도 안식을 주시리니 그들도 요단 저쪽
에서 너희의 하나님 여호와께서 그들에게 주시는 땅을 받아 기업을 삼기에 이르거든 너희는 각기 내
가 준 기업으로 돌아갈 것이니라 하고 **21.**그 때에 내가 여호수아에게 명령하여 이르기를 너희의 하
나님 여호와께서 이 두 왕에게 행하신 모든 일을 네 눈으로 보았거니와 네가 가는 모든 나라에도 여
호와께서 이와 같이 행하시리니 **22.**너희는 그들을 두려워하지 말라 너희의 하나님 여호와께서 친히
너희를 위하여 싸우시리라 하였노라

1. 전투의 선봉 자리를 지키고자 함 (= 순종의 첫 자리)
18절= "너희의 군인들은 무장하고 너희의 형제 이스라엘 자손의 선봉이 되어 건너가되"

2. 아직 땅을 얻지 못한 지파를 위해 대신 싸우고자 함 (= 나중된 자를 위한 대리전)
18절= "… 너희의 하나님 여호와께서 이 땅을 너희에게 주어 기업이 되게 하셨은즉 너희의 군인들은 무장하고 너희의 형제 이스라엘 자손의 선봉이 되어 건너가되"

3. 목숨 걸고 앞서 나가 싸우고자 함 (= 십자가 지는 신앙)
18절= "… 너희의 군인들은 무장하고 너희의 형제 이스라엘 자손의 선봉이 되어 건너가되"

◈◈◈

【대지 유형】 주제 설명형, 적용형 - 본문 묵상형 - 대지 진전형
【주제】 (적용) 선봉신앙이란 연약한 자를 위해 대신 싸우는, 십자가 지는 신앙이다.
【FCF】 현대교회의 전투력 부족은 선봉신앙의 부족 때문임.

【서론】 기독교는 믿음의 종교이다. 이 믿음은 움직이는 것. 열심히 성실하게 심는 자는 앞서는 신앙이 되고 나태하여 되는 대로 믿는 사람은 뒤처지는 신앙인이 된다. 지금은 마지막 시대= 무서운 영적 전투가 진행되고 있음. 가장

먼저 된 자가 반드시 지켜야 할 일이 선봉에 서는 것. 본문에는 열두 지파 중 가장 먼저 땅을 기업으로 받은 지파들, 르우벤 갓 므낫세 반 지파. 이 지파들에게 반드시 지켜야 할 일을 말하는 장면, 18절, "너희 군인들은 무장하고 너희의 형제 이스라엘 자손의 선봉이 되어 건너가되…" 가나안 전투는 자신들이 거주할 땅을 빼앗는 전투이다. 죽느냐 죽이느냐, 먹느냐 먹히느냐의 싸움이다. 이 무서운 가나안 전투에 먼저 선봉에 나서야 했다.

【우산질문】 본문이 말하는 선봉 신앙은 무엇인가?

【1대지】 하나님의 명령에 따르는 순종의 첫 자리. 소년 다윗을 보라. 적장 골리앗에 대한 두려움으로 아무도 나서지 않을 때, 다윗의 믿음은 선봉 자리를 자원하는 신앙. 다윗은 후일 이스라엘의 가장 훌륭한 왕이 됨. 무엇에든(예배, 봉사, 결단…) 선봉에 서라.

【2대지】 선봉 신앙을 가진 성도는 연약한 이들을 품고 그들을 대신하여 영적 싸움을 마다하지 않는 사람이다. 20절, "여호와께서 너희에게 주신 것 같이 너희의 형제에게도 안식을 주시리니 그들도 요단 저쪽에서 너희의 하나님 여호와께서 그들에게 주시는 땅을 받아 기업을 삼기에 이르거든 너희는 각기 내가 준 기업으로 돌아갈 것이니라." 지금부터는 자신을 위해 싸우는 것이 아니라 형제를 위해 싸우는 것. 나로 먼저 되게 하신 것은 나중 된 자를 위해 대리전에 나서라는 것. 히 12:15, "너희는 돌아보아…" 교회들의 경우도, 개교회주의와 이기적인 성향을 해결하고, 책무를 감당하자.

【3대지】 선봉에 서려면 목숨을 걸어야 한다. 날아오는 적의 화살에 맞을 확률이 가장 높은 자리가 선봉의 자리이다. 선봉에 서는 신앙은 십자가 지는 신앙이다. 그는 자신을 위한 것이 아니라 주위의 형제들을 위하여 목숨을 버릴 각오를 다짐하며 십자가를 지고 주님을 따라가는 군사이다. 롬 6:5, "만일 우리가 그의 죽으심을 본받아 연합한 자가 되었으면 또한 그의 부활을 본받아 연합한 자가 되리라."

【결론】 순종의 첫 자리, 연약한 이들을 품는, 십자가 지는 신앙으로 전도와 봉사에 힘쓰자. 마라나타, 주님이 속히 오신다.

- 절기, 용도, 장르, 특징: 신년 메시지, "선봉신앙의 해".
- Key Word: 선봉신앙.
- Remarks:

본문 : **신 4:25-40**
제목 : **유일하신 하나님의 백성이 할 일**

25.네가 그 땅에서 아들을 낳고 손자를 얻으며 오래 살 때에 만일 스스로 부패하여 무슨 형상의 우상
이든지 조각하여 네 하나님 여호와 앞에 악을 행함으로 그의 노를 일으키면 **26.**내가 오늘 천지를 불
러 증거를 삼노니 너희가 요단을 건너가서 얻는 땅에서 속히 망할 것이라 너희가 거기서 너희의 날이
길지 못하고 전멸될 것이니라 **27.**여호와께서 너희를 여러 민족 중에 흩으실 것이요 여호와께서 너희
를 쫓아 보내실 그 여러 민족 중에 너희의 남은 수가 많지 못할 것이며 **28.**너희는 거기서 사람의 손으
로 만든 바 보지도 못하며 듣지도 못하며 먹지도 못하며 냄새도 맡지 못하는 목석의 신들을 섬기리라
29.그러나 네가 거기서 네 하나님 여호와를 찾게 되리니 만일 마음을 다하고 뜻을 다하여 그를 찾으면
만나리라 **30.**이 모든 일이 네게 임하여 환난을 당하다가 끝날에 네가 네 하나님 여호와께로 돌아와서
그의 말씀을 청종하리니 **31.**네 하나님 여호와는 자비하신 하나님이심이라 그가 너를 버리지 아니하
시며 너를 멸하지 아니하시며 네 조상들에게 맹세하신 언약을 잊지 아니하시리라 **32.**네가 있기 전 하
나님이 사람을 세상에 창조하신 날부터 지금까지 지나간 날을 상고하여 보라 하늘 이 끝에서 저 끝까
지 이런 큰 일이 있었느냐 이런 일을 들은 적이 있었느냐 **33.**어떤 국민이 불 가운데에서 말씀하시는
하나님의 음성을 너처럼 듣고 생존하였느냐 **34.**어떤 신이 와서 시험과 이적과 기사와 전쟁과 강한 손
과 편 팔과 크게 두려운 일로 한 민족을 다른 민족에게서 인도하여 낸 일이 있느냐 이는 다 너희의 하
나님 여호와께서 애굽에서 너희를 위하여 너희의 목전에서 행하신 일이라 **35.**이것을 네게 나타내심
은 여호와는 하나님이시요 그 외에는 다른 신이 없음을 네게 알게 하려 하심이니라 **36.**여호와께서 너
를 교훈하시려고 하늘에서부터 그의 음성을 네게 듣게 하시며 땅에서는 그의 큰 불을 네게 보이시고
네가 불 가운데서 나오는 그의 말씀을 듣게 하셨느니라 **37.**여호와께서 네 조상들을 사랑하신 고로 그
후손인 너를 택하시고 큰 권능으로 친히 인도하여 애굽에서 나오게 하시며 **38.**너보다 강대한 여러 민
족을 네 앞에서 쫓아내고 너를 그들의 땅으로 인도하여 들여서 그것을 네게 기업으로 주려 하심이 오
늘과 같으니라 **39.**그런즉 너는 오늘 위로 하늘에나 아래로 땅에 오직 여호와는 하나님이시요 다른 신
이 없는 줄을 알아 명심하고 **40.**오늘 내가 네게 명령하는 여호와의 규례와 명령을 지키라 너와 네 후
손이 복을 받아 네 하나님 여호와께서 네게 주시는 땅에서 한 없이 오래 살리라

1. 하나님 외에는 다른 신이 없음을 믿어야 함 (= 유일신 신앙)

35절= "이것을 네게 나타내심은 여호와는 하나님이시요 그 외에는 다른 신이 없음을 네게 알게 하려 하심이니라"

2. 하나님은 음성과 불과 말씀으로 자기 백성을 교훈하신다 함 (= 하나님의 가르치심에 순종)

36절= "여호와께서 너를 교훈하시려고 하늘에서부터 그의 음성을 네게 듣게 하시며 땅에서는 그의 큰 불을 네게 보이시고 네가 불 가운데서 나오는 그의 말씀을 듣게 하셨느니라"

3. 하나님의 규례와 명령을 지키라 함 (= 순종의 축복)

40절= "오늘 내가 네게 명령하는 여호와의 규례와 명령을 지키라 너와 네 후손이 복을 받아 네 하나님 여호와께서 네게 주시는 땅에서 한 없이 오래 살리라"

◆◆◆

【대지 유형】 주제 적용형 - 본문 묶음형 - 대지 연결형
【주제】 (석의) 하나님의 특별한 사랑을 받는 하나님의 백성들은 주님의 교훈을 받아들이고 계명을 잘 지켜 축복의 백성이 되라 하신다.
【FCF】 많은 신앙인들이 하나님의 특별한 사랑을 받는 존재임을 과소평가하여 교육과 순종에 미온적임.

【서론】 이스라엘은 하나님께 특별한 백성이다. 특별 대우를 받는 특별한 백성. 구약의 이스라엘은 신약 교회이다. 32-34절에서 하나님의 특별한 사랑을 받은 백성들. 너희만이 하나님의 음성을 들었고 너희만이 하나님의 이적과 강한 손을 경험했다는 말씀. 하나님의 음성을 듣는다는 것이 얼마나 큰 특권인가. 구약의 이스라엘은 신약의 교회 성도들이다. 하나님은 지금도 우리에게 말씀하고 계신다.
【우산질문】 본문을 통해 하나님의 특별한 사랑을 받은 우리가 어떻게 해야 하는지 살펴보자.

【1대지】 이 세계에 영적인 존재라고는 하나님과 천사와 인간밖에 없다. 사람들은 온갖 것을 신으로 숭배하지만 그런 신은 없다. 그 특별한 신 하나님의 특별한 사랑을 받는 존재가 바로 우리다. 그러니 어찌 잘되지 않을 수 있으며 어찌 복되지 않을 수 있겠는가. 우리 자신을 이 믿음의 한가운데에 두고 특별한 하나님을 바라보자.
【2대지】 세상에서도 믿고 맡기지 않으면 제대로 교육할 수 없다. 우리는 우리를 가르치시는 하나님을 신뢰해야. 나를 특별하게 생각하시고 특별한 계획 가운데 특별한 사랑으로 키우시는 나의 하나님을 바로 알고 신뢰해야 한다. 교육의 목적은 그릇 만들기에 있다. 그리고 그릇을 만드는 것은 쓰기 위한 것이다.
【3대지】 때로는 이해되지 않는 것도 그대로 순종해야 한다. 37-40절. 과거의 절망의 삶에서 우리를 구원해내시는 특별한 축복이 계획되어 있다. 복된 땅으로 우리를 인도하셔서 기업으로 주실 축복이 계획되어 있다. 후손이 누릴 축복, 장수의 축복도 계획되어 있다.
【결론】 내 방식을 버리고 하나님의 방식에 나를 맡기는 것이 최고의 믿음이다.

- 절기, 용도, 장르, 특징:
- Key Word: 유일하신 하나님.
- Remarks:

본문 : **신 5:7-21**
제목 : **십계명 해석의 5대 원리**

7.나 외에는 다른 신들을 네게 두지 말지니라 **8.**너는 자기를 위하여 새긴 우상을 만들지 말고 위로
하늘에 있는 것이나 아래로 땅에 있는 것이나 땅밑 물 속에 있는 것의 어떤 형상도 만들지 말며 **9.**그
것들에게 절하지 말며 그것들을 섬기지 말라 나 네 하나님 여호와는 질투하는 하나님인즉 나를 미
워하는 자의 죄를 갚되 아버지로부터 아들에게로 삼사 대까지 이르게 하거니와 **10.**나를 사랑하고
내 계명을 지키는 자에게는 천 대까지 은혜를 베푸느니라 **11.**너는 네 하나님 여호와의 이름을 망령
되이 일컫지 말라 나 여호와는 내 이름을 망령되이 일컫는 자를 죄 없는 줄로 인정하지 아니하리라
12.네 하나님 여호와가 네게 명령한 대로 안식일을 지켜 거룩하게 하라 **13.**엿새 동안은 힘써 네 모
든 일을 행할 것이나 **14.**일곱째 날은 네 하나님 여호와의 안식일인즉 너나 네 아들이나 네 딸이나
네 남종이나 네 여종이나 네 소나 네 나귀나 네 모든 가축이나 네 문 안에 유하는 객이라도 아무 일도
하지 못하게 하고 네 남종이나 네 여종에게 너 같이 안식하게 할지니라 **15.**너는 기억하라 네가 애굽
땅에서 종이 되었더니 네 하나님 여호와가 강한 손과 편 팔로 거기서 너를 인도하여 내었나니 그러므
로 네 하나님 여호와가 네게 명령하여 안식일을 지키라 하느니라 **16.**너는 네 하나님 여호와께서 명
령한 대로 네 부모를 공경하라 그리하면 네 하나님 여호와가 네게 준 땅에서 네 생명이 길고 복을 누
리리라 **17.**살인하지 말지니라 **18.**간음하지 말지니라 **19.**도둑질 하지 말지니라 **20.**네 이웃에 대하
여 거짓 증거하지 말지니라 **21.**네 이웃의 아내를 탐내지 말지니라 네 이웃의 집이나 그의 밭이나 그
의 남종이나 그의 여종이나 그의 소나 그의 나귀나 네 이웃의 모든 소유를 탐내지 말지니라

1. 동기적 원리 : 계명의 내용만이 아니라 그 동기까지 생각하여 지켜야 함

2. 대구(對句)의 원리 : 계명의 반대 구까지 생각해서 순종해야 함.

3. 포괄의 원리 : 계명의 내용을 더 넓게 포괄적으로 해석해야 함

4. 연계성의 원리 : 모든 계명이 유기적으로 엮어져 있음을 기억해야 함

5. 선후의 원리 : 앞선 계명이 뒤따라오는 계명보다 우선 된다는 것

◆◆◆

【대지 유형】 주제 함축형 – 본문 묵상형 – 대지 병렬형
【주제】 (적용) 십계명은 예수님의 새 계명의 정신으로 더 넓고 더 깊게 해석되어야 한다.
【FCF】 많은 신앙인들이 십계명의 현대적인 의미에 무지함.

【서론】 십계명은 폐하여진 것이 아니다. 하나님이 십계명을 주신 이유? 십계명은 우리 인생의 나침반이다. 우리가 넘어서는 안 될 울타리와도 같다. 예수님은 새 계명을 주셨다(요 13:34). "새 계명을 너희에게 주노니 서로 사랑하라 내가 너희를 사랑한 것같이 너희도 서로 사랑하라." 최대계명(마 22:37-40)이다. 십계명을 가장 잘 지키는 방법은 하나님 사랑, 이웃 사랑이다. 십계명 해석은 그러므로 새 계명인 사랑의 계명으로 보아야 하고, 성령의 힘을 받아야 한다.
【우산질문】 십계명이 새 계명으로 거듭나 우리의 영혼에 큰 유익으로 결실하도록 재해석하는 원리를 찾아보자.

【1대지】 계명을 그 내용만 생각하여 꼭 거기까지만 지키는 것이 아니라 그 동기까지 생각하여 버릴 수 있어야 한다는 원리. '간음하지 말라'= 간음의 동기가 되는 음욕까지도 성령으로 능력으로 버릴 수 있어야(마 5:27-28).
【2대지】 십계명은 수동적이고 부정적인 것이 10개 중 8개이다. 예수님의 새 계명은 적극적이고 능동적이다. 그러므로 반대 구까지 생각해서 순종해야 한다. '나 외에 다른 신을 네게 있게 말지니라'= 다른 신을 섬기지 않으면 되는 것이 아니라 하나님만 열심히 섬기라는 것. 어두움을 몰아내는 가장 좋은 방법은 빛을 비추는 것.
【3대지】 '네 부모를 공경하라'= 자신의 부모뿐 아니라 남의 부모나 스승, 다른 어른들까지 공경하라는 것. 마땅히 공경해야 할 대상이라면 그가 누구라도 공경해야 한다는 것.
【4대지】 전체 계명은 모두 하나의 연관성을 가지고 유기적으로 엮이어져 있다. 십계명 중 하나를 어기면 하나만 어기는 것이 아니라 곧 전체 계명을 다 어긴 것이 된다는 원리. 약 2:10-11.
【5대지】 앞선 계명은 뒤따라 오는 계명보다 우선된다. 제1계명은 나머지 모든 계명의 열쇠이며, 전반부인 하나님께 대한 계명은 인간의 계명에 대한 계명의 원인이 된다는 것. 따라서 하나님을 사랑하노라 하고 형제를 미워하면 거짓말이 된다. 예) 요일 4:20-22.
【결론】 십계명을 지키는 방법이 새 계명이다. 그 사랑 안에서 십계명을 새 계명으로 지키는 다섯 가지 원리를 잊지 말자.

- 절기, 용도, 장르, 특징:
- Key Word: 십계명.
- Remarks:

본문 : **신 6:1-3**
제목 : **젖과 꿀이 흐르는 땅 (The Land Flowing with Milk and Honey)**

1.이는 곧 너희의 하나님 여호와께서 너희에게 가르치라고 명하신 명령과 규례와 법도라 너희가 건너가서 차지할 땅에서 행할 것이니 **2.**곧 너와 네 아들과 네 손자들이 평생에 네 하나님 여호와를 경외하며 내가 너희에게 명한 그 모든 규례와 명령을 지키게 하기 위한 것이며 또 네 날을 장구하게 하기 위한 것이라 **3.**이스라엘아 듣고 삼가 그것을 행하라 그리하면 네가 복을 받고 네 조상들의 하나님 여호와께서 네게 허락하심 같이 젖과 꿀이 흐르는 땅에서 네가 크게 번성하리라

1. 그곳에는 광야(曠野)가 있음 (= 연단과 회복)
1절= "… 너희가 건너가서 차지할 땅에서 행할 것이니…"

2. 그 백성에게는 율법이 주어져 있음 (= 말씀 중심의 삶)
1절= "이는 곧 너희의 하나님 여호와께서 너희에게 가르치라고 명하신 명령과 규례와 법도라…"

3. 하나님 여호와께서 허락하셨음 (= 하나님의 은혜)
3절= "… 네 조상들의 하나님 여호와께서 네게 허락하심 같이 젖과 꿀이 흐르는 땅에서 네가 크게 번성하리라"

◈◈◈

【대지 유형】 주제 설명형 - 본문 분석형 - 대지 심화형
【주제】 (석의) 하나님은 자기 백성을 연단시키시고 말씀을 주셔서 그 땅을 젖과 꿀이 흐르는 땅으로 만드신다.
【FCF】 많은 신앙인들이 삶의 중심을 말씀으로 세우는 데 실패하고 있음

【서론】 '젖'과 '꿀'이라는 단어는 제유법(提喩法)에 의한 수사적 표현이다. '젖(할라브)'은 목축업을 상징하고, '꿀(데바쉬)'은 농업을 대표하는 단어이다. 그러므로 젖과 꿀이 흐르는 땅이란 목축과 농업이 잘 되는 땅을 의미한다. 당시 사회는 산업사회가 아니라 농경사회. 목축과 농업이 잘 된다는 말은 요즈음 같으면 모든 일이 형통하다는 말이다. 성경이 말하는 가나안 땅은 모든 것이 형통한 땅이다.
【우산질문】 가나안 땅이 어떤 곳이기에 그 땅을 '젖과 꿀이 흐르는 땅'이라고

하는가? 그 땅이 젖과 꿀이 흐르는 땅이 된 비결이 무엇인가?

【1대지】 가나안 땅은 사계절이 아니라 건기(乾期)와 우기(雨期)로 되어 있다. 4월부터 9월까지는 건기로서, 6개월간 비 한 방울 오지 않다가 9월 말이 되면 구름이 낮게 깔린다. 삭막한 광야가 전 국토의 50%. 광야는 풀과 나무가 드문드문 보이는 곳. 이곳에 물을 끌어들이기만 하면 그야말로 젖과 꿀이 흐르는 땅이 된다. 성경적으로 보면 광야는 연단(鍊鍛)이요 회복(回復)이다. 격동의 시기에 메시아를 대망하고 있던 유다 백성 앞에 혜성같이 나타난 세례요한도 말씀을 외치러 나갈 때 광야로 나갔다. 사도 바울은 아라비아 광야로 가서 3년을 지내며 연단과 회복의 삶을 살았다. 예수님의 경우도 마찬가지. 천국 복음을 증거하려 하실 때 제일 먼저 가신 곳은 광야. 거기서 40일을 물 한 모금 마시지 않으시고 금식하셨다. 여러분의 삶에도 광야가 있어야 젖과 꿀이 흐르는 삶이 된다.

【2대지】 이스라엘이 젖과 꿀이 흐르는 땅이 될 수 있는 것은 그 백성에게 하나님이 주신 율법이 있기 때문. 하나님의 말씀은 그 땅 백성의 삶을 윤택하게 한다. 아무리 척박한 땅이라도 하나님의 말씀이 흥왕하면 젖과 꿀이 흐르는 땅이 된다. 여러분은 연단과 회복을 경험하였는가? 그렇다면 이제부터 여러분의 마음과 입술에 주님의 말씀을 가득 담으라. 여러분의 삶이 말씀 중심의 삶이 되게 하라.

【3대지】 하나님이 허락하시면 아무리 불리한 조건의 땅이라 하더라도 능히 젖과 꿀이 흐르는 땅이 될 수 있다. 요단을 건너 가나안 땅에 들어간 이스라엘 백성들 앞에는 척박한 땅과 기후뿐 아니라 끈질기게 저항해오는 가나안 일곱 족속들이 버티고 있었다. 그러나 여호와 하나님의 은혜를 힘입은 여호수아와 그의 군대는 가나안 중부와 남부, 그리고 북부를 차례로 점령하고 그 땅을 젖과 꿀이 흐르는 땅으로 만들어갔다.

【결론】 지금 우리는 가장 완벽한 '젖과 꿀이 흐르는 땅'인 천국을 향하여 가고 있다. 가는 길에 다소 어려움이 있더라도 인내하자. 하나님의 은혜는 마침내 우리를 영원한 천국으로 인도할 것이다.

- 절기, 용도, 장르, 특징:
- Key Word: 젖과 꿀이 흐르는 땅.
- Remarks:

신명기

본문 : **신 6:1-9**

제목 : **하나님의 복을 받으려면**

1.이는 곧 너희의 하나님 여호와께서 너희에게 가르치라고 명하신 명령과 규례와 법도라 너희가 건너가서 차지할 땅에서 행할 것이니 **2.**곧 너와 네 아들과 네 손자들이 평생에 네 하나님 여호와를 경외하며 내가 너희에게 명한 그 모든 규례와 명령을 지키게 하기 위한 것이며 또 네 날을 장구하게 하기 위한 것이라 **3.**이스라엘아 듣고 삼가 그것을 행하라 그리하면 네가 복을 받고 네 조상들의 하나님 여호와께서 네게 허락하심 같이 젖과 꿀이 흐르는 땅에서 네가 크게 번성하리라 **4.**이스라엘아 들으라 우리 하나님 여호와는 오직 유일한 여호와이시니 **5.**너는 마음을 다하고 뜻을 다하고 힘을 다하여 네 하나님 여호와를 사랑하라 **6.**오늘 내가 네게 명하는 이 말씀을 너는 마음에 새기고 **7.**네 자녀에게 부지런히 가르치며 집에 앉았을 때에든지 길을 갈 때에든지 누워 있을 때에든지 일어날 때에든지 이 말씀을 강론할 것이며 **8.**너는 또 그것을 네 손목에 매어 기호를 삼으며 네 미간에 붙여 표로 삼고 **9.**또 네 집 문설주와 바깥 문에 기록할지니라

1. 평생에 하나님을 온전히 경외해야 함 (= 경외의 자세, 진실한 예배)

2절= "… 평생에 네 하나님 여호와를 경외하며 내가 너희에게 명한 그 모든 규례와 명령을 지키게 하기 위한 것이며…"

2. 마음과 뜻과 힘을 다하여 하나님을 사랑해야 함 (= 온 정성을 다한 하나님 사랑)

4-5절= "이스라엘아 들으라 우리 하나님 여호와는 오직 유일한 여호와이시니 너는 마음을 다하고 뜻을 다하고 힘을 다하여 네 하나님 여호와를 사랑하라"

3. 자녀에게 부지런히 가르쳐야 함 (= 자녀에게 최선을 다한 말씀 교육)

7절= "네 자녀에게 부지런히 가르치며 집에 앉았을 때에든지 길을 갈 때에든지 누워 있을 때에든지 일어날 때에든지 이 말씀을 강론할 것이며"

◈◈◈

【대지 유형】 주제 적용형 - 본문 묶음형 - 대지 연결형

【주제】 (석의) 하나님의 축복은 하나님을 경외하고 그를 진심으로 사랑하며 자녀에게 부지런히 말씀을 가르치는 가정에 부어주신다.

【FCF】 많은 신앙인들이 본문의 강조점(온전하고 부지런한 삶)에 미치지 못하고 있음.

【서론】 본문은 하나님의 축복을 노래한다. 3절, "젖과 꿀이 흐르는 땅에서 네가 크게 번성하리라." 대를 잇는 이런 든든한 축복은 누구나 소망하고 바라는 축복이다. 본문은 하나님의 백성이 복을 받으려면 어떻게 해야 하는가를 구체적으로 언급하고 있다. 하나님은 약속에 신실하시다. 대를 잇는 축복은 우리에게 달려 있다.

【우산질문】 하나님의 복을 받으려면 어떻게 살아야 하는가?

【1대지】 경외= 두려워하는 마음, 존경하는 마음. 잠 1:8, "여호와를 경외하는 것이 지식의 근본." 14:27, "여호와를 경외하는 것은 생명의 샘". 매주 드리는 예배의 중요성을 알자. 준비된 심령에 대대로 이어지는 복을 주신다. 기독교 신앙의 기본정신은 '경외'이다. 하나님의 위대하심과 거룩하심 앞에서 진실한 자는 하나님을 경외할 수밖에 없다. 예배에 참석하는 성도는 진심으로 주님을 경외하는 마음으로 참여해야 한다. 그리고 가장 진실한 것으로 하나님께 드려 그를 기쁘시게 해야 한다.

【2대지】 마음(heart)은 인격의 자리, 성품(soul)은 영혼의 생명, 힘은 활동력이다. 하나님을 사랑하되 온 정성을 다해 인격적으로 생명을 바치듯이 힘을 다하여 하나님을 사랑하라는 말씀이다. 하나님은 유일하신 분. 변함없는 사랑을 우리에게 주시는 하나님이 지금 우리에게 그 사랑을 요구하고 계신다. 어느 누구와도 그 사랑을 나눌 수 없다.

【3대지】 대대로 하나님의 축복을 받으려면 하나님을 경외하는 것과 사랑하는 것을 나만 할 것이 아니라 후손에게 가르치는 것이 중요하다. 뿌리 뽑힌 민족 이스라엘에게 남은 유산은 오직 성경뿐. 그들은 세 살부터 성경을 가르쳤다. 본문 7절을 보라. "네 자녀에게 부지런히 가르치며 집에 앉았을 때에든지 길을 갈 때에든지 누워 있을 때에든지 일어날 때에든지 이 말씀을 강론할 것이며." '가르치라'= 연마시키다, 예리하게 하다= 계속적으로 진지하게 가르친다는 뜻.

【결론】 하나님만이 만복의 근원이다. 하나님이 복 주시기로 정한 사람은 복을 받지 않을 수 없다. 하나님 경외, 하나님 사랑, 그리고 자녀교육에 성공하자.

- 절기, 용도, 장르, 특징:
- Key Word: 하나님 사랑, 복.
- Remarks:

본문 : **신 6:4-9**

제목 : **가정에서 배우는 쉐마교육 (Hear, O Israel)**

4.이스라엘아 들으라 우리 하나님 여호와는 오직 유일한 여호와이시니 **5.**너는 마음을 다하고 뜻을
다하고 힘을 다하여 네 하나님 여호와를 사랑하라 **6.**오늘 내가 네게 명하는 이 말씀을 너는 마음에
새기고 **7.**네 자녀에게 부지런히 가르치며 집에 앉았을 때에든지 길을 갈 때에든지 누워 있을 때에든
지 일어날 때에든지 이 말씀을 강론할 것이며 **8.**너는 또 그것을 네 손목에 매어 기호를 삼으며 네 미
간에 붙여 표로 삼고 **9.**또 네 집 문설주와 바깥 문에 기록할지니라

1. 하나님을 전심 전력으로 사랑하게 하는 교육 (= 예배 신앙 확립)

5절= "너는 마음을 다하고 뜻을 다하고 힘을 다하여 네 하나님 여호와를 사랑하라"

2. 부모가 자녀에게 신앙의 본을 보이는 교육 (= 부모의 가정교사 역할)

6-7절= "오늘 내가 네게 명하는 이 말씀을 너는 마음에 새기고, 네 자녀에게 부지런히 가르치며…"

3. 자녀에게 말씀을 부지런히 가르치는 교육 (= 말씀을 전심전력으로 가르침)

7절= "네 자녀에게 부지런히 가르치며 집에 앉았을 때에든지 길을 갈 때에든지 누워 있을 때에든지 일어날 때에든지 이 말씀을 강론할 것이며"

◈◈◈

【대지 유형】 주제 설명형 - 본문 분석형 - 대지 연결형

【주제】 (석의) 쉐마교육은 부모가 자녀에게 신앙의 모범을 보이며 하나님을 전심으로 사랑하게 하고 말씀을 전심전력으로 가르치는 가정교육이다.

【FCF】 많은 신앙의 가정들이 모범적인 부모 역할에 실패하고 있음.

【서론】 본문을 통하여 성도의 가정교육에 대해 살펴보자. 가정에서 이루어지는 '자녀교육' 하면 유대인 교육을 떠올리지 않을 수 없다. 쉐마라는 말은 본문 4절의 "이스라엘아 들으라(쉐마 이스라엘)"에서 온 말이다. 그 첫 단어 '들으라'의 히브리어가 '쉐마(shema)'이다. 제1쉐마에 해당하는 본문은 유일신 여호와에 대한 신앙고백과 하나님 사랑 명령과 자녀의 말씀교육 명령으로 되어 있다. 제2쉐마(신 11:13-21)는 하나님의 명령 순종 여부에 따른 축복과 저주를

제시한다. 제3쉐마(민 15:37-41)는 여호와의 명령을 기억하기 위해 옷단 귀에 술을 만들어 다는 규정에 대한 것이다. 본문을 통하여 이스라엘 민족의 가슴학교에서 가르쳐지고 있는 쉐마교육과 그 속에 담겨 있는 신앙교육의 중요한 원리들을 발견하자.
【우산질문】 가정에서 배우는 쉐마교육은 어떤 것인가?

【1대지】 다시 번역하면 '너의 최선의 마음을 가지고 너의 최선의 뜻을 가지고 너의 최선의 힘을 가지고 네 하나님 여호와를 사랑하라'이다. 하나님의 백성은 자신이 지니고 있는 것들 가운데 결코 자기의 것이라고 주장할 수 있는 것이 아무것도 없으며, 그러기에 하나님을 진정으로 사랑하는 자는 자기의 모든 것을 하나도 남김없이 다 드릴 수 있어야 한다는 말씀이다. 자녀들에게 '전심 전영 전력'을 다하는 하나님 사랑을 가르쳐야 한다. 그러기 위해서는 먼저 예수님을 믿게 하고 예수님을 알게 하는 것이 중요하다. 예수님을 믿고 아는 것이 주님이 원하시는 교육의 기본이기 때문이다.
【2대지】 여기 '가르치며'로 번역된 동사 '솨난'은 일반적인 가르침에 사용되는 동사 '라마드'와는 다소 다른 의미를 갖는다. '솨난'은 '마음에 새기게 하다', '반복하여 가르치다'라는 뉘앙스를 가진다. 본 절은 자녀의 마음속에 하나님의 말씀이 새겨질 정도로 가르치라는 명령이다. 이 명령을 실천하기 위해서는 부모가 먼저 하나님 말씀의 의미를 예리하게 파악하고 있어야 한다. 본문의 가르침은 부모 여러분을 '가정교사'로 초대하는 말씀이다.
【3대지】 쉐마교육은 자녀들에게 부지런히 말씀을 가르치되, 때와 장소를 가리지 않고 강론하는 교육이다. 본 절이 강조하는 교육의 기회의 밀도를 보라. 집에 앉았을 때에든지, 길을 갈 때에든지, 누워 있을 때에든지, 일어날 때에든지 말씀을 가르치라고 명령한다. 아이들에게 세속의 타락한 문화가 들어갈 기회를 주지 않도록 하나님의 말씀으로 아이들의 내면세계를 채우라는 말씀이다. 우리의 부모직을 걸고 하나님의 말씀을 가르쳐야 한다.
【결론】 이 시대는 아이들이 지혜로워야 할 시대가 아니라 부모가 지혜로워야 할 시대이다. 가슴학교에서 쉐마를 가르치라. 교회에만 맡기지 말고 가정에서 직접 가르치라.

- **절기, 용도, 장르, 특징:** 어린이주일, 가정의 달.
- Key Word: 쉐마교육.
- Remarks:

신명기

본문 : **신 6:20-25**

제목 : **자녀에게 가르쳐야 할 것**

20.후일에 네 아들이 네게 묻기를 우리 하나님 여호와께서 명령하신 증거와 규례와 법도가 무슨 뜻
이냐 하거든 **21.**너는 네 아들에게 이르기를 우리가 옛적에 애굽에서 바로의 종이 되었더니 여호와
께서 권능의 손으로 우리를 애굽에서 인도하여 내셨나니 **22.**곧 여호와께서 우리의 목전에서 크고
두려운 이적과 기사를 애굽과 바로와 그의 온 집에 베푸시고 **23.**우리 조상들에게 맹세하신 땅을 우
리에게 주어 들어가게 하시려고 우리를 거기서 인도하여 내시고 **24.**여호와께서 우리에게 이 모든
규례를 지키라 명령하셨으니 이는 우리가 우리 하나님 여호와를 경외하여 항상 복을 누리게 하기 위
하심이며 또 여호와께서 우리를 오늘과 같이 살게 하려 하심이라 **25.**우리가 그 명령하신 대로 이 모
든 명령을 우리 하나님 여호와 앞에서 삼가 지키면 그것이 곧 우리의 의로움이니라 할지니라

1. "후일에 신앙적인 질문을 던지는 자녀가 있을 것이라" 하심 (= 자녀교육의 필요성)

20절= "후일에 네 아들이 네게 묻기를 우리 하나님 여호와께서 명령하신 증거와 규례와 법도가 무슨 뜻이냐 하거든"

2. "하나님께서 권능으로 출애굽시키신 역사를 가르치라" 하심 (= 역사적인 믿음 필요)

21절= "너는 네 아들에게 이르기를 우리가 옛적에 애굽에서 바로의 종이 되었더니 여호와께서 권능의 손으로 우리를 애굽에서 인도하여 내셨나니"

3. "하나님의 모든 계명을 지키라 명령하신 것을 가르치라" 하심 (= 계명 순종의 필요)

24절= "여호와께서 우리에게 이 모든 규례를 지키라 명령하셨으니 이는 우리가 우리 하나님 여호와를 경외하여 항상 복을 누리게 하기 위하심이며 또 여호와께서 우리를 오늘과 같이 살게 하려 하심이라"

◈◈◈

【대지 유형】 주제 설명형 - 본문 분석형 - 대지 진전형

【주제】 (석의) 신앙의 자녀들에게는 구원의 역사와 은혜, 그리고 하나님이 우리에게 원하시는 것들을 진지하게 가르쳐야 한다.

【FCF】 많은 신앙인들이 자녀 교육에 실패하고 있음.

【서론】 아이들은 호기심이 남다르다. 아이들은 '왜?'라는 질문을 입에 달고 다

닌다. 아이들의 질문에 적절치 못하게 대처하는 부모의 유형: 바쁘다형, 미루기형, 거부형, 추궁형. 가장 바람직한 것은 성실하게 답하는 것. 특히 신앙적 질문에 대한 바른 대답은 아이를 옳은 길로 성장시킨다.
【우산질문】 본문에서 자녀에게 신앙적 가르침을 어떻게 가르쳐야 할 것인가를 살펴보자.

【1대지】 후일에= 출애굽과 광야생활을 경험하지 못한 세대가 나타날 때. 우리는 그들에게 '과거'를 가르쳐야 한다. 은혜를 가르치고 감사를 알게 만드는 교육이 중요하다. 과거의 희생과 대가로 평화를 누리는 이 세대들이 조상의 희생을 몰라서야 되겠는가? 신세대는 직접 경험한 감사와 감격이 없다. 그런데 헌신과 순종을 요구받는다. 그런 마음으로 후대들은 "왜 하나님의 말씀과 규례와 법도를 지켜야 하는 것이냐"고 물을 것이라는 말씀이다.
【2대지】 직접 경험이 간접 경험으로 익혀지는 것이 교육이다. 하나님의 권능의 손. 엄청난 구원의 역사. 역사적인 믿음을 제대로 가르쳐야. 무조건 주입하는 교육이 아니라 가장 좋은 교육은 호기심을 갖게 하고 질문하게 하는 것. 우리나라 역사도 마찬가지. 일부 편향된 이념주의자들이 역사를 왜곡하려 든다. 과거를 모르는 현재는 결코 균형 감각을 유지할 수 없다. 질문에 대한 올바른 대답은 우리 모두를 균형 잡힌 신앙과 행복한 삶으로 인도하는 힘이 된다.
【3대지】 모세는 후대가 '왜?'라고 질문하면 하나님의 구원을 말해주라고 설교한다. 애굽의 종으로 처참한 세월을 살았는데 하나님께서 권능의 손으로 우리를 애굽에서 인도하여 내셨다는 것을 가르치라는 것. 어떻게 크고 두려운 이적과 기사로 우리를 가나안까지 인도하셨는지 가르치라는 것. 왜 우리가 바쁜 가운데서 예배해야 하는가? 우리를 구원하셨기 때문. 더 깊이 들어가면 우리의 생명이 그분께로부터 왔기 때문. 이제 계명 순종과 헌신을 가르칠 수 있는 기반이 마련되었다.
【결론】 누구라도 '왜'냐고 신앙의 이유를 묻거든 바른 대답을 들려주자. 이것이 전도요 복음이다. 24절, "…이는 우리가 우리 하나님 여호와를 경외하여 항상 복을 누리게 하기 위하심이며 또 여호와께서 우리를 오늘과 같이 살게 하려 하심이라"

- 절기, 용도, 장르, 특징: 가정의 달.
- Key Word: 자녀교육.
- Remarks:

신명기

본문 : **신 7:6-11; 갈 3:26-29**
제목 : **우리가 택함받은 이유**

6.너는 여호와 네 하나님의 성민이라 네 하나님 여호와께서 지상 만민 중에서 너를 자기 기업의 백성
으로 택하셨나니 **7.**여호와께서 너희를 기뻐하시고 너희를 택하심은 너희가 다른 민족보다 수효가
많기 때문이 아니니라 너희는 오히려 모든 민족 중에 가장 적으니라 **8.**여호와께서 다만 너희를 사
랑하심으로 말미암아, 또는 너희의 조상들에게 하신 맹세를 지키려 하심으로 말미암아 자기의 권능
의 손으로 너희를 인도하여 내시되 너희를 그 종 되었던 집에서 애굽 왕 바로의 손에서 속량하셨나
니 **9.**그런즉 너는 알라 오직 네 하나님 여호와는 하나님이시요 신실하신 하나님이시라 그를 사랑하
고 그의 계명을 지키는 자에게는 천 대까지 그의 언약을 이행하시며 인애를 베푸시되 **10.**그를 미워
하는 자에게는 당장에 보응하여 멸하시나니 여호와는 자기를 미워하는 자에게 지체하지 아니하시고
당장에 그에게 보응하시느니라 **11.**그런즉 너는 오늘 내가 네게 명하는 명령과 규례와 법도를 지켜
행할지니라 …… **갈 3:26.**너희가 다 믿음으로 말미암아 그리스도 예수 안에서 하나님의 아들이 되었
으니 **27.**누구든지 그리스도와 합하기 위하여 세례를 받은 자는 그리스도로 옷 입었느니라 **28.**너희
는 유대인이나 헬라인이나 종이나 자유인이나 남자나 여자나 다 그리스도 예수 안에서 하나이니라
29.너희가 그리스도의 것이면 곧 아브라함의 자손이요 약속대로 유업을 이을 자니라

1. 하나님은 지상 만민 중에서 이스라엘을 자기 기업의 백성으로 택하셨다 하심 (= 축복의 모델로서의 선민)

6절= "너는 여호와 네 하나님의 성민이라 네 하나님 여호와께서 지상 만민 중에서 너를 자기 기업의 백성으로 택하셨나니"

2. "하나님께서 이스라엘을 택하신 것은 모든 민족 중에 가장 적기 때문이라" 하심 (= 자격이 아니라 은혜로 택함 받음)

7절= "여호와께서 너희를 기뻐하시고 너희를 택하심은 너희가 다른 민족보다 수효가 많기 때문이 아니니라 너희는 오히려 모든 민족 중에 가장 적으니라"

3. "너희가 그리스도의 것이면 곧 아브라함의 자손이요 약속대로 유업을 이을 자"라고 하심 (= 그리스도의 교회가 선민이 됨)

갈 3:29= "너희가 그리스도의 것이면 곧 아브라함의 자손이요 약속대로 유업을 이을 자니라"

◈◈◈

【대지 유형】 이유 제시형 - 본문 수집형 - 대지 진전형

【주제】 (석의) 택한 백성을 필요로 하신 하나님은 가장 작고 보잘 것 없는 자를 은혜로 택하신다.

【FCF】 많은 신앙인들이 그리스도 안에서 택한 백성이 되었다는 감격이 부족함.

【서론】 사람은 차별 대우를 받을 때 가장 기분이 나쁘고 깊은 상처를 받는다. 그런데 성경을 읽다 보면, '하나님도 차별 대우 하시나'라는 의문을 갖게 된다. 이스라엘 백성을 향한 하나님의 맹목적인(?) 사랑을 보기 때문이다. 가나안의 이방 민족들을 싹 쓸어버리면서까지 이스라엘 편을 드셨다. 이것은 분명 차별 대우이다.

【우산질문】 하나님은 왜 이스라엘을 선민으로 택하셨는가? 본문을 통해 그 저변을 살펴보자.

【1대지】 하나님은 대화할 상대를 원하신다. 그들을 위해 예비하신 복이 크다. 아브라함을 부르시고, 그의 자손들을 통해 한 민족으로 만드실 계획을 세우신 하나님. 이스라엘은 본이 되고 축복의 모델이 되는 것. 다른 민족들이 이스라엘을 보고는 '어떻게 저 민족은 저렇게 축복을 받으며 행복할 수 있는가'라는 생각을 하게 만드신다. 그러니까 하나님이 이스라엘을 택하신 것은 이스라엘만을 생각하신 것이 아니라 이 땅의 모든 민족이 축복을 받게 하는 데 있었다. 이스라엘은 축복의 모델이 되는 데 있었다. 후일 선민의 자리를 십자가를 통한 하나님의 자녀들에게 빼앗기고 말았다.

【2대지】 왜 하나님은 하필 이스라엘 같은 민족을 택하셨는가? 축복의 근원되신 하나님은 가장 연약한 민족을 세워 축복하시기로 작정하셨다. 이스라엘은 애굽의 노예로 있을 때 부름받았다. 자신의 나라도 없었다. 민족 전체가 노예살이를 하던 비극의 민족이었다. 그리스도인들도 마찬가지. 머리 좋아서 순종 잘해서 능력 많아서가 아니다. 전적인 하나님의 은혜이다. 이 진리는 우리를 한없이 겸손케 한다.

【3대지】 선민들은 목이 곧아 하나님을 배반했다. 그들은 교만해져서 불순종하며 스스로 강해지기 시작했고, 목이 곧은 백성이 되어갔다. 하나님이 사용할 수 없는 그릇이 된 것이다. 이제 하나님의 아들 그리스도께서 오셨고, 십자가 대속 사역을 이루셨고, 그를 믿는 자들을 아브라함의 후사로 세워 선민의 지위를 주셨다.

【결론】 우리는 샘플이요 모델이다. 불신자들이 우리를 통해 하나님을 알아야 한다. 우리가 택함 받은 것은 오직 은혜이다.

- 절기, 용도, 장르, 특징:
- Key Word: 선택, 선민.
- Remarks:

본문 : **신 7:17-22**
제목 : **많은 대적을 물리치는 비결**

17.네가 혹시 심중에 이르기를 이 민족들이 나보다 많으니 내가 어찌 그를 쫓아낼 수 있으리요 하리
라마는 **18.**그들을 두려워하지 말고 네 하나님 여호와께서 바로와 온 애굽에 행하신 것을 잘 기억하
되 **19.**네 하나님 여호와께서 너를 인도하여 내실 때에 네가 본 큰 시험과 이적과 기사와 강한 손과
편 팔을 기억하라 네 하나님 여호와께서 네가 두려워하는 모든 민족에게 그와 같이 행하실 것이요
20.네 하나님 여호와께서 또 왕벌을 그들 중에 보내어 그들의 남은 자와 너를 피하여 숨은 자를 멸하
시리니 **21.**너는 그들을 두려워하지 말라 너희의 하나님 여호와 곧 크고 두려운 하나님이 너희 중에
계심이니라 **22.**네 하나님 여호와께서 이 민족들을 네 앞에서 조금씩 쫓아내시리니 너는 그들을 급
히 멸하지 말라 들짐승이 번성하여 너를 해할까 하노라

1. "출애굽시 하나님이 보여주신 이적과 강한 손과 편 팔을 기억하라" 하심 (= 그동안 받은 은혜를 기억해야 함)
18-19절= "… 네 하나님 여호와께서 바로와 온 애굽에 행하신 것을 잘 기억하되 네 하나님 여호와께서 너를 인도하여 내실 때에 네가 본 큰 시험과 이적과 기사와 강한 손과 편 팔을 기억하라…"

2. "크신 하나님과의 동행을 믿고 두려워하지 말라" 하심 (= 하나님 신뢰)
21절= "너는 그들을 두려워하지 말라 너희의 하나님 여호와 곧 크고 두려운 하나님이 너희 중에 계심이니라"

3. "대적들을 급히 멸하지 말라" 하심 (= 조급한 마음 먹지 말 것. 인내심)
22절= "네 하나님 여호와께서 이 민족들을 네 앞에서 조금씩 쫓아내시리니 너는 그들을 급히 멸하지 말라 들짐승이 번성하여 너를 해할까 하노라"

◈◈◈

【대지 유형】 주제 적용형 - 본문 묶음형 - 대지 심화형
【주제】 (적용) 많은 대적을 대할 때 우리는 그동안 받은 은혜를 기억하고 하나님을 신뢰하며 인내심을 가지고 하나님의 때를 기다려야 한다.
【FCF】 많은 신앙인들이 대적 앞에서 하나님의 도우심을 기다리지 못함.

【서론】 지금은 불확실성의 시대. 곳곳에서 전쟁의 소문이 들려온다. 무서운

무기들. EMP탄, 지하벙커파괴 폭탄, 열 압력 폭탄, 등등. 옛날 전쟁은 숫자 싸움. 우리를 둘러싸고 위협하는 인생의 대적들: 질병, 위기, 갈등, 불화, 열등감, 사고, 부상, 실수… 17절, "… 이 민족들이 나보다 많으니 내가 어찌 그를 쫓아낼 수 있으리요 하리라마는…" 가나안을 정복해야 하는 이스라엘. 이길 수 있는 것은 하나님의 방법대로 순종하는 것뿐.
【우산질문】 대적이 많아 충분히 낙심할 만할 때에 우리가 어떻게 해야 하는가?

【1대지】 무엇을 기억해야 하는가? 내 인생의 지난날 하나님께서 해 주셨던 것들을 기억하라. 바로와 애굽의 열 재앙들과 홍해 심판들을 기억하라. 과거 은혜를 기억하는 것은 은혜를 베푼 분과의 관계를 계속 이어 교통하게 한다. 19절, "네 하나님 여호와께서 너를 인도하여 내실 때에 네가 본 큰 시험과 이적과 기사와 강한 손과 편 팔을 기억하라." 이때 하나님은 어디까지 이기게 해 주시는가? 숨어 있는 대적을 왕벌을 보내시기까지 해서라도 이기게 해 주신다는 것. 20절, "네 하나님 여호와께서 또 왕벌을 그들 중에 보내어 그들의 남은 자와 너를 피하여 숨은 자를 멸하시리니."
【2대지】 임마누엘의 하나님. 그분을 믿고 의지하라. 두려워 말라. 하나님이 우리와 함께하신다는 것보다 더 큰 위로와 소망은 없다, 예수 그리스도는 임마누엘로 우리에게 육신을 입고 오셨다. 우리의 형편과 처지에 동참하셨다. 우리 대신하여 십자가에서 피 흘려 죽으셨다. 이제는 보혜사 성령으로 우리와 함께하신다. "볼지어다 내가 세상 끝날까지 너희와 항상 함께 있으리라."
【3대지】 우리가 별로 좋아하지 않는 단어= "조금씩" 쫓아내시리니. 왜 '조금씩'인가? 22절이 그 대답, "… 너는 그들을 급히 멸하지 말라 들짐승이 번성하여 너를 해할까 하노라." 하나님의 자상하신 손길을 보라. 그 은혜와 깊이를 헤아릴 수 있을까?
【결론】 인생에서 많은 대적을 대할 때에 먼저 하나님의 은혜를 기억하고 기다리라. 하나님은 분명한 승리를 안겨주실 것이다.

- 절기, 용도, 장르, 특징:
- Key Word: 영적 전투.
- Remarks:

본문 : **신 8:2-4**
제목 : **광야 인도의 세 가지 목적 (Leading Israel in the Wilderness)**

2.네 하나님 여호와께서 이 사십 년 동안에 네게 광야 길을 걷게 하신 것을 기억하라 이는 너를 낮추시며 너를 시험하사 네 마음이 어떠한지 그 명령을 지키는지 지키지 않는지 알려 하심이라 **3.**너를 낮추시며 너를 주리게 하시며 또 너도 알지 못하며 네 조상들도 알지 못하던 만나를 네게 먹이신 것은 사람이 떡으로만 사는 것이 아니요 여호와의 입에서 나오는 모든 말씀으로 사는 줄을 네가 알게 하려 하심이니라 **4.**이 사십 년 동안에 네 의복이 해어지지 아니하였고 네 발이 부르트지 아니하였느니라

1. 낮추기 위함 (= 세상 교만 제거)
2절= "… 이는 너를 낮추시며…"

2. 시험해 보시기 위함 (= 더 큰 복을 주시려는 단련)
2절= "… 너를 시험하사 네 마음이 어떠한지 그 명령을 지키는지 아니 지키는지 알려하심이라"

3. 여호와의 말씀으로 살게 하기 위함 (= 말씀 의존 신앙)
3절= "… 또 너도 알지 못하며 네 열조도 알지 못하던 만나를 네게 먹이신 것은 사람이 떡으로만 사는 것이 아니요 여호와의 입에서 나오는 모든 말씀으로 사는 줄을 너로 알게 하려 하심이니라"

◈◈◈

【대지 유형】 목적 제시형 - 본문 분석형 - 대지 심화형
【주제】 (석의) 하나님이 자기 백성을 광야의 고난으로 몰아가시는 것은 교만을 제거하고 연단을 시키고 하나님의 말씀에 의존하는 신앙인으로 키우시기 위함이다.
【FCF】 말씀 의존적인 삶에 충실하지 못한 현대 교인들의 미지근한 모습.

【서론】 이스라엘이 민족으로 기능하게 된 것은 모세의 영도하에 출애굽과 홍해 도하, 그리고 호렙산에서 율법을 수여받은 후부터였다. 이제 이스라엘은 자신들의 정체성을 확립하고 하나님의 백성으로서의 삶을 살게 되었다. 그런데 하나님은 이스라엘 백성들을 출애굽시키신 후 뜻밖에도 광야의 길로 인도하셨다. 광야가 어떤 곳인가? 그곳은 외로운 곳이고, 목마른 곳이다. 광야는 짐승이 부르짖는 곳이고, 사망의 음침한 땅이다. 본문을 통하여 하나님께서 택한 백성 이스라엘을 광야로 인도하신 하나님의 의도를 살펴보자.

【우산질문】 이스라엘을 광야로 인도하신 목적이 무엇인가? 우리를 고난의 길로 인도하시는 주님의 의도는 무엇에 있나?

【1대지】 '낮추다'(히, 아나)= '고통케 하다' 이것은 광야생활에서의 고통과 결핍을 통해서 이스라엘 백성들로 하여금 당신의 도움의 필요성을 느끼게 하며 당신께 의존케 하려는 하나님의 선하신 의도를 나타낸다. 생명의 떡을 먹은 자는 결코 교만할 수 없다. 그러나 이스라엘의 교만은 쉽게 뿌리 뽑기 어려운 지경에 있었다. 하나님의 눈에 비친 이스라엘은 낮추지 않으면 안 되는 사람들이었다. 우리는 지금 영적 광야생활인 성도의 신앙생활을 통하여 생명의 떡을 먹고 있다. 그러므로 성도의 삶에는 언제나 겸손함이 녹아 있어야 한다. 하나님을 대할 때는 물론이요 사람을 대할 때에도 겸손을 잃지 말아야 한다.

【2대지】 이스라엘을 광야로 인도하신 목적은 그들을 시험하여 그들의 마음속에 있는 것을 알아보기 위함이었다. 하나님은 우리가 어떤 일을 구체적으로 행동으로 옮기기 전에 이미 우리 마음에 하나님이 있는지 그렇지 않은지를 먼저 살피시는 분이시다. 시험에는 마귀로부터 오는 시험과 하나님으로부터 오는 시험이 있다. 하나님으로부터 오는 시험은 더 귀하게 쓰시기 위해 주시는 축복의 시험이다. 사랑의 주님은 우리에게 더 큰 복을 주시려고 때로는 우리를 광야의 길로 인도하신다. 하나님의 시험이 올 때 생명의 떡을 먹은 진정한 하나님의 자녀라면 허세를 부리기에 앞서 자신의 연약함을 알아 겸손히 하나님을 인정하고 주님의 도우심을 간구하게 된다.

【3대지】 40년간이나 초자연적인 음식을 먹이신 목적이 무엇인가? 본 절은 그 목적을 "사람이 떡으로만 사는 것이 아니요 여호와의 입에서 나오는 모든 말씀으로 사는 줄을 너로 알게 하려 하심"이라고 했다. 본문을 문자적으로 번역한다면, '오직 떡의 기반 위에 사람이 있을 것이 아니라 여호와의 입에서 나오는 모든 것의 기반 위에 사람이 있어야 할 것을 알게 하려 하심'이다. 일상생활에서부터 말씀 중심으로 살아야 한다. 말씀을 생활화하고, 말씀대로 살려 하다 보면, 자연스럽게 하나님 의존신앙이 몸에 배게 된다.

【결론】 그동안 고난 앞에서의 여러분의 자세는 어떠했나? 어려움이 다가올수록 오직 하나님과 하나님의 말씀만을 붙들었나?

- 절기, 용도, 장르, 특징:
- Key Word: 광야, 말씀의존 신앙.
- Remarks:

신명기

본문 : **신 13:1-5**

제목 : **거짓 선지자에 관한 엄중한 가르침**

1.너희 중에 선지자나 꿈 꾸는 자가 일어나서 이적과 기사를 네게 보이고 **2.**그가 네게 말한 그 이적과 기사가 이루어지고 너희가 알지 못하던 다른 신들을 우리가 따라 섬기자고 말할지라도 **3.**너는 그 선지자나 꿈 꾸는 자의 말을 청종하지 말라 이는 너희의 하나님 여호와께서 너희가 마음을 다하고 뜻을 다하여 너희의 하나님 여호와를 사랑하는 여부를 알려 하사 너희를 시험하심이니라 **4.**너희는 너희의 하나님 여호와를 따르며 그를 경외하며 그의 명령을 지키며 그의 목소리를 청종하며 그를 섬기며 그를 의지하며 **5.**그런 선지자나 꿈 꾸는 자는 죽이라 이는 그가 너희에게 너희를 애굽 땅에서 인도하여 내시며 종 되었던 집에서 속량하신 너희의 하나님 여호와를 배반하게 하려 하며 너희의 하나님 여호와께서 네게 행하라 명령하신 도에서 너를 꾀어내려고 말하였음이라 너는 이같이 하여 너희 중에서 악을 제할지니라

1. "이적과 기사를 보여주어도 청종하지 말라" 하심 (= 보여주어도 가짜는 가짜)

1-3절= "너희 중에 선지자나 꿈 꾸는 자가 일어나서 이적과 기사를 네게 보이고 그가 네게 말한 그 이적과 기사가 이루어지고 너희가 알지 못하던 다른 신들을 우리가 따라 섬기자고 말할지라도 너는 그 선지자나 꿈 꾸는 자의 말을 청종하지 말라"

2. "오직 하나님만을 따르며 경외하라" 하심 (= 하나님만이 참 신이심)

4절= "너희는 너희의 하나님 여호와를 따르며 그를 경외하며 그의 명령을 지키며 그의 목소리를 청종하며 그를 섬기며 그를 의지하며"

3. "거짓 선지자들은 죽이라" 하심 (= 하나님을 향한 우리의 사랑을 변질시키는 욕구를 죽여 없애야 함)

5절= "그런 선지자나 꿈 꾸는 자는 죽이라…"

◈◈◈

【대지 유형】 주제 적용형 - 본문 묶음형 - 대지 심화형

【주제】 (석의) 오직 하나님만이 참 신이므로 거짓 선지자가 비록 이적을 보이더라도 결코 청종하지 말고 오히려 그 욕구를 완전히 지워야 한다.

【FCF】 많은 신앙인들이 표적 따위에 현혹되어 탈선하는 경우가 많음.

【서론】 이 시대는 포스트모던의 시대. 느끼고 체험하기 원하는 시대. 뉴에이

지, 기, 선, 단, 마인드 컨트롤… 분명한 속임수이다. 진짜보다 가짜가 판을 치는 세상이다. 정신을 바짝 차리고 참 진리에서 떠나지 않도록 깨어 있어야 한다.

【우산질문】 본문을 통하여 거짓 선지자에 관한 하나님의 엄위한 경고의 말씀을 살펴보자.

【1대지】 아무리 보여준다 해도 진짜는 진짜고 가짜는 가짜이다. 가짜들도 이적을 행한다. 출애굽기를 보라. 애굽에도 가짜 능력자들이 있었다. 지팡이로 뱀이 되게 하고, 나일강 물을 피가 되게 하고, 개구리들로 땅으로 올라오게 하는 일들. 그 배후에 사탄의 역사가 있었다. 더 큰 목적은 이스라엘 민족으로 동요케 하는 데 있었다. 출 7:22, "애굽 술객들도 자기 술법으로 그와 같이 행하므로 바로의 마음이 강퍅하여 그들을 듣지 아니하니…" 진짜를 보여주는 것은 증거이다. 가짜를 진짜처럼 보여주는 것은 사기이다. 혹 보여주지 못하더라도 진짜는 진짜이다.

【2대지】 우리는 우리의 미음을 너무 깊이 신뢰하는 경향이 있다. 조심하지 않으면 믿음이 무너지는 것은 순간이라는 것을 기억해야 한다. 유일하신 하나님, 창조주 하나님, 언약의 하나님. 그분을 '따르며 그를 경외하며 그의 명령을 지키며 그의 목소리를 청종하며 그를 섬기며 그를 의지하며'(4절). 기억하자. 사탄은 자신에게 순종하는 사람들까지 결국은 해하는 존재이다. 사탄의 역사에 순종하던 바로를 보라.

【3대지】 하나님의 자녀인 우리는 이런 거짓 선지자들을 절대 용납해서는 안 된다. 하나님을 향한 우리의 사랑을 변질시키는 것을 다 죽여야 한다. 타락한 인간의 심성을 잘 알아야. 요일 2:16, "육신의 정욕… 안목의 정욕… 이생의 자랑…" 하와 앞의 선악과= 먹음직하고 보암직하고 탐스러웠다.

【결론】 내 눈 앞에서 죽은 사람이 살아났다 할지라도 우리는 그것이 어디로부터 온 이적인지를 바로 알아야 한다. 말씀에 굳게 서지 않은 체험은 매우 위험하다. 오직 말씀으로! Sola Scriptura!

- 절기, 용도, 장르, 특징:
- Key Word: 거짓 선지자.
- Remarks:

본문 : **신 14:22-29**
제목 : **십일조의 의미**

22.너는 마땅히 매 년 토지 소산의 십일조를 드릴 것이며 **23.**네 하나님 여호와 앞 곧 여호와께서 그
의 이름을 두시려고 택하신 곳에서 네 곡식과 포도주와 기름의 십일조를 먹으며 또 네 소와 양의 처
음 난 것을 먹고 네 하나님 여호와 경외하기를 항상 배울 것이니라 **24.**그러나 네 하나님 여호와께서
자기의 이름을 두시려고 택하신 곳이 네게서 너무 멀고 행로가 어려워서 네 하나님 여호와께서 그 풍
부히 주신 것을 가지고 갈 수 없거든 **25.**그것을 돈으로 바꾸어 그 돈을 싸 가지고 네 하나님 여호와
께서 택하신 곳으로 가서 **26.**네 마음에 원하는 모든 것을 그 돈으로 사되 소나 양이나 포도주나 독주
등 네 마음에 원하는 모든 것을 구하고 거기 네 하나님 여호와 앞에서 너와 네 권속이 함께 먹고 즐거
워할 것이며 **27.**네 성읍에 거주하는 레위인은 너희 중에 분깃이나 기업이 없는 자이니 또한 저버리
지 말지니라 **28.**매 삼 년 끝에 그 해 소산의 십분의 일을 다 내어 네 성읍에 저축하여 **29.**너희 중에
분깃이나 기업이 없는 레위인과 네 성중에 거류하는 객과 및 고아와 과부들이 와서 먹고 배부르게 하
라 그리하면 네 하나님 여호와께서 네 손으로 하는 범사에 네게 복을 주시리라

1. 십일조는 하나님의 백성이 행할 의무요 명령임 (= 하나님의 소유권 인정, 하나님의 이름을 높이는 행위)

22절= "너는 마땅히 매년 토지 소산의 십일조를 드릴 것이며"
23절= "네 하나님 여호와 앞 곧 여호와께서 그의 이름을 두시려고 택하신 곳에서 네 곡식과 포도주와 기름의 십일조를 먹으며 또 네 소와 양의 처음 난 것을 먹고 네 하나님 여호와 경외하기를 항상 배울 것이니라"

2. 십일조는 하나님 경외의 한 표현임 (= 하나님 경외는 실천적인 것)

23절= "네 하나님 여호와 앞 곧 여호와께서 그의 이름을 두시려고 택하신 곳에서 네 곡식과 포도주와 기름의 십일조를 먹으며 또 네 소와 양의 처음 난 것을 먹고 네 하나님 여호와 경외하기를 항상 배울 것이니라"

3. 십일조는 가난한 자를 배려하시는 하나님 마음의 표현임 (= 약자를 보호)

29절= "너희 중에 분깃이나 기업이 없는 레위인과 네 성중에 거류하는 객과 및 고아와 과부들이 와서 먹고 배부르게 하라"

◈◈◈

【대지 유형】 주제 설명형 - 본문 수집형 - 대지 연결형

【주제】 (석의) 십일조는 하나님의 소유권을 인정하며 하나님을 경외하고 약자를 배려하는 신앙 행위이다.

【FCF】 많은 신앙인들이 십일조를 율법적으로 드리고 있음.

【서론】 성경에서 예배에 대한 말씀 중에 신자와 하나님과의 관계와 관련되어 있는 것= 십일조에 관한 것. 말 3:10, "너희의 온전한 십일조를 창고에 들여 나의 집에 양식이 있게 하고 그것으로 나를 시험하여 내가 하늘 문을 열고 너희에게 복을 쌓을 곳이 없도록 붓지 아니하나 보라!" 십일조는 여전히 논쟁의 대상이 되고 있다. 구약의 율법인데 지킬 필요가 있는가? 십일조는 율법 이전에 이미 생긴 것. 창 28:22이하. 이들의 십일조는 하나님의 명령에 의한 것이 아니고 자원한 것이다. 마 23:23에서 예수님은 구약의 십일조를 인정하심. 십일조는 하나님의 주 되심을 고백하는 것으로 드려져야 된다는 말씀이다.
【우산질문】 십일조의 더 깊은 의미를 찾아보자.

【1대지】 레위인 위해 소출의 10분의 1. 감사의 축제를 위해 소출의 십일조를 드리고 나머지 10분의 9에서 다시 10분의 1을 드렸다. 모든 소산의 주관자이신 하나님. 십일조를 드렸다는 것은 자기의 힘이 아닌 하나님의 이름을 높이는 행위이다. 여호와의 택하신 곳=신약의 교회.
【2대지】 십일조는 신앙을 훈련하고 실천하는 것이라는 말씀이다. 하나님 경외는 관념적 이론적인 것이 아니고 실천적이다. 잠 3:9-10, "네 재물과 네 소산물의 처음 익은 열매로 여호와를 공경하라 그리하면 네 창고가 차고 네 즙틀에 새 포도즙이 넘치리라."
【3대지】 자비로우신 여호와. 먼저 지역의 제사장들을 초대해야 했다. 그 다음에는 고아와 과부, 그리고 객들을 불러 배부르게 해야 했다. 가난하고 힘없는 자들의 복지에 특별히 관심을 갖고 계시는 하나님. 시 68:5, "하나님은 고아의 아버지시며 과부의 재판장이시라." 궁핍한 자에게 무관심한 것은 단지 사랑이 없는 것이 아니라 범죄행위이다.
【결론】 십일조는 선민에게 허락하신 축복의 기회이다(29절). 영적인 축복이 먼저, 다음이 물질적인 축복. 십일조 행위를 통해 재물의 소유주는 오직 하나님 자신이고 사람은 청지기임을 알려 준다. 또한 우리가 하나님의 거룩한 백성 된 고백의 표시이다.

- 절기, 용도, 장르, 특징:
- Key Word: 십일조.
- Remarks:

본문 : **신 15:1-18**
제목 : **긍휼에 풍성하신 하나님**

1.매 칠 년 끝에는 면제하라 **2.**면제의 규례는 이러하니라 그의 이웃에게 꾸어준 모든 채주는 그것을 면제하고 그의 이웃에게나 그 형제에게 독촉하지 말지니 이는 여호와를 위하여 면제를 선포하였음이라 **3.**이방인에게는 네가 독촉하려니와 네 형제에게 꾸어준 것은 네 손에서 면제하라 **4.**네가 만일 네 하나님 여호와의 말씀만 듣고 내가 오늘 네게 내리는 그 명령을 다 지켜 행하면 네 하나님 여호와께서 네게 기업으로 주신 땅에서 네가 반드시 복을 받으리니 너희 중에 가난한 자가 없으리라 **6.**네 하나님 여호와께서 네게 허락하신 대로 네게 복을 주시리니 네가 여러 나라에 꾸어 줄지라도 너는 꾸지 아니하겠고 네가 여러 나라를 통치할지라도 너는 통치를 당하지 아니하리라 **7.**네 하나님 여호와께서 네게 주신 땅 어느 성읍에서든지 가난한 형제가 너와 함께 거주하거든 그 가난한 형제에게 네 마음을 완악하게 하지 말며 네 손을 움켜 쥐지 말고 **8.**반드시 네 손을 그에게 펴서 그에게 필요한 대로 쓸 것을 넉넉히 꾸어주라 **9.**삼가 너는 마음에 악한 생각을 품지 말라 곧 이르기를 일곱째 해 면제년이 가까이 왔다 하고 네 궁핍한 형제를 악한 눈으로 바라보며 아무것도 주지 아니하면 그가 너를 여호와께 호소하리니 그것이 네게 죄가 되리라 **10.**너는 반드시 그에게 줄 것이요, 줄 때에는 아끼는 마음을 품지 말 것이니라 이로 말미암아 네 하나님 여호와께서 네가 하는 모든 일과 네 손이 닿는 모든 일에 네게 복을 주시리라 **11.**땅에는 언제든지 가난한 자가 그치지 아니하겠으므로 내가 네게 명령하여 이르노니 너는 반드시 네 땅 안에 네 형제 중 곤란한 자와 궁핍한 자에게 네 손을 펼지니라 **12.**네 동족 히브리 남자나 히브리 여자가 네게 팔렸다 하자 만일 여섯 해 동안 너를 섬겼거든 일곱째 해에 너는 그를 놓아 자유롭게 할 것이요 **13.**그를 놓아 자유하게 할 때에는 빈 손으로 가게 하지 말고 **14.**네 양 무리 중에서와 타작 마당에서와 포도주 틀에서 그에게 후히 줄지니 곧 네 하나님 여호와께서 네게 복을 주신 대로 그에게 줄지니라 **15.**너는 애굽 땅에서 종 되었던 것과 네 하나님 여호와께서 너를 속량하셨음을 기억하라 그것으로 말미암아 내가 오늘 이같이 네게 명령하노라 **16.**종이 만일 너와 네 집을 사랑하므로 너와 동거하기를 좋게 여겨 네게 향하여 내가 주인을 떠나지 아니하겠노라 하거든 **17.**송곳을 가져다가 그의 귀를 문에 대고 뚫으라 그리하면 그가 영구히 네 종이 되리라 네 여종에게도 그같이 할지니라 **18.**그가 여섯 해 동안에 품꾼의 삯의 배나 받을 만큼 너를 섬겼은즉 너는 그를 놓아 자유하게 하기를 어렵게 여기지 말라 그리하면 네 하나님 여호와께서 네 범사에 네게 복을 주시리라

1. 매 칠년 면제년을 갖도록 하심 (= 나누는 삶에 대한 명령)

1-2절= "매 칠 년 끝에는 면제하라 면제의 규례는 이러하니라 그의 이웃에게 꾸어준 모든 채주는 그것을 면제하고 그의 이웃에게나 그 형제에게 독촉하지 말지니 이는 여호와를 위하여 면제를 선포하였음이라"

2. "가난한 자에게 네 마음을 완악하게 하지 말라" 하심 (= 구제 명령)

7절= " 가난한 형제가 너와 함께 거주하거든 그 가난한 형제에게 네 마음을 완악하게 하지 말며 네 손을 움켜 쥐지 말고"

3. 압제 아래 있는 자가 자유하기를 원하심 (= 종의 귀에 구멍 뚫는 규례 주심)

12절= "네 동족 히브리 남자나 히브리 여자가 네게 팔렸다 하자 만일 여섯 해 동안 너를 섬겼거든 일곱째 해에 너는 그를 놓아 자유롭게 할 것이요 "

◈◈◈

【대지 유형】 주제 설명형 - 본문 묶음형 - 대지 연결형
【주제】 (석의) 하나님의 긍휼하심은 면제년 제도와 구제 명령, 그리고 종의 귀에 구멍 뚫는 규례 등을 통해 잘 나타난다.
【FCF】 많은 신앙인들이 나누는 삶에 대해 하나님의 명령을 외면하고 있음.

【서론】 가난의 문제. 11절= 땅에는 언제든지 가난한 자가 그치지 않겠다. 그러므로 긍휼에 풍성하신 하나님은 가난한 자들을 위해 많은 배려를 주신다.
【우산질문】 본문을 통하여 가난한 자들을 향해 긍휼이 풍성한 하나님의 모습을 살펴보자.

【1대지】 이 제도는 채무자나 가난한 자, 종 등 사회의 빈곤한 사람들을 배려하는 제도. 이자 문제를 해결해야. 이자는 쉬는 날도 없다. 우리 사회도, 가난의 대물림 속에서 벗어나지 못하고 늘어만 가는 농가 부채… 우리가 물질적으로 부요하다면 나누는 삶을 살아야.
【2대지】 우리 주변에는 언제나 부족한 자들이 많다. 우리의 움켜진 손을 펴야. 가난한 형제의 필요를 의도적으로 무시하는 것은 하나님에 대한 중대한 범죄이다. 가난한 이웃 구제는 선택의 문제가 아니라 반드시 행해야 하는 도리이다. 11절, "너는 반드시 네 땅 안에 네 형제 중 곤란한 자와 궁핍한 자에게 네 손을 펼지니라"
【3대지】 7년째 안식년. 자원하여 종 되기를 원하는 종은 귀에 구멍 뚫어 평생 종이 된다.
【결론】 교회가 앞장서서 가난한 사람이 없어지는 사회를 위해 애써야 할 것이다. 움켜진 손을 펴자.

- 절기, 용도, 장르, 특징: 봉사부 헌신예배.
- Key Word: 면제년, 구제, 복지.
- Remarks:

본문 : **신 16:1-17**
제목 : **3대 절기의 의미**

1.아빕월을 지켜 네 하나님 여호와께 유월절을 행하라 이는 아빕월에 네 하나님 여호와께서 밤에 너
를 애굽에서 인도하여 내셨음이라 **2.**여호와께서 자기의 이름을 두시려고 택하신 곳에서 소와 양으
로 네 하나님 여호와께 유월절 제사를 드리되 **3.**유교병을 그것과 함께 먹지 말고 이레 동안은 무교
병 곧 고난의 떡을 그것과 함께 먹으라 이는 네가 애굽 땅에서 급히 나왔음이니 이같이 행하여 네 평
생에 항상 네가 애굽 땅에서 나온 날을 기억할 것이니라 **4.**그 이레 동안에는 네 모든 지경 가운데
에 누룩이 보이지 않게 할 것이요 또 네가 첫날 해 질 때에 제사 드린 고기를 밤을 지내 아침까지 두
지 말 것이며 **5.**유월절 제사를 네 하나님 여호와께서 네게 주신 각 성에서 드리지 말고 **6.**오직 네 하
나님 여호와께서 자기의 이름을 두시려고 택하신 곳에서 네가 애굽에서 나오던 시각 곧 초저녁 해
질 때에 유월절 제물을 드리고 **7.**네 하나님 여호와께서 택하신 곳에서 그 고기를 구워 먹고 아침에
네 장막으로 돌아갈 것이니라 **8.**너는 엿새 동안은 무교병을 먹고 일곱째 날에 네 하나님 여호와 앞
에 성회로 모이고 일하지 말지니라 **9.**일곱 주를 셀지니 곡식에 낫을 대는 첫 날부터 일곱 주를 세어
10.네 하나님 여호와 앞에 칠칠절을 지키되 네 하나님 여호와께서 네게 복을 주신 대로 네 힘을 헤
아려 자원하는 예물을 드리고 **11.**너와 네 자녀와 노비와 네 성중에 있는 레위인과 및 너희 중에 있
는 객과 고아와 과부가 함께 네 하나님 여호와께서 자기의 이름을 두시려고 택하신 곳에서 네 하나
님 여호와 앞에서 즐거워할지니라 **12.**너는 애굽에서 종 되었던 것을 기억하고 이 규례를 지켜 행할
지니라 **13.**너희 타작 마당과 포도주 틀의 소출을 거두어 들인 후에 이레 동안 초막절을 지킬 것이요
14.절기를 지킬 때에는 너와 네 자녀와 노비와 네 성중에 거주하는 레위인과 객과 고아와 과부가 함
께 즐거워하되 **15.**네 하나님 여호와께서 택하신 곳에서 너는 이레 동안 네 하나님 여호와 앞에서 절
기를 지키고 네 하나님 여호와께서 네 모든 소출과 네 손으로 행한 모든 일에 복 주실 것이니 너는 온
전히 즐거워할지니라 **16.**너의 가운데 모든 남자는 일 년에 세 번 곧 무교절과 칠칠절과 초막절에 네
하나님 여호와께서 택하신 곳에서 여호와를 뵈옵되 빈손으로 여호와를 뵈옵지 말고 **17.**각 사람이
네 하나님 여호와께서 주신 복을 따라 그 힘대로 드릴지니라

1. 유월절 : 구원의 하나님을 기억하는 절기, 그리스도의 십자가 대속

1절= "아빕월을 지켜 네 하나님 여호와께 유월절을 행하라 이는 아빕월에 네 하나님 여호와께서 밤에 너를 애굽에서 인도하여 내셨음이라"

2. 칠칠절 : 하나님의 풍성한 은혜를 기억하는 절기, 성령 강림

9-10절= "… 곡식에 낫을 대는 첫 날부터 일곱 주를 세어 네 하나님 여호와 앞에 칠칠절을 지키되 네 하나님 여호와께서 네게 복을 주신 대로 네 힘을 헤아려 자원하는 예물을 드리고"

3. 초막절 : 하나님의 신실하심을 감사하는 절기, 천년 왕국의 삶

13절= "너희 타작 마당과 포도주 틀의 소출을 거두어 들인 후에 이레 동안 초막절을 지킬 것이요"

◆◆◆

【대지 유형】 주제 함축형 – 본문 묶음형 – 대지 진전형
【주제】 (적용) 이스라엘에 주신 절기는 그리스도의 십자가 대속과 성령 강림, 그리고 천년왕국의 삶에 대한 예표이다.
【FCF】 많은 신앙인들이 구약의 상징에 대해 무지하다.

【서론】 하나님의 선민 이스라엘= 항상 하나님 안에 살고 있음을 깨닫고 인정하고 동행하는 삶을 살기를 원하심. 이스라엘의 세 절기는 과거에 받은 구원의 은혜, 현재에 주어진 은총을 기뻐하고, 미래에 나타날 영광에 대한 소망을 갖고 살도록 하신 것. 레 23:14, 21, "하나님의 백성들이 각처에서 대대로 지켜야 할 영원한 규례."
【우산질문】 본문을 통하여 3대 절기에 대해 살펴보자.

【1대지】 유월절은 여호와를 구원의 하나님으로 계속해서 인식하게 하는 것. 아빕월= 3-4월. 먹는 음식=누룩 넣지 않은 떡(=순전함), 쓴 나물(=고난), 불에 구운 양고기(거룩성. 당시 날 것으로 먹는 것과 구별되기 위한 것). 유월절은 예수님의 십자가 사건, 대속 완성, 구원을 누리게 하신 사건. 믿은 후 여러분은 어떻게 달라졌나? 우리는 날마다 새로워져야 한다.
【2대지】 유월절 시작하는 안식일로부터 50일 후에 거행= 오순절. 이 7주간은 보리 추수가 시작되고 밀 추수가 끝나기까지의 기간이다. 땅의 소산을 강조함으로 하나님의 선하심에 눈을 돌리게 한다. 중요한 특징은 '함께 나누어야 한다'는 것. 그들은 "애굽에서 종 되었던 것들을 기억"해야 했다. 보혜사 성령의 강림과 교회의 시작.
【3대지】 가을에 추수한 것을 거두어 창고에 들이면서, 출애굽 당시 광야에서 지낸 것을 회상하며 종려나무 가지 등으로 초막을 만들고 그곳에서 지내게 된다. 일종의 체험 학습. 거의 천 년 동안 이스라엘은 초막절을 상실했다. 이것은 신실하신 하나님의 상실이다. 이스라엘의 모든 남자는 일 년 세 차례 성전 축제에 참여해야. 그리스도의 재림 후 천년 왕국으로 들어간다.
【결론】 세 절기: 그리스도의 죽으심과 부활, 성령 강림, 하나님 나라의 완성.

- 절기, 용도, 장르, 특징: 상징주의 해석.
- Key Word: 절기.
- Remarks:

본문 : **신 16:9-12**

제목 : **맥추감사절의 현대적 의미 (Celebrate the Feast of Harvest)**

9.일곱 주를 셀지니 곡식에 낫을 대는 첫 날부터 일곱 주를 세어 **10.**네 하나님 여호와 앞에 칠칠절을
지키되 네 하나님 여호와께서 네게 복을 주신 대로 네 힘을 헤아려 자원하는 예물을 드리고 **11.**너와
네 자녀와 노비와 네 성중에 있는 레위인과 및 너희 중에 있는 객과 고아와 과부가 함께 네 하나님 여
호와께서 자기의 이름을 두시려고 택하신 곳에서 네 하나님 여호와 앞에서 즐거워할지니라 **12.**너는
애굽에서 종 되었던 것을 기억하고 이 규례를 지켜 행할지니라

1. "자원하는 예물을 힘껏 드리라" 하심 (= 감사생활에 힘씀)

10절= "네 하나님 여호와 앞에 칠칠절을 지키되 네 하나님 여호와께서 네게 복을 주신 대로 네 힘을 헤아려 자원하는 예물을 드리고"

2. "어려운 이웃과 함께 하나님 앞에서 즐거워 하라" 하심 (= 소외된 이웃 돌봄)

11절= "너와 네 자녀와 노비와 네 성중에 있는 레위인과 및 너희 중에 있는 객과 고아와 과부가 함께…"

3. "하나님의 성전에서 즐거워하라" 하심 (= 교회 중심의 신앙생활)

11절= "… 네 하나님 여호와께서 자기의 이름을 두시려고 택하신 곳에서 네 하나님 여호와 앞에서 즐거워할지니라"

◈◈◈

【대지 유형】 주제 적용형 - 본문 분석형 - 대지 병렬형

【주제】 (적용) 성도는 자원하는 예물을 드리고 소외된 이웃을 돌보며 교회 중심의 신앙생활에 힘써야 한다.

【FCF】 소외된 이웃에 무관심한 현대교회의 모습.

【서론】 하나님은 이스라엘 백성들이 가나안땅에 들어가면 오순절에 보리를 거둘 것을 아시고 광야에서 미리 맥추절을 지킬 것을 명하셨다. 그래서 오순절과 맥추절은 동시의 절기이다(레 23:15-16). 이스라엘 백성들은 애굽의 노예 생활을 청산하고 나와서 광야 40년간의 고난의 생활을 거쳐 꿈에도 그리던 가나안 땅에 들어가서 첫 농사를 지어 처음으로 열매를 거둘 때 엄청난 감격을 맛보았다. 이스라엘은 맥추절을 맞이할 때마다 지난날 애굽의 종살이에서 해방되어 자유인이 된 것을 감사하게 되었다. 그들은 40년간 광야에서 하늘의 만나를 먹고살게 해주신 하나님의 크신 은혜를 감사했다. 하나님은 이스라엘

백성에게 지난날 광야 길에서 원수들을 물리치시고 강한 팔로 자기 백성들을 지켜 주신 은혜를 잊지 말라는 의미로 맥추절을 지키게 하셨다. 더욱이 구원 받은 백성들에게 이날 십계명을 주셨다. 하나님의 백성은 영원히 변치 않는 이 법대로 살아야 한다고 축복의 법을 주신 날이다. 그리고 이날은 신약의 교회에 성령을 보내시어 세계적인 교회를 세워 주셨음으로 교회의 생일이기도 하다. 맥추절뿐 아니라 성경의 7대 절기는 모두 심오한 뜻을 가지고 있다. "유월절은 그리스도의 죽음이다. 무교절은 그리스도와의 친교이다. 초실절은 그리스도의 부활이다. 오순절은 성령의 임무교대이다. 나팔절은 그리스도의 강림이다. 속죄절은 그리스도의 속죄이다. 초막절은 그리스도의 심판이다."

【우산질문】 본문을 통하여 맥추절의 의미를 살펴보자. 주님께서 맥추절에 주시는 명령을 통하여 우리의 신앙생활을 돌아보고 감사하는 성도들이 되자.

【1대지】 '네 힘을 헤아려'= '네 힘이 닿는 대로'= 능력의 범위 아래서 최대한으로 힘껏 예물을 드리라. 하나님은 '자원하는 예물'을 기쁘게 받으신다. 감사는 성도의 신앙의 길이와 넓이를 재는 척도와 같고 무게를 다는 저울과 같다.

【2대지】 이웃에는 '레위인, 객, 고아, 그리고 과부'가 있다. 만일 교회가 약한 성도들을 소외시키고 유력한 사람들 중심으로 운영된다면 그것은 교회 스스로가 자신을 영적 불구자로 만드는 것이다. 여러분은 소외된 이웃을 돌보기를 원하시는 하나님의 심정을 갖고 있는가? "어려운 이웃과 함께 하나님 앞에서 즐거워 하라." 물량주의와 개교회주의에 물들어 비틀거리는 한국교회에 주시는 하나님의 명령이다.

【3대지】 하나님께 공적 예배를 드리려면 반드시 교회에 나아가야 한다. 왜냐하면 교회는 주님께서 당신의 이름을 두시려고 택한 곳이기 때문이다. 교회는 만왕의 왕이신 하나님이 거하시는 궁전이요 하늘에 속한 은혜를 내려주시는 시은소(施恩所)이다.

【결론】 "너희는 자원하는 예물을 힘껏 드리며 감사생활에 힘쓰라. 너희는 소외된 이웃을 찾아 함께 예배하며 즐거워하라. 너희는 교회로 모여 하나님 앞에서 예배하며 즐거워하라."

- 절기, 용도, 장르, 특징: 맥추감사주일.
- Key Word: 감사, 맥추절.
- Remarks:

본문 : **신 16:18-20**

제목 : **공의로운 재판에 대한 가르침**

18.네 하나님 여호와께서 네게 주시는 각 성에서 네 지파를 따라 재판장들과 지도자들을 둘 것이요
그들은 공의로 백성을 재판할 것이니라 **19.**너는 재판을 굽게 하지 말며 사람을 외모로 보지 말며 또
뇌물을 받지 말라 뇌물은 지혜자의 눈을 어둡게 하고 의인의 말을 굽게 하느니라 **20.**너는 마땅히 공
의만을 따르라 그리하면 네가 살겠고 네 하나님 여호와께서 네게 주시는 땅을 차지하리라

1. "재판장들은 공의로 재판할 것이라" 하심 (= 재판의 대 원칙은 공의)

18절= "네 하나님 여호와께서 네게 주시는 각 성에서 네 지파를 따라 재판장들과 지도자들을 둘 것이요 그들은 공의로 백성을 재판할 것이니라"

2. "사람을 외모로 보지 말며 또 뇌물을 받지 말라" 하심 (= 재판을 굽게 하는 것은 뇌물)

19절= "너는 재판을 굽게 하지 말며 사람을 외모로 보지 말며 또 뇌물을 받지 말라 뇌물은 지혜자의 눈을 어둡게 하고 의인의 말을 굽게 하느니라"

3. "공의만을 따를 때 땅을 차지하리라" 하심 (= 공의로운 재판장이 받을 복)

20절= "너는 마땅히 공의만을 따르라 그리하면 네가 살겠고 네 하나님 여호와께서 네게 주시는 땅을 차지하리라"

◈◈◈

【대지 유형】 주제 설명형 - 본문 분석형 - 대지 진전형

【주제】 (석의) 공의로운 재판을 굽게 하는 뇌물을 조심하여 하나님의 축복 안에 거하자.

【FCF】 많은 신앙인들이 외모나 뇌물 때문에 판단을 굽게 하는 경향이 많음.

【서론】 하나님은 공의의 하나님. 그리스도인은 공의로운 사회를 만들기 위해 노력할 의무가 있다. 공의가 시행되는 현장은 재판정. 16:18-17:13에서 재판의 원리를 발견한다. 우리가 판단을 내려야 할 때 신 16, 17장은 커다란 지침이 된다.

【우산질문】 본문을 통해 재판에 대한 주님의 가르침을 살펴보자.

【1대지】 뉴욕의 자유의 여신상은 왼손에 법률책, 오른손에 진리와 정의의 상징인 횃불이 있다. 정의가 숨 쉬는 나라, 공의로운 나라를 만들겠다는 의지의 표현이다. 공의로운 재판을 하기 위해 우리는 하나님의 마음을 가져야 한다. 하나님은 의로운 재판장(시7:11)이시다. 출 34;7, "인자를 천대까지 베풀며 악과 과실과 죄를 용서하나 형벌 받을 자는 결단코 면죄하지 않고 아비의 악을 자손 삼사대까지 보응하리라." 하나님은 어떤 상황에서도 이 원칙을 버리지 않으신다. 평정심 유지가 필요하다. 어떻게? ①기도하는 일, ②하나님의 은혜를 생각해야. 판단하는 나는 의롭고 심판받는 사람은 악인이라는 관념을 버려야 한다.

【2대지】 재판을 잘못되게 하는 데는 ①먼저 외모로 판단하는 일. 편견 조심. 범죄형이라는 말 자체가 편견이다. ②그리고 뇌물. 출 23:8, "너는 뇌물을 받지 말라 뇌물은 밝은 자의 눈을 어둡게 하고 의로운 자의 말을 굽게 하느니라." 신 10:17= 하나님은 사람을 외모로 보지 않으시며 뇌물을 받지 않으시는 분. 부정한 뇌물을 받은 사람들의 종말이 어떠한지 잘 보고 깨달아야. 이 시기는 어느 때보다 믿는 사람의 정직이 요구되는 때이다.

【3대지】 공의로우면 첫째로 명예가 따라온다. 잠 22:1, "많은 재물보다 명예를 택할 것이요 은이나 금보다 은총을 더욱 택할 것이니라." 두 번째로 "네가 살아서 약속의 땅을 얻으리라."는 약속. 어디서 산다는 것인가? 지금 광야에서 가나안을 향해 가고 있음. 40년 동안 20세 이상의 남자가 60만 명이 죽었다. 광야는 정말 싫은 곳임에 틀림없다. 하지만 이들을 향해 본문 20절은 말한다. "너는 마땅히 공의만 좇으라 그리하면 네가 살겠고 네 하나님 여호와께서 네게 주시는 땅을 얻으리라." 이 말씀은 최고의 축복이다. 오직 공의만 따르면 나머지는 하나님이 책임지시겠다는 말씀이다.

【결론】 이런 사회를 만들려면 우리의 마음이 올바르게 되어 있어야 한다. 의로우신 재판장 되신 예수님을 본받자.

- 절기, 용도, 장르, 특징:
- Key Word: 공의로운 재판.
- Remarks:

본문 : **신 17:14-20**

제목 : **왕에 대한 교훈**

14.네가 네 하나님 여호와께서 네게 주시는 땅에 이르러 그 땅을 차지하고 거주할 때에 만일 우리도
우리 주위의 모든 민족들 같이 우리 위에 왕을 세워야겠다는 생각이 나거든 **15.**반드시 네 하나님 여
호와께서 택하신 자를 네 위에 왕으로 세울 것이며 네 위에 왕을 세우려면 네 형제 중에서 한 사람을
할 것이요 네 형제 아닌 타국인을 네 위에 세우지 말 것이며 **16.**그는 병마를 많이 두지 말 것이요 병
마를 많이 얻으려고 그 백성을 애굽으로 돌아가게 하지 말 것이니 이는 여호와께서 너희에게 이르시
기를 너희가 이 후에는 그 길로 다시 돌아가지 말 것이라 하셨음이며 **17.**그에게 아내를 많이 두어
그의 마음이 미혹되게 하지 말 것이며 자기를 위하여 은금을 많이 쌓지 말 것이니라 **18.**그가 왕위에
오르거든 이 율법서의 등사본을 레위 사람 제사장 앞에서 책에 기록하여 **19.**평생에 자기 옆에 두고
읽어 그의 하나님 여호와 경외하기를 배우며 이 율법의 모든 말과 이 규례를 지켜 행할 것이라 **20.**그
리하면 그의 마음이 그의 형제 위에 교만하지 아니하고 이 명령에서 떠나 좌로나 우로나 치우치지 아
니하리니 이스라엘 중에서 그와 그의 자손이 왕위에 있는 날이 장구하리라

1. 왕의 자격 : 하나님이 택하신 자, 형제 중에서 택해야 함

15절= "반드시 네 하나님 여호와께서 택하신 자를 네 위에 왕으로 세울 것이며 네 위에 왕을 세우려면 네 형제 중에서 한 사람을 할 것이요 네 형제 아닌 타국인을 네 위에 세우지 말 것이며"

2. 왕이 하지 말아야 할 것 : 병마와 아내와 은금을 많이 두지 말 것

16-17절= "그는 병마를 많이 두지 말 것이요 병마를 많이 얻으려고 그 백성을 애굽으로 돌아가게 하지 말 것이니 이는 여호와께서 너희에게 이르시기를 너희가 이 후에는 그 길로 다시 돌아가지 말 것이라 하셨음이며 그에게 아내를 많이 두어 그의 마음이 미혹되게 하지 말 것이며 자기를 위하여 은금을 많이 쌓지 말 것이니라"

3. 왕이 해야 할 일 : 성경을 옆에 두고 읽을 것, 이 말씀을 지켜 행할 것

19절= "평생에 자기 옆에 두고 읽어 그의 하나님 여호와 경외하기를 배우며 이 율법의 모든 말과 이 규례를 지켜 행할 것이라"

◈◈◈

【대지 유형】 주제 함축형 - 본문 묶음형 - 대지 연결형

【주제】 (적용) 교회 일꾼은 신앙이 있는 자 중에서 뽑되 그는 물질 문제와 윤

리에 바로 서서 항상 말씀을 가까이 할 것이다.
【FCF】 많은 교회 일군들이 말씀을 가까이 하는 면에 부족함.

【서론】 하나님은 이스라엘이 가나안에 정착하면 여러 법과 제도가 필요할 것을 아셨다. 그 법을 집행하는 사람이 올바르지 못하면 많은 문제가 발생할 것을 아셨다. 앞에서 제사장에 대해, 그리고 본문은 왕에 대해, 또 18장 이후부터는 레위인과 제사장에 대한 교훈이 따른다. 이스라엘이 가나안에 들어가면 왕을 세우게 될 것. 사무엘 시대에 이런 일이 발생했다. 이럴 것을 대비하여 하나님은 미리 대비책을 세워 두셨다.
【우산질문】 본문을 통하여 왕에 대한 교훈을 살펴보자.

【1대지】 세상적인 자격과는 판이하게 다르다. 왕을 세움으로 당하는 피해를 최소화하고 하나님의 뜻을 펴시기 위해 세우신 조건. ①하나님이 택하신 자를 세워라. 왜? 이스라엘은 하나님의 택한 백성이기 때문. 신정국가이기 때문. 예)다윗의 간택. ②또다른 기준은 형제 중에서 택하라는 것. 왕은 이방인이어서는 안 된다. 그는 하나님의 뜻대로 나라를 다스리는 자여야 한다. 교회의 일꾼 선택할 때의 기준도 그러하다.
【2대지】 군비확장을 하지 말고(권세 탐하지 말고) 애굽과 통상하지 말라. 백성들을 먼저 생각하고 우상을 끊으라. 성을 탐하지 말라. 어리석은 부자가 되지 말라. 마술사 시몬의 예를 기억하라.
【3대지】 말씀을 옆에 두고 읽으라는 것은 항상 하나님의 대리자임을 깨닫게 하는 것. 말씀대로 지켜 행하면 왕권이 장구하리라 하심.
【결론】 모든 그리스도인들, 특히 교회의 지도자들에게 주시는 말씀이다.

- 절기, 용도, 장르, 특징: 위임식, 취임식.
- Key Word: 왕, 지도자.
- Remarks:

본문 : **신 18:1-8**

제목 : **레위인**

1.레위 사람 제사장과 레위의 온 지파는 이스라엘 중에 분깃도 없고 기업도 없을지니 그들은 여호와의 화제물과 그 기업을 먹을 것이라 **2.**그들이 그들의 형제 중에서 기업을 가지지 않을 것은 여호와께서 그들의 기업이 되심이니 그들에게 말씀하심 같으니라 **3.**제사장이 백성에게서 받을 몫은 이러하니 곧 그 드리는 제물의 소나 양이나 그 앞다리와 두 볼과 위라 이것을 제사장에게 줄 것이요 **4.**또 네가 처음 거둔 곡식과 포도주와 기름과 네가 처음 깎은 양털을 네가 그에게 줄 것이니 **5.**이는 네 하나님 여호와께서 네 모든 지파 중에서 그를 택하여 내시고 그와 그의 자손에게 항상 여호와의 이름으로 서서 섬기게 하셨음이니라 **6.**이스라엘 온 땅 어떤 성읍에든지 거주하는 레위인이 간절한 소원이 있어 그가 사는 곳을 떠날지라도 여호와께서 택하신 곳에 이르면 **7.**여호와 앞에 선 그의 모든 형제 레위인과 같이 그의 하나님 여호와의 이름으로 섬길 수 있나니 **8.**그 사람의 몫은 그들과 같을 것이요 그가 조상의 것을 판 것은 별도의 소유이니라

1. "레위인은 하나님을 의존하고 기업을 갖지 말라" 하심 (= 주의 종은 하나님의 공급에 의존)

1-2절= "레위 사람 제사장과 레위의 온 지파는 이스라엘 중에 분깃도 없고 기업도 없을지니 그들은 여호와의 화제물과 그 기업을 먹을 것이라 그들이 그들의 형제 중에서 기업을 가지지 않을 것은 여호와께서 그들의 기업이 되심이니 그들에게 말씀하심 같으니라"

2. "이스라엘은 제사장(레위인)을 후원하라" 하심 (= 주의 종을 물질로 섬김)

3-4절= "제사장이 백성에게서 받을 몫은 이러하니 곧 그 드리는 제물의 소나 양이나 그 앞다리와 두 볼과 위라 이것을 제사장에게 줄 것이요 또 네가 처음 거둔 곡식과 포도주와 기름과 네가 처음 깎은 양털을 네가 그에게 줄 것이니"

3. "백성들은 레위인을 보호하라" 하심 (= 주의 종 보호)

6-7절= "이스라엘 온 땅 어떤 성읍에든지 거주하는 레위인이 간절한 소원이 있어 그가 사는 곳을 떠날지라도 여호와께서 택하신 곳에 이르면 여호와 앞에 선 그의 모든 형제 레위인과 같이 그의 하나님 여호와의 이름으로 섬길 수 있나니"

◈◈◈

【대지 유형】 주제 설명형 - 본문 묶음형 - 대지 연결형

【주제】 (석의) 하나님은 레위인의 공급자로서 이스라엘이 레위인을 섬기고 보호하도록 하셨다.
【FCF】 많은 신앙인들이 레위인에 해당하는 목회자에게 마땅한 서포트를 하는 일에 미온적임.

【서론】 하나님은 성전에서 하나님의 일을 할 지파로 레위지파를 지명하심. 그들은 군대 숫자에서 계수되지 않음. 기업이나 땅 없음. 군대 징집도 안 되고 농사도 짓지 않는다. 이 시대의 목회자들과 같다.
【우산질문】 레위인에 대한 가르침에서 오늘날 목회의 섬김 문제까지 살펴보자.

【1대지】 레위인에 대해서는 앞서 10장 8-9절에서 말씀하심. 레위인은 사람들이 자신의 기업을 위하여 애쓸 때에 그들을 위한 목회적 보살핌, 예배 인도, 훈계 등 영적인 돌봄에 주력해야 한다. 내 삶의 우선순위가 무엇인가. 믿음으로 산다는 것이 무슨 의미인가. 똑같은 일을 해도 믿음으로 하는 사람은 '이 일을 통해 하나님을 나타내야지'라고 생각한다. 믿음으로 하지 않는 사람은 '이 일을 통해 돈 벌어야지'라고 생각한다.
【2대지】 백성은 최상의 것을 제사장에게 드려야 했다. 두 번 세 번 강조하여 명령하심. 목회자가 오직 목회에 진력하게 하기 위하여 교회는 도와야. 제사장과 레위인의 생활을 후원하라. 신 12:19, "너는 삼가서 네 땅에 거하는 동안 레위인을 저버리지 말지니라." 갈 6:6, "가르침을 받는 자는 말씀을 가르치는 자와 모든 좋은 것을 함께 하라."
【3대지】 레위인은 어디서 어떤 사역을 하든지 이스라엘은 그를 후원해야. 자신의 주장이나 텃세를 부리지 말라. 언제나 변함없이 서로를 신뢰하고 인정하여 주라. 나는 누구의 후원자가 될 것인가를 생각해보라. 여러분은 일차적으로 목회자의 서포터이다. 갈 6:2, "너희가 짐을 서로 지라 그리하여 그리스도의 법을 성취하라."
【결론】 교회가, 성도가, 그리고 목회자와 성도가 하나 되어야.

- 절기, 용도, 장르, 특징: 노회예배, 위임식.
- Key Word: 레위인.
- Remarks:

본문 : **신 21:1-9**
제목 : **대속(代贖)의 과정**

1.네 하나님 여호와께서 네게 주어 차지하게 하신 땅에서 피살된 시체가 들에 엎드러진 것을 발견하고 그 쳐죽인 자가 누구인지 알지 못하거든 **2.**너희의 장로들과 재판장들은 나가서 그 피살된 곳의 사방에 있는 성읍의 원근을 잴 것이요 **3.**그 피살된 곳에서 제일 가까운 성읍의 장로들이 그 성읍에서 아직 부리지 아니하고 멍에를 메지 아니한 암송아지를 취하여 **4.**그 성읍의 장로들이 물이 항상 흐르고 갈지도 않고 씨를 뿌린 일도 없는 골짜기로 그 송아지를 끌고 가서 그 골짜기에서 그 송아지의 목을 꺾을 것이요 **5.**레위 자손 제사장들도 그리로 갈지니 그들은 네 하나님 여호와께서 택하사 자기를 섬기게 하시며 또 여호와의 이름으로 축복하게 하신 자라 모든 소송과 모든 투쟁이 그들의 말대로 판결될 것이니라 **6.**그 피살된 곳에서 제일 가까운 성읍의 모든 장로들은 그 골짜기에서 목을 꺾은 암송아지 위에 손을 씻으며 **7.**말하기를 우리의 손이 이 피를 흘리지 아니하였고 우리의 눈이 이것을 보지도 못하였나이다 **8.**여호와여 주께서 속량하신 주의 백성 이스라엘을 사하시고 무죄한 피를 주의 백성 이스라엘 중에 머물러 두지 마옵소서 하면 그 피 흘린 죄가 사함을 받으리니 **9.**너는 이와 같이 여호와께서 보시기에 정직한 일을 행하여 무죄한 자의 피 흘린 죄를 너희 중에서 제할지니라

1. "피살된 곳에서 제일 가까운 성읍의 멍에 메지 아니한 암송아지를 취하라" 하심 (= 희생제물을 선택하는 과정, 죄 없으신 희생제물 예수)

3절= "그 피살된 곳에서 제일 가까운 성읍의 장로들이 그 성읍에서 아직 부리지 아니하고 멍에를 메지 아니한 암송아지를 취하여"

2. "물이 항상 흐르는 골짜기에서 송아지의 목을 꺾으라" 하심 (= 희생제물로 죽임 당하는 과정, 예수 그리스도로 말미암은 영원한 속죄)

4절= "그 성읍의 장로들이 물이 항상 흐르고 갈지도 않고 씨를 뿌린 일도 없는 골짜기로 그 송아지를 끌고 가서 그 골짜기에서 그 송아지의 목을 꺾을 것이요"

3. "주의 백성을 사하시고 무죄한 피를 머물러 두지 마옵소서"라고 기도케 하심 (= 죄 고백과 용서함을 받는 과정, 죄에 대해 슬퍼하며 회개하는 것)

7절= "말하기를 우리의 손이 이 피를 흘리지 아니하였고 우리의 눈이 이것을 보지도 못하였나이다 여호와여 주께서 속량하신 주의 백성 이스라엘을 사하시고 무죄한 피를 주의 백성 이스라엘 중에 머물러 두지 마옵소서"

◈◈◈

【대지 유형】 주제 적용형 – 본문 묶음형 – 대지 진전형
【주제】 (적용) 희생 제물로 삼은 암송아지를 선택하고 죽임당하는 과정, 그리고 죄 용서함을 받는 과정은 예수 그리스도의 십자가 대속의 모든 것을 상징한다.
【FCF】 많은 신앙인들이 예수님의 대속의 역사성에 대해 관심이 부족하다.

【서론】 살인죄. 사회적 책임, 공동체적 책임도 말해야 한다. 살인자의 가정 환경과 관계된 사회적 책임도 있다. 본문에는 살인자 한 사람만이 아닌 사회 공동체가 그 책임을 함께 하고 있다. 1절에, 피살된 시체가 들에서 발견. 각 성읍의 원근을 재어 제일 가까운 성읍부터 조사. 죄는 인식도 중요하지만 죄를 용서함 받는 것이 더 중요. 그래서 하나님이 주신 대속의 방법으로써 암송아지를 죽이는 것.
【우산질문】 본문을 통하여 대속의 과정 세 단계를 찾아보자.

【1대지】 살인으로 인한 부정을 씻기 위해 암송아지를 희생 제물로 삼으라고 하심. 어떤 암송아지? 아직 부리지 아니하고 멍에를 메지 아니한 암송아지. 멍에=죄로 인한 고통 상징. 그러므로 이는 죄가 없는 희생 제물을 의미한다. 히 4:15. 벧전 2:22. 동정녀의 몸에서 나신 그리스도.
【2대지】 암송아지의 목을 꺾는 곳은 매우 상징적인 의미를 내포한다. 물이 흐른다= 살인자의 죄악을 성읍 백성들에게서 멀리 옮긴다는 상징적인 행동. 항상 흐르는 곳= 영원히 떠나보낸다는 의미. '갈지도 심지도 못하는 골짜기'= 험한 땅, 황량한 골고다 언덕 상징.
【3대지】 성읍 장로들은 백성들의 대표 자격으로 암송아지 위에 손을 씻으며 말했다. 영적 고백, 죄에 대해 슬퍼하며 탄식하는 것. 하나님은 암송아지의 죽임을 통해 백성들을 죄의 오염으로부터 깨끗하게 보호하시고, 성결을 방해하는 모든 죄악을 끊어버리려 하셨다.
【결론】 형제의 죄에 대해 공동체적 책임을 갖자. 우리 자신의 죄만이 아니라 형죄의 죄, 공동체의 죄를 안고 회개해야겠다.

- 절기, 용도, 장르, 특징: 상징주의 해석.
- Key Word: 대속.
- Remarks:

본문 : **신 33:26-29**

제목 : **이스라엘이여, 너는 행복자로다 (Happy art thou, O Israel)**

26.여수룬이여 하나님 같은 이가 없도다 그가 너를 도우시려고 하늘을 타고 궁창에서 위엄을 나타내
시는도다 **27.**영원하신 하나님이 네 처소가 되시니 그의 영원하신 팔이 네 아래에 있도다 그가 네 앞
에서 대적을 쫓으시며 멸하라 하시도다 **28.**이스라엘이 안전히 거하며 야곱의 샘은 곡식과 새 포도
주의 땅에 홀로 있나니 곧 그의 하늘이 이슬을 내리는 곳에로다 **29.**이스라엘이여 너는 행복한 사람
이로다 여호와의 구원을 너 같이 얻은 백성이 누구냐 그는 너를 돕는 방패시요 네 영광의 칼이시로다
네 대적이 네게 복종하리니 네가 그들의 높은 곳을 밟으리로다

1. 여호와께서 놀라운 권능으로 구원해 주셨기 때문 (= 구원의 복)

29절= "이스라엘이여, 너는 행복한 사람이로다 여호와의 구원을 너 같이 얻은 백성이 누구냐…"

2. 여호와께서 방패와 칼이 되어 보호해주시기 때문 (= 도우심과 보호의 복)

29절= "… 그는 너를 돕는 방패시요 네 영광의 칼이시로다…"

3. 여호와께서 대적에게서 승리를 거두게 하실 것이기 때문 (= 승리의 복)

29절= "… 네 대적이 네게 복종하리니 네가 그들의 높은 곳을 밟으리로다"

◈◈◈

【대지 유형】 이유 제시형 - 본문 분석형 - 대지 심화형

【주제】 (적용) 하나님의 백성인 우리는 구원의 복, 도움과 보호의 복, 그리고 승리의 복으로 넘치는 사람들이다.

【FCF】 하나님의 현재적인 도우심과 보호를 확신하는 신앙인들이 부족함.

【서론】 사람은 본래 행복한 존재로 창조되었다. 에덴동산의 아담과 하와는 하나님의 형상을 가진 완전한 자아 정체감의 소유자였을 뿐 아니라 완벽한 환경 속에서 하나님과 온전한 소통을 누렸던 행복한 사람들이었다. 그러나 그들이 범죄하여 타락하자 하나님과의 소통이 끊어졌고, 그들이 가졌던 하나님의 형상은 무참히 훼손되었다. 이제 사람은 더 이상 행복할 수가 없게 되었고, 설상가상으로 사탄과 그의 무리들이 사람의 주변을 더욱 황폐하게 했다. 그런데 성경은 이스라엘을 행복한 사람이라고 했다. 본문은 출애굽을 이끌었던

모세가 광야생활 40년을 정리하면서 죽음을 앞두고 이스라엘 백성을 지파별로 축복하던 메시지의 결론 부분이다. "이스라엘이여 너는 행복한 사람이로다." 이스라엘은 행복할 수밖에 없는 존재라는 말이다.
【우산질문】 이스라엘이 행복자인 이유가 무엇인가?

【1대지】 이스라엘이 행복자인 것은 여호와 하나님이 그들을 놀라운 권능과 표적으로 구원해 내셨기 때문이다. 이스라엘이 누리는 복은 구원의 복이다. 본 절에서 말하는 구원이란 고난과 질병과 기근과 전쟁과 위험 등으로부터 건짐 받음을 의미한다. 죄 문제 해결 없이는 그 누구도 참된 평안과 자유를 누릴 수 없다. 신약의 교회는 구약 이스라엘에 비해 훨씬 더 분명하고 확실한 구원의 복을 누리는 행복자이다. 이 행복을 아브라함이, 모세가, 다윗이, 그리고 사도들과 사도행전 교회의 성도들과 교회사 2000년 동안 신앙의 선진들이 마음껏 누렸다.
【2대지】 이스라엘이 행복자인 것은 여호와 하나님이 그들의 방패와 칼이 되어 그들을 도우시며 보호해주시기 때문이다. 이스라엘이 누리는 복은 도우심과 보호의 복이다. 그와 마찬가지로 예수 그리스도 안에서 영적 이스라엘로 부름받은 성도들 역시 하나님의 도우심과 보호하심을 받는 행복자이다. 여호와는 이스라엘을 돕는 방패= 이스라엘 백성의 모든 삶의 영역에서 그들을 도우시며 보호하시는 분. 주님은 지금도 말씀과 성령으로 우리와 함께하시며 우리를 도우시고 우리를 보호해 주신다.
【3대지】 이스라엘이 행복자인 것은 하나님이 이스라엘로 하여금 대적의 높은 곳을 밟아 대적이 이스라엘에게 복종하게 하실 것이기 때문이다. 이스라엘이 누릴 복은 승리의 복이다. 그와 마찬가지로 예수님을 믿어 영적 이스라엘로 부름받은 우리 또한 영적 권세를 받아 사탄의 모든 세력을 이기고 승리하게 될 행복자이다. 예수 그리스도의 강림하시는 날에 대적들은 심판을 받지만 하나님의 백성들은 주님과 함께 영원토록 왕 노릇할 것이다.
【결론】 "이스라엘이여, 너는 행복한 사람이로다." 하나님의 백성인 우리는 구원의 복, 도움과 보호의 복, 그리고 승리의 복으로 넘치는 사람들이다.

- 절기, 용도, 장르, 특징:
- Key Word: 행복.
- Remarks:

| 부록 1 |

강해대지설교 클리닉 수료자들의 소감문

(아래의 글은 지난 4년 동안 전국 각지에서 2박 3일씩 60회 이상 진행되어 온 설교클리닉을 수료한 목회자들이 마지막 시간에 현장에서 직접 기록한 소감문의 일부이다.)

강 ○○ 목사 (○○○교회)

저는 설교자로서 부족함을 느끼면서도 그래도 잘하려고 노력은 하고 있고 나름대로 괜찮은 설교자라고 생각해 왔습니다. 그러던 중 박순오 목사님의 강해대지설교 클리닉을 통해서 많은 점을 깨닫고 배우게 되었습니다.

제 설교가 하나님께서 원하시는 설교와 거리가 제법 멀어질 때가 있고 성도들의 삶을 변화시키지 못하는 원인을 발견하게 되었습니다.

이번 설교 클리닉을 통해서, 나의 의도가 아닌 하나님의 뜻대로 설교하고 나의 방법이 아닌 성경대로, 사람들이 원하는 설교가 아닌 하나님이 원하시는 설교, 그리고 성도들에게 꼭 필요한 설교를 할 수 있는 길을 찾게 되었습니다.

앞으로 하나님이 원하시는 설교, 성도들을 변화시키는 설교, 설교자로서 후회 없는 설교를 하기 위해 박순오 목사님께 많은 도움 받아야겠습니다. 감사합니다.

허 ○○ 목사 (○○ 축복교회)

박순오 목사님의 강해대지설교 클리닉을 통해 강해대지설교의 진수를 배운 것 같아 너무 기쁘고 감사하게 생각한다.

언제부터인가 설교의 중요성을 깨닫게 되었고 설교자로서 저의 무능함을 보게 되었다. 성도들이 변화되지 않는 설교, 앵무새처럼 되뇌이는 설교, 무엇을 어떻게 설교해야 할지 몰랐기 때문이다.

용인에서 박순오 목사님의 2박 3일 설교클리닉이 있다는 소식을 듣고 약간의 갈등이 왔다. 참여할까 말까. 요즘은 설교에 관심을 갖고 조금씩 배우고 있던 터라 갈등이 생겼던 것이다.

강해대지설교를 정식적으로 접해 보지 못했던 터라 참석하기로 결단을 하고 등록을 하고 2박 3일동안 성실하게 수업에 참여했다. 한마디로 말하면 참석하게 된 것이 너무 잘했다는 생각이 들었다.

폭넓고 깊은 주제를 관철하는 설교의 능력은 타의 추종을 불허하겠다는 생각이 들었다. 이렇게 다양하고 오묘한 팩트들을 프레임화해서 수십 가지의 다양한 패턴의 설교의 집중력을 키워주는 설교가 또 있을까? 정말 놀랍고 놀라웠다. 너무 감사하고 감사할 뿐이다.

저에게는 가장 귀한 은혜의 선물이었음을 고백합니다. 귀한 강해대지 설교 작성법을 전수해 주신 박순오 목사님께 감사 감사를 드립니다.

조 ○○ 목사 (○○○교회)

소풍을 기다리는 어린아이처럼 내 마음은 기대와 기쁨으로 둥둥 떠 있다. 두 번째의 박순오 목사님 강해대지설교 클리닉에 참석하였지만, 더욱 새롭고 새큼하고 달콤하여 얼마나 맛있게 만나를 먹었는지 모른다. 안수 받은 지 6개월 밖에 안 된 목사 초년생이지만 마치 천하를 얻은 느낌이다. '설교로 목회한다'는 박 목사님의 말씀에 절로 고개가 숙여진다.

설교 사역에 대한 마음이 새벽 안갯속을 걷듯 희미했던 나에게 정오의 찬란한 햇빛이 들어오듯 밝고 소망에 찬 마음으로 가득 차진다. 본 과정을 마치니 설교의 기본틀이 눈에 확 들어온다. 나도 잘할 수 있다는 용기가 생긴다. 마치 골리앗을 물리친 소년 다윗의 자신감이랄까.

70년의 인생 노하우를 2, 3일에 다 전수받지 못하지만, 박 목사님의 농축된 교육을 통해 나에겐 그대로 성령의 말씀이 되어 너무너무 좋다. 다음에도 꼭 참석해야겠다.

김 ○○ 목사 (○○○○교회)

박순오 목사님의 강의는 2015년 가을 화성 지역에서 실시한 설교클리닉에서 처음 접하게 되었습니다. 그때에는 참으로 사막에서 생수를 만난 듯 좋았지만, 막상 설교를 작성하는 데에는 쉽지 않았습니다.

그러다가 2016년이 지나고 2017년을 맞아 설교에 대한 갈급함이 점점 커졌는데, 박목사님의 강해대지설교 클리닉이 수원에서 열린다는 소식을 듣게 되어 다시 처음 시작하는 마음으로 참여하였습니다. 강의를 들으면서, 그리고 실습에 참여하면서 감동이 되었고, "바로 이거야!" 하는 확신이 들어오게 되었습니다.

문제는 제가 설교작성준비에 있어 관찰과 해석이 약하다는 사실입니다. 그렇지만 집중하여 박 목사님의 반복되는 강의 말씀을 들으면서 깨달음이 왔고, 뭔가 잡힐 듯한 확신이 들어오게 되었습니다.

그동안 하나님의 말씀을 맡은 설교자로서 설교 준비에 칼을 갈지 못했음을 회개하며 첫사랑 첫 열정을 되새기면서, 설교로 목회하는 삶을 결단하였습니다.

박순오 목사님, 수고하셨습니다. 아직은 미숙하고 약하지만 말씀을 붙들고 씨름하겠습니다. 감사합니다.

고 ○○ 목사 (○○○○교회)

제42차 강해대지설교 클리닉에 참여하였다. 설교를 3대지 강해설교를 한다고 하였다. 나는 내 설교에 무언가 부족함을 느끼고 있었다. 이번 클리닉을 통해서 나의 설교에 대한 부족한 점을 정확하게 알 수 있었다.

특히『대지해석』부분이 마음에 확 다가왔다. '『대지해석』이 없어서 나의 설교가 풍성한 은혜도 없었고 적용도 없었구나'라고 생각하게 되었다.

설교준비와 작성에 대해 새롭게 점검하게 되게 하시고, 새 지평을 열어주신 목사님께 감사드립니다. 많은 목회자들이 이 설교클리닉을 통해서 많은 도움을 받았으면 합니다.

최 ○○ 목사 (수원 ○○교회)

40여 년 강단에서 말씀을 선포해 오면서도 늘 마음 한구석에는 아련함이 있었습니다. 이번 수원에서 실시된 제42기 강해대지설교 클리닉을 통해서 다시 한번 설교를 돌아보게 되었습니다.

강해대지설교의 위대함을 깨달았습니다. 아직도 이런 좋은 설교클리닉을 접하지 못하고 있는 동역자들에게 알려서 좋은 것을 함께 공유하여 한국교회의 강단에 새로운 바람을 일으키는 데 노력하겠습니다.

좋은 강의를 해주신 박순오 목사님의 열정어린 헌신적인 봉사에 감사를 드립니다.

윤 ○○ 목사 (수원 ○○○교회)

그동안 성경 말씀만을 강단에서 전하려고 힘써 왔는데, 금번 강해대지설교 클리닉을 통하여 설교의 틀을 다시 한번 알게 됨을 감사드립니다.

설교 작성 방법의 룰을 따라 준비하는 설교는 앞으로 목회하는 데 많은 도움이 될 것이라 생각되며, 강단에서 선포되는 말씀들이 더욱 힘 있고 살아 있는 말씀이 될 것입니다.

강해대지설교 클리닉을 통하여 본 교회에서 참 진리만이 선포될 때 교회의 새로운 부흥의 장이 펼쳐질 것이라 생각합니다.

조○○ 목사 (○○○○교회)

용인 지역에서 두 번째로 박순오 목사님의 설교클리닉을 개최하게 되었고, 저는 귀한 가르침으로 성경을 보는 눈과 본문의 의도를 파악하는 능력을 갖는 데 많은 도움을 받게 되었습니다.

제목과 대지를 진리의 말씀 안에서 뽑아내고자 하는 노력의 결과가 이루어가는 나의 모습에 놀라움을 금치 못하였습니다. 이제야 성경을 보는 눈이 열려가는 것을 알게 되었고, 설교는 그 진리의 말씀을 선포하여 삶에 적용시키는 것임을 알게 되었습니다.

더욱 더 노력하여 진리의 말씀을 가감 없이 전하는 설교자가 되기를 다짐합니다. 귀한 깨달음으로 나아갈 수 있도록 지도해 주신 박순오 목사님께 감사드리며, 세 번째 강해대지설교 클리닉이 기대됩니다. 2박 3일 동안 열과 성을 다해 가르쳐 주셔서 감사합니다.

한 ○○ 목사 (○○○교회)

이번 제55기 강해대지설교 클리닉은 제가 세 번째로 참여한 클리닉입니다. 들을수록 강해대지설교가 너무나 좋습니다. 각 대지의 진술이 우리에게 교훈을 주는 진리가 되어야 한다는 말씀이 마음에 새겨집니다.

작년 11월 이천에서 첫날 25명이 참석했는데, 홈웍을 주고 다음날 아침에 설교 발표를 한다고 하니 10명 정도만 남아 공부했습니다. 자신감 없는 분들을 위해서 설교 작성을 함께해 보든지, 아니면 강사님이 작성하신 것을 함께 공부하는 것도 좋을 것 같습니다.

그럼에도 본문을 가지고 직접 작성해서 설교 발표를 하고 강사님의 강평과 교정을 받아보는 것이 설교 훈련을 위해서는 반드시 필요하다고 사료됩니다. 감사합니다.

장 ○○ 목사 (○○○교회)

참으로 귀하고 복된 시간이었습니다. 작년 10월 처음으로 설교클리닉에 참석해서 많은 도전과 은혜를 받았습니다. 이번 2차로 참석했는데 첫 번보다 효과와 은혜가 갑절이 되었습니다.

들으면 들을수록 새롭고 정리가 잘 되고 평소에 설교 작성에 거룩한 부담감과 고민이 많았는데 어느 정도 자신(?)이 생겼고 용기가 되었습니다. 그리고 설교뿐만 아니라 풍부한 목회 경험을 통하여 다양한 목회 리서치를 해 주셔서 큰 도움이 되었습니다.

두 번 참석해서 더욱 발전하고 성숙한 느낌이 들었습니다. 특히 참석자들이 설교를 작성하여 발표하는 현장에서 직접 평가와 교정도 해 주셔서 성숙한 설교 내용이 되게 다듬어주셔서 유익하였습니다.

"설교로 목회하라"를 평생 교훈 삼아 본문의 의도에 충실한 성경적 대지 설교를 위해 노력하겠습니다. 늘 겸손히 열정적인 강의를 해 주셔서 감사드립니다. 존경합니다.

김 ○○ 목사 (순복음 ○○교회)

늘 고민하고 생각해온 것이 성경을 읽고 성도들에게 하나님의 말씀을 시간시간 잘 풀어서 선포하는 것이었습니다. 그런데 지금까지 나의 설교는 자신감 결여, 주석책 읽기, 혹 가끔 표절 등등 여러 모습으로 예배에 임해 왔습니다. 이번 54기 강해대지설교 클리닉을 통해 나의 설교 사역을 새롭게 건축할 수 있게 되어 감사드립니다.

매시간마다 기초부터 이론적인 부분부터 시작하여 실제 적용할 수 있도록 훈련을 받는 것이 참으로 유익했습니다. 또 반복하여 설명을 들으며 설교문을 작성하고, 또 동역자들 앞에서 설교 시연을 한다는 것이 왠지 쑥스럽고 이상한 느낌도 들지만, 사랑하는 성도들에게 하나님의 말씀을 말씀답게 선포할 수 있도록 훈련받을 수 있음을 생각할 때 참으로 유익한 시간입니다.

앞으로도 말씀 선포를 체계적으로 잘할 수 있도록 반복적으로 숙달하여 주님께 영광을 돌리겠습니다.

전 ○○ 목사 (○○교회)

지금까지 내 나름대로 대지 설교를 해 왔다. 그러나 금번 박순오 목사님의 강해대지설교 클리닉을 통하여 그동안의 설교가 너무 약했음을 절실히 느끼게 되었다.

설교의 제목을 정하는 것부터 각 대지를 정하여 주제를 작성하고 설교 전체를 완성하는 데 있어서 체계적인 방법을 배움으로써 각 대지의 진술과 대지 해석, 그리고 대지 전개의 세 요소인 설명－예증－적용을 지금까지 보다는 비교되지 않을 정도로 부요하고 힘있게 전달할 수 있게 되었다.

수고하신 박 목사님께 감사드리며, 앞으로 더 많은 코칭을 받는다면 나도 훌륭한 설교자가 될 수 있겠다는 확신을 갖게 되었다.

김 ○○ 목사 (○○교회)

그동안 나름대로 설교를 해오기는 했지만 성경 본문에서 주시는 하나님의 뜻을 잘 분석하지 못하고 적용도 제대로 하지 못한 것 같다.

그동안 설교문을 조직적 체계적인 방법으로 작성하지 못했었는데, 이번 박순오 목사님의 설교 클리닉을 통해서 하나님 뜻에 맞는 강해대지설교를 체계적으로 작성하고(제목 정하기, 주제 잡기, 대지 해석과 대지 전개의 세 요소를 충실히 채워나가기 등) 효과적으로 전달하는 방법을 배우게 되어 기뻤고, 매우 유익한 시간이 되었다.

앞으로 좀 더 배우고 많은 연습을 통해서 생기가 넘치는 설교를 매 주일 강단에서 선포하는 목사가 되고 싶다.

권 ○○ 목사 (○○○교회)

사실 설교자로서 자신이 전하는 말씀이 성도들을 살리는 말씀이 되어서 성도들을 말씀대로 변화 받도록 인도해야 하는데, 늘 말씀 전하는 것에 대해 부족함을 느껴오던 중이었습니다.

그런데 우리 지역에서 멀지 않은 이천에서 강해대지설교 클리닉을 실시한다는 소식을 접하고 참석했습니다. 처음에는 나의 고정 관념 때문인지 무슨 소리를 하는지 잘 알지 못했습니다.

차츰 강사 목사님의 가르침 속에서 꼭 이것을 알려주어서 성경대로 예수님의 심정으로 전하고자 하시는 열정과 간절함을 보게 되었고, 희미했던 설교 작성법의 내용들이 강의를 통하여 양파 껍질이 벗겨지듯 벗겨지는 것을 깨달았습니다.

이번 클리닉은 내게 있어 본문의 의도에 충실한 설교를 주제 중심 적용 중심으로 잘 작성하여 전하고자 하는 변환점이 되었습니다. 본 강해대지설교 클리닉이 전국적으로 확산되어 다시 한번 한국교회 강단에 성령의 불이 떨어지고 변화되는 역사가 나타나길 기도합니다.

김 ○○ 목사 (○○교회)

목회자의 끝없는 고민은 섬기는 교회의 부흥 그리고 생기 넘치는 설교에 있을 것이다. 성도가 받는 말씀 중 설교가 차지하는 비중이 95% 이상이라는 강사 목사님 말씀에 많은 생각을 하게 되었다.

목회자의 강단 설교가 성도의 인생을 바꾸는 것이 확실한데, 나의 설교는 어떠했는가... 돌아본다. 10년 이전부터 수백만 원 하는 설교 세미나를 다니고서도 여전히 설교는 부담이고 넘기 어려운 산이다.

박순오 목사님의 설교 클리닉을 한 번 들어보려는 마음으로 가볍게 참석했는데, 이틀간의 강의와 설교 시연과 강평을 통해서 충격을 받았다. 사실 나름대로 설교에 자신이 있다고 생각해 왔는데, 지금 여지없이 박살난 느낌이다.

다시 도전해보고 싶다. 생기를 담아 외치는 설교자로 세워지고 싶다. 기대를 가지고 다시 시작한다. 목사님, 감사합니다

김 ○○ 목사 (○○○○교회)

지금까지 설교하면서 FCF(Fallen Condition Focus, 타락한 상태 초점 맞추기)도 파악하지 않고, 설교 목표도 잡지 않은 채 아무런 방향성 없는 설교를 하였다.

이야기식 설교를 한답시고 대지도 잡지 않았다. 그나마 예화도 별로 하지 않고 성경 중심으로 한 덕분에, 소 뒷걸음 치다 쥐 잡듯이, 가끔씩 성도들로부터 은혜받았다는 말을 듣곤 했다.

늘 아쉬운 것은 내 설교는 진리의 선포가 아니라 설명문이었다는 사실이었다. "이 구절은, 이 단어는 이런 뜻입니다" 하며 주석책의 역할을 대신하고 있었다. 하나님의 말씀 선포인 설교가 아니라 강의를 예배 시간에 하고 있었다. 신학교를 다녔지만 설교가 무엇인지도 정리하지 못한 채 졸업한 것 같다.

이번에 배운 것을 100으로 볼 때 그동안 알고 있던 것은 10도 채 되지 않는다. 이번 설교 클리닉의 전 과정은 내게는 가히 혁명이라고 할 수밖에...

설교가 손에 잡히기 시작한다. 이번에 홈웍으로 작성해 본 두 개의 본문을 더 다듬어서 완벽히 한 다음, 우리 교회 강단에서 최대한 빨리 설교하고 싶다.

(나의 간증) 하나님께서 저를 여기로 보내셨습니다. 설교자를 찾으시는 하나님께서 저같은 그릇이라도 쓰셔야겠기에 저를 여기로 보내셨습니다. 강의 내용뿐만 아니라 박목사님의 인격(에토스)과 신앙과 삶이 너무 도전이 되고 존경스럽습니다. 사례비도 받지 아니하시고 재능기부하시는 점도 도전이 됩니다. 배운 것을 아낌없이 주는 자세는 예수 그리스도의 마음인 줄 믿습니다.

유 ○○ 목사 (○○교회)

2박 3일 박순오 목사님의 강해대지설교 클리닉을 통해서 설교자의 평생 고민이었던 설교 준비를 한 방에 해결 받았다. 그동안 본문 중심 설교에서 많이 벗어나 설교했던 것이 부끄러웠다.

지금까지 강해설교에 관한 책도 읽어보고 설교 강의를 들어보았지만 구체적인 준비나 방법들을 잘 알지 못했다. 설교자로서 나는 이제 무엇인가 변화해야 하는 시점이다. 더 늦기 전에 강해대지설교로 목회해서, 매 주일 설교 들으러 오시는 성도님들에게 '성령 충만한 예배' '말씀이 살아 역동적으로 움직이는 교회'로 꼭 만들어 가고 싶다.

아직 시작에 불과하지만 반드시 성령 하나님께서 함께하시므로 '좋은 설교'의 영감을 주시고 강해대지설교를 통해 앞으로 놀라운 일들을 이루어 가실 것이다. 열정적으로 가르쳐주신 목사님께 감사를 드린다. 할 수 있다! 하면 된다! 해 보자!

이 ○○ 목사 (○○○○교회)

담임목사로 십여 년을 섬기는 동안 늘 마음에 여유가 없고, 설교 준비에 온 힘을 쏟다보니 늘 불안함이 마음 한구석에 자리잡고 있었다. 그런데 예전부터 들었던 박순오 목사님의 강해대지설교 클리닉에 관한 소문을 듣고 기회가 되어 53기에 둘째 날부터 참여했다.

무엇보다 '설교로 목회하라'는 말씀과 더불어 깊은 적용을 통해 성도들에게 목회 방향과 성도들의 변화를 위한 구체적인 적용 방법을 배웠다.

늘 설교 준비에 정신없던 생활이었는데, 나의 부족한 부분을 체계적으로 지적해주시는 박순오 목사님을 통해 새롭게 눈을 뜨게 되었고, 앞으로 자신감 넘치는 목회를 하게 될 것 같다.

수고해 주신 목사님께 감사드리며, 더욱 말씀 위에 굳건히 서 가며 성도들의 신앙 성장과 더불어 하나님 나라를 위해 다시 한 번 헌신을 다짐한다. 하나님 영광 받으소서, 아멘.

김 ㅇㅇ 목사 (ㅇㅇ교회)

설교 사역에 슬럼프가 와서 고민하던 중 제53기 강해대지설교 클리닉에 참여하게 되었습니다. 그동안 성경 본문의 의도에 충실한 설교문을 작성하여 설교하기를 소망했지만 구체적인 방법을 알지 못해서 많은 어려움이 있었습니다.

이번 클리닉을 통하여 제목을 잡는 방법, 대지를 잡는 방법, 특히 대지 전개를 해 나가는 데 있어 적용하는 방법을 배우고 나서 새로운 도전의식으로 가득 차게 되었습니다.

박순오 목사님께 배운 대로 계속 훈련하면 설교에 대한 놀라운 발전이 있게 될 것이라 확신합니다. 클리닉 시간시간 설교의 전체적 흐름과 구체적 방법을 잘 제시해주셔서 저의 설교가 어떤 부분이 미비한지 잘 알게 되었고, 어떤 부분을 보완해야 할 지도 알게 되었습니다.

저뿐만 아니라 설교 사역에 종사하는 모든 목사님들이 이 강의를 듣기를 소망합니다.

김 ㅇㅇ 목사 (ㅇㅇ교회)

하나님께서 설교클리닉의 박순오 목사님을 만나게 해주셨음에 감사드린다. 지금까지 본문 중심의 설교를 하려고 부단히 노력한다고 해 왔었지만 어딘지 모르게 허전한 무언가를 안타깝게 여겼었다.

금번 강해대지설교 클리닉을 통하여 주제의 중요성과 대지의 통일성을 제대로 볼 수 있는 눈이 열린 것 같다.

이제 시간이 좀 걸리더라도 앉아 있는 시간을 좀 더 많이 가지고 박목사님께서 가르쳐주신 설교의 틀(frame)이 몸에 배이도록 노력해야겠다.

2박 3일 동안 열강해 주신 박순오 목사님께 진심으로 감사드린다.

안 ○○ 목사 (○○○○ 교회)

이번 2박 3일, 제51기 설교클리닉은 모두 네 번째 참석한 클리닉이다. 세 번이나 했으면 됐다고 생각했기 때문에 이번에는 빠지려고 했다. 그런데 이번에 참여해서 오히려 전반적인 것을 다시 정리할 수 있는 계기가 되었고, 참 잘 참석했다고 생각되고 감사한 마음이 든다.

들으면 들을수록 이 방법이 성경 중심으로 설교할 수 있는 가장 좋은 방법이라고 생각된다. 여태까지는 좋다고 생각하면서도 이대로 하지 않았는데, 이제부터는 강해대지설교 방법으로 설교해야겠다는 생각이 든다.

3일 동안 사명감으로 가르쳐 주신 박순오 목사님께 진심으로 감사드린다.

정 ○○ 강도사 (○○○○교회)

이번 강해대지설교 클리닉은 내게는 강해설교에 대해 새로운 감각을 일깨워 주는 시간이었다. 주제에서 제목을 뽑고, 대지 하나가 진리를 선포하는 구조로 하되 제목과 연결하여 이야기가 되도록 구성하게 하는 것이 새로웠다.

더불어서 대지 해석을 적용적으로 하여 대지 전개의 설명부와 적용부에 효과적으로 사용함으로 설교의 연결고리 맥을 끝까지 이어가는 것 등은 최고의 수확이었다.

앞으로 나름대로 정리하면서 연습하는 훈련을 해야겠다. 수고하신 강사 목사님께 감사드린다.

김 ○○ 목사 (○○○교회)

2박 3일 동안 박순오 목사님께서 좋은 설교, 사람을 감동시키는 설교, 생기를 주는 설교를 배우게 하셔서 감사드립니다. 이번 클리닉을 통하여 설교를 어떻게 준비하고 어떻게 작성해야 하는지 알게 되었습니다.

이제 가르쳐 주신 대로 제목, 주제, 대지, 해석, 대지전개의 3요소(설명, 예증, 적용)를 준비해서 말씀을 전하겠습니다. 교회의 부흥은 하나님 말씀을 선포하는 설교에 있음을 무겁게 인식하고 본문의 의도에 충실한 설교를 전하는 데 최선을 다하겠습니다.

김 ○○ 목사 (○○교회)

설교는 하나님이 목회자에게 주시는 큰 축복입니다. 그런데 그동안 설교가 부담이 되어 왔고, 이번 주는 어떻게 준비할까 고민을 하다가 "박순오 목사님의 강해대지설교 클리닉"을 접하게 되었고, 이번 클리닉을 통하여 설교를 준비할 때 본문에서 하나님의 말씀으로 그대로 전하는 방법을 배우게 되었습니다. 이제는 설교에 대한 부담감보다는 설교에 대한 기대감이 생깁니다.

지금은 부족하지만, 이제는 강해대지설교로 준비를 해서 본인이 살아나고 성도들이 살아나는 기회를 주심을 감사합니다.

서 ○○ 목사 (부산 ○○○교회)

부산지역에서 실시된 제51기 강해대지설교 클리닉에 참여해서 많은 것을 배웠다. 20년 목회 동안 성도들에게 제대로 성경 본문 중심의 설교를 하지 못한 것에 대해 미안함을 느꼈다. 정말 부끄럽다.

이번 클리닉의 실습 중 주제 잡기(제목과 3대지 작성과 대지 해석 작성)가 매우 힘들었다. 이제부터라도 열심히 단련해서 성경 본문에서 주제를 파악하고 제목을 잡는 연습, 그리고 주제를 떠받치는 대지들을 본문에서 추출해내는 연습을 더 해야겠다.

대지를 전개하는 설명부와 예증부와 적용부를 잘 파악해서 설교 전체의 틀을 클리닉에서 배운 대로 풍성하게 작성하는 설교자가 되고 싶다. 열강해 주신 박순오 목사님께 한없는 감사를 드립니다.

김 ○○ 목사 (울산 ○○○○교회)

2박 3일의 일정이었으나 개인 사정으로 둘째 날부터 참여했다. 좀 더 일찍 박순오 목사님의 설교클리닉을 만났으면 하는 진한 아쉬움이 묻어났다. 일찍 배웠으면 내 설교에 깊이와 풍성함이 흘러 성도들의 영혼을 충만케 하고 하나님의 사람으로 온전케 했을 텐데...

“강해대지설교” 처음 경험한 클리닉이고 1박 2일은 내게는 너무 짧은 시간이었지만 설교와 목회의 패러다임을 완전히 바꾸는 충격적이고 획기적인 시간이었다. 평소 내 설교의 적용부분이 약하다고 느꼈는데 What to do, Where to do, Why to do, How to do 네 가지 적용점은 삶의 현장에 적용할 수 있는 원리로서 목사 자신의 변화와 성장과 아울러 성도들에게도 큰 유익과 도전이 되리라 믿는다.

특히 목사님의 강의는 이론 뿐 아니라 학생 때부터 성령 충만하신 경험과 목회 현장에서 경험한 다양한 상황과 사람들 가운데 얻었던 교훈과 경험과 지혜를 곁들인 강의라 더욱 생동감 있고 생기가 넘치는 강의였다.

조만간 이 클리닉을 울산에서도 개설하게 되기를 소망하며 기도한다.

최 ㅇ 선교사 (ㅇㅇㅇ교회)

설교클리닉을 통하여 먼저 목사인 제가 강해대지설교의 방법과 훈련을 통해 성경 본문에 충실한 설교를 할 수 있는 방법을 배우게 되어 감사합니다.

이번 클리닉을 통해 구슬 꿰듯이 말씀 전달의 귀한 방법을 배우고 설교하는 성경통독반 학생들을 보면서, 북한 출신 선교사들이 말씀에 충실한 종으로 귀하게 세워질 것을 바라보며 박순오 목사님께 진정 감사합니다.

앞으로도 더 많은 종들을 세워갈 수 있으시길 기도하겠습니다.

김 ㅇㅇ (탈북 청년)

설교클리닉을 통해 설교가 얼마나 영광스러운 일인지, 설교를 통해 하나님의 말씀을 얼마나 제대로 대언해야 하는지 알게 해 주셨고, 날마다 말씀을 읽고 암송하는 생활을 하지만 해석하고 전달하는 일에서 두려운 마음으로 최선을 다해야겠다고 느꼈습니다.

평생의 수고와 노하우를 아낌없이 내어주시는 목사님의 사랑의 수고에 감사드립니다. 특히 목사님의 기적 같은 간증들을 나눠주실 때 너무나 큰 도전이 되고 그런 삶을 갈망하게 됩니다.

홍 ○○ 형제 (2006년 3월 탈북, 2007년 11월 입국)

한국에 정착한 지 10년 되었습니다. 강해대지설교 클리닉의 이론과 실제 2박 3일간의 강의를 들으면서, 하나님과 예수님을 알고 얼마 안 되어서 궁금한 것도 너무 많고 나아가야 할 방향과 여러 가지 궁금증을 해결할 수 있는 시간이었던 것 같습니다.

설교클리닉 강의 너무 실감 나게 잘 들었습니다. 박순오 목사님 고생하셨습니다. 감사합니다.

김 ○○ 자매

(6년차 한국국민. "말씀으로 돌아가라"고 하시는 하나님의 음성 듣고 최 선교사님을 인터넷으로 찾아 만나서 오게 됨. 4기생 성경통독반으로 인도됨)

설교 작성에 관한 강의 시간임에도 불구하고 한순간도 지루하거나 딱딱하지 않으며, 은혜로 채워지는 시간이었습니다.

하나님 말씀을 전하는 것이 얼마나 중요하며 두렵고 떨리는 일이며, 말씀으로 사역하는 삶이 얼마나 가치 있는 것인지 조금이라도 깨닫는 시간이었습니다. 또한, 오직 말씀 하나만을 사모하며 몸부림쳐 온 박순오 목사님의 수고와 주님 앞에서의 충성도 엿볼 수 있어서 매번 나의 상태를 점검해보는 시간이기도 했습니다.

앞으로도 박순오 목사님께서 가르쳐주신 '강해대지설교'의 원칙대로 부단히 배워나감으로써 숙련하고 숙련하여 하나님 말씀을 충실히 전할 수 있는 자로 준비될 수 있기를 바라면서, 지치지 않는 열정으로 강의해주신 목사님께 큰 감사를 드립니다.

많은 사람들을 하나님의 거룩하신 말씀 앞으로 인도하시는 길에서 항상 영육 간의 강건함과 주님의 은총이 가득히 내려지는 목사님이 되시기를 바랍니다. 감사합니다.

박 ○○ 자매

저는 1998년에 탈북하여 2004년에 대한민국에 입국한 청년입니다. 들어오는 과정에 선교사님을 통해 주님을 만났지만, 작년까지 교회에 다니지 않다가 다시 교회에 출석하면서 성경을 읽게 되었습니다.

성경을 읽으면서 이해할 수 없는 부분들도 많았고 기억할 수 없는 부분들이 많았는데, 목사님의 강의를 들으면서 본문의 주제잡기를 계속하여 말씀을 볼 수 있는 눈을 키워야 하겠다는 생각이 들었습니다.

그리고 설교훈련을 받으면서 깨달은 것은 하나님의 말씀을 선포하는 것이 얼마나 크고 값진 일인지, 또 거짓 선지자가 되지 않으려면 말씀을 정확히 알아야 하겠다는 결심을 하게 되었습니다.

박순오 목사님을 통하여 말씀이 얼마나 값지고 귀한지, 말씀을 더 깊이 볼 수 있는 길을 열어주시고 감히 하나님의 말씀을 대언하는 설교자로 준비시키시는 주님께 감사드립니다.

박 ○○ 형제

(1997년 탈북. 중국에서 신앙생활. 2003년 입국함. 북한에서 10세 때 성경책을 잠깐 보았는데, 그때는 무슨 책인지 몰랐는데 중국에 와서야 알았습니다. 성경을 배우면서 많이 배워야 하겠다는 생각을 했고, 최선교사님의 지기의 소개로 성경 통독반에 올라왔습니다.)

설교클리닉에 참여하여 배우면서, 공부와 노력이 있어야 잘할 수 있고, 좋은 방법으로 해야 더 잘할 수 있겠다는 생각을 했습니다. 강사 목사님은 하나님의 뜻대로 잘해 오셨다는 생각을 합니다.

설교를 준비하면서 방법을 잘 몰라서 안타까울 때가 많았는데, 이제는 방법을 알았으니 노력만 하면 잘할 수 있겠다는 생각을 해 봅니다.

목사님이 많은 활동을 하셔서 한국 목회자들의 설교 수준이 높아지기를 바랍니다. 설교준비를 잘할 수 있는 방법과 "좋은 설교" 책을 주셔서 감사드립니다.

최 ○○ 형제

(한국 온 지 3년. 가족이 먼저 와 있었고, 연락을 받고 한국에 오게 됨.)

2박 3일의 강해대지설교 클리닉을 통하여 말씀을 좀 더 풍성하고 깊이 있게 알 수 있는 방법을 알게 된 것 같습니다. 박순오 목사님의 클리닉 강의를 통하여 설교 준비하는 데 있어 어려웠던 본문 잡기, 주제 잡기, 그리고 적용방법에 눈을 뜬 기분입니다. 주제를 깊이 있게 연구하고 파고들어서 말씀을 전해야겠다는 것을 깨닫게 되었습니다.

목사님께서 강의를 늘 열정 있게 하여 주시는 것을 보고 성령님의 위대하심을 다시 느끼게 되고 성령 충만한 모습에 감동하였습니다. 감사합니다.

하 ○○ 청년

(2014년 탈북. 2015년 입국. 최선교사님 제자를 통해 통독반으로 인도)

강해대지설교 50기에 참여하여 설교 사역에서 어떤 체계로 정연하고 질서 있게 하나님 말씀을 전해야 하는지를 알게 되었습니다. 특히 성경 곳곳에서 예수님을 볼 수 있는, 십자가의 보혈을 볼 수 있는 영적 눈이 떠지게 되었습니다.

성경의 모든 구절, 사건들이 우리를 구속하기 위한 하나님의 구속의 역사, 예수님의 십자가의 예표임을 알게 되어 매우 감사합니다.

주님 앞에 가는 그 날까지 건강한 몸으로 주의 종들을 양육하는 일에 매진하시기를 축복합니다.

김 ○○ 형제

(2011년 한국 입국. 중국에서 마음으로 믿었던 예수님과의 회복을 하고 싶은 마음으로 성경통독반에 왔습니다.)

이번 2박 3일간의 설교클리닉 모든 시간이 너무나도 좋았습니다. 그 중에 제일 좋았던 것은 '설교 작성법'이었습니다. 주제를 잡는 틀과 특히 적용 부분에 있어서 4단계는 너무나도 귀에 쏙쏙 들어왔습니다.

전에는 체계 없이 설교 연습을 했었는데, 강의 들은 후 바로 적용하기에는 아직 무리는 있지만, 체계를 생각하면서 설교 준비를 하면 말씀 안에서만 설교할 수 있을 것 같습니다. 그리고 청중들이 잘 알아들을 수 있도록 하는 매우 실제적인 설교의 구조라고 생각합니다. 박순오 목사님, 멋있고 존경스럽습니다. 할렐루야, 아멘.

| 부록 2 |

설교 작성 양식

성명 : 교회명:

제목 :	주제:
본문 :	FCF:
	목표:
〈서론〉	
①	⑤
②	⑥
③	⑦
④	⑧(총)
1. ______________________________	(대지해석:)
절 = "	
(설명)	
①	⑤
②	⑥
③	⑦
④	⑧(총)
(예증)	
①	⑤
②	⑥
③	⑦
④	⑧(총)
(적용)	
①	⑤
②	⑥
③	⑦
④	⑧(총)

2. ______________________________ (대지해석:)	
절 = “	
(설명)	
①	⑤
②	⑥
③	⑦
④	⑧(종)
(예증)	
①	⑤
②	⑥
③	⑦
④	⑧(종)
(적용)	
①	⑤
②	⑥
③	⑦
④	⑧(종)
3. ______________________________ (대지해석:)	
절 = “	
(설명)	
①	⑤
②	⑥
③	⑦
④	⑧(종)
(예증)	
①	⑤
②	⑥
③	⑦
④	⑧(종)
(적용)	
①	⑤
②	⑥
③	⑦
④	⑧(종)
총결론 :	

| 부록 3 |

설교 평가 양식

5 – 최고(Superior) 4 – 잘함(Good) 3 – 보통(Average)
2 – 미숙(Poor) 1 – 문제있음(Inadequate)

1. 조직(Organization)

1) 서론

- 배경이나 자료의 사용이 적절한가? ______
- 핵심 주제를 위한 입구 역할을 잘 하고 있는가? ______
- 길이나 시간은 적당한가? ______
- 청중들의 욕구나 필요성을 다루고 있는가? ______

2) 구조

- 제목과 대지가 본문의 의도를 드러내고 있는가? ______
- 제목과 대지가 주제를 통일적으로 나타내는가? ______
- 제목은 주제를 드러내기에 적절한가? ______
- 대지의 분해는 적절한가? ______
- 각 대지들 사이에 논리적 심리적 연결이 되어 있는가? ______

2. 내용(Content)

1) 전체

- 설교가 정확한 주석에 기초를 두고 있는가? ______
- 각 대지의 해석(직역 또는 의역)은 적절한가? ______
- 핵심사상이나 주제에 대한 분석이 논리적인가? ______
- 설교자가 자신의 설교내용이 타당하다는 사실을 당신에게 확신시켜 주었는가? ______
- 내용의 독창성을 보여주고 있는가? ______

3) 보충자료

- 재미있었는가? _____
- 다양성은 있는가? _____
- 구체적인가? _____

3. 스타일(Style)

- 설교자가 정확한 문법을 사용하고 있는가? _____
- 말이나 단어들이 구체적이며 정확한가? _____
- 말이나 단어들에 생동감과 다양성이 있는가? _____

4. 전달(Delivery)

1) 직접성

- 설교자가 정말 전하고자 하는 것 같은가? _____
- 친밀한 느낌을 주는가? _____
- 설교가 살아있는 대화처럼 느껴지는가? _____

2) 언어전달

- 성우식의 고저장단, 희로애락이 잘 표현되고 있는가? _____
- 목소리는 듣기에 편한가? _____
- 발음이 정확하고 다채로운가? _____
- 설교자가 효과적으로 말을 멈추는가? _____

3) 신체적 전달

- 얼굴표정은 자연스러운가? _____
- 온몸을 다 사용하면서 설교하는가? _____
- 제스처는 자연스럽고 분명한가? _____
- 좋지 않은 습관적 버릇은 없는가? _____

4) 시선

- 설교자가 교인들의 눈을 바로 바라보는가? _____
- 설교자가 회중들의 반응을 잘 의식하고 있다는 느낌이 드는가? _____